A LIBRARY OF
DOCTORAL DISSERTATIONS
IN SOCIAL SCIENCES IN CHINA

中日贸易"隐含碳"研究

A Study on Embodied Carbon in China–Japan Trade

陈 楠 著

导师 刘学敏

中国社会科学出版社

图书在版编目（CIP）数据

中日贸易"隐含碳"研究 / 陈楠著 . —北京：中国社会科学出版社，2019.8
ISBN 978 - 7 - 5203 - 4640 - 5

Ⅰ.①中… Ⅱ.①陈… Ⅲ.①中日关系—双边贸易—二氧化碳—排气—研究 Ⅳ.①F752.731.3

中国版本图书馆 CIP 数据核字（2019）第 128618 号

出 版 人	赵剑英
责任编辑	喻　苗
特约编辑	周枕戈
责任校对	周　昊
责任印制	李寡寡

出　　版	中国社会科学出版社
社　　址	北京鼓楼西大街甲 158 号
邮　　编	100720
网　　址	http://www.csspw.cn
发 行 部	010 - 84083685
门 市 部	010 - 84029450
经　　销	新华书店及其他书店
印　　刷	北京明恒达印务有限公司
装　　订	廊坊市广阳区广增装订厂
版　　次	2019 年 8 月第 1 版
印　　次	2019 年 8 月第 1 次印刷
开　　本	710×1000　1/16
印　　张	15.25
字　　数	265 千字
定　　价	78.00 元

凡购买中国社会科学出版社图书，如有质量问题请与本社营销中心联系调换
电话：010 - 84083683
版权所有　侵权必究

《中国社会科学博士论文文库》
编辑委员会

主　　任：李铁映
副 主 任：汝　信　　江蓝生　　陈佳贵
委　　员：（按姓氏笔画为序）
　　　　　王洛林　　王家福　　王缉思
　　　　　冯广裕　　任继愈　　江蓝生
　　　　　汝　信　　刘庆柱　　刘树成
　　　　　李茂生　　李铁映　　杨　义
　　　　　何秉孟　　邹东涛　　余永定
　　　　　沈家煊　　张树相　　陈佳贵
　　　　　陈祖武　　武　寅　　郝时远
　　　　　信春鹰　　黄宝生　　黄浩涛
总 编 辑：赵剑英
学术秘书：冯广裕

总　序

在胡绳同志倡导和主持下，中国社会科学院组成编委会，从全国每年毕业并通过答辩的社会科学博士论文中遴选优秀者纳入《中国社会科学博士论文文库》，由中国社会科学出版社正式出版，这项工作已持续了12年。这12年所出版的论文，代表了这一时期中国社会科学各学科博士学位论文水平，较好地实现了本文库编辑出版的初衷。

编辑出版博士文库，既是培养社会科学各学科学术带头人的有效举措，又是一种重要的文化积累，很有意义。在到中国社会科学院之前，我就曾饶有兴趣地看过文库中的部分论文，到社科院以后，也一直关注和支持文库的出版。新旧世纪之交，原编委会主任胡绳同志仙逝，社科院希望我主持文库编委会的工作，我同意了。社会科学博士都是青年社会科学研究人员，青年是国家的未来，青年社科学者是我们社会科学的未来，我们有责任支持他们更快地成长。

每一个时代总有属于它们自己的问题，"问题就是时代的声音"（马克思语）。坚持理论联系实际，注意研究带全局性的战略问题，是我们党的优良传统。我希望包括博士在内的青年社会科学工作者继承和发扬这一优良传统，密切关注、深入研究21世纪初中国面临的重大时代问题。离开了时代性，脱离了社会潮流，社会科学研究的价值就要受到影响。我是鼓励青年人成名成家的，这是党的需要，国家的需要，人民的需要。但问题在于，什么是名呢？名，就是他的价值得到了社会的承认。如果没有得到社会、人民的承认，他的价值又表现在哪里呢？所以说，价值就在于对社会重大问题的回答和解决。一旦回答了时代性的重大问题，就必然会对社会产生巨大而深刻的影响，你也因此而实现了你的价值。在这方面年轻的博士有很大的优势：精力旺盛，思想敏捷，勤于学习，勇于创新。但青年学者要多向老一辈学者学习，博士尤其要很好地向导师学习，在导师的指导下，发挥自己的优势，研究重大问题，就有可能出好的成果，实现自己的价值。过去12年入选文库的论文，也说明了这一点。

什么是当前时代的重大问题呢？纵观当今世界，无外乎两种社会制度，一种是资本主义制度；一种是社会主义制度。所有的世界观问题、政治问题、理论问题都离不开对这两大制度的基本看法。对于社会主义，马克思主义者和资本主义世界的学者都有很多的研究和论述；对于资本主义，马克思主义者和资本主义世界的学者也有过很多研究和论述。面对这些众说纷纭的思潮和学说，我们应该如何认识？从基本倾向看，资本主义国家的学者、政治家论证的是资本主义的合理性和长期存在的"必然性"；中国的马克思主义者，中国的社会科学工作者，当然要向世界、向社会讲清楚，中国坚持走自己的路一定能实现现代化，中华民族一定能通过社会主义来实现全面的振兴。中国的问题只能由中国人用自己的理论来解决，让外国人来解决中国的问题，是行不通的。也许有的同志会说，马克思主义也是外来的。但是，要知道，马克思主义只是在中国化了以后才解决中国的问题的。如果没有马克思主义的普遍原理与中国革命和建设的实际相结合而形成的毛泽东思想、邓小平理论，马克思主义同样不能解决中国的问题。教条主义是不行的，东教条不行，西教条也不行，什么教条都不行。把学问、理论当教条，本身就是反科学的。

在21世纪，人类所面对的最重大的问题仍然是两大制度问题：这两大制度的前途、命运如何？资本主义会如何变化？社会主义怎么发展？中国特色的社会主义怎么发展？中国学者无论是研究资本主义，还是研究社会主义，最终总是要落脚到解决中国的现实与未来问题。我看中国的未来就是如何保持长期的稳定和发展。只要能长期稳定，就能长期发展；只要能长期发展，中国的社会主义现代化就能实现。

什么是21世纪的重大理论问题？我看还是马克思主义的发展问

题。我们的理论是为中国的发展服务的，决不是相反。解决中国问题的关键，取决于我们能否更好地坚持和发展马克思主义，特别是发展马克思主义。不能发展马克思主义也就不能坚持马克思主义。一切不发展的、僵化的东西都是坚持不住的，也不可能坚持住。坚持马克思主义，就是要随着实践，随着社会、经济各方面的发展，不断地发展马克思主义。马克思主义没有穷尽真理，也没有包揽一切答案。它所提供给我们的，更多的是认识世界、改造世界的世界观、方法论、价值观，是立场，是方法。我们必须学会运用科学的世界观来认识社会的发展，在实践中不断地丰富和发展马克思主义，只有发展马克思主义才能真正坚持马克思主义。我们年轻的社会科学博士们要以坚持和发展马克思主义为己任，在这方面多出精品力作。我们将优先出版这种成果。

2001 年 8 月 8 日于北戴河

摘　　要

气候变化是当今国际社会关注的焦点问题，据 IEA（2015）数据显示，2014 年全球 CO_2 排放为 32300Mt，与 1980 年相比增加了 13788Mt，巨大的碳排放威胁到人类的生存和发展，人类面临着严峻的挑战。在碳排放过程中，通过贸易直接、间接排放的 CO_2 含量在逐渐升高，特别是随着垂直专业化的深入，推动了产业间贸易向产业内贸易过渡，碳转移的形式也更加多样化和隐蔽化。2015 年签署的《巴黎协定》以法定形式提出各缔约国可以根据自身情况，采取自主贡献预案（Intended Nationally Determined Contributions，INDCs）的方法减排，强化了"共同但有区别责任"原则的重要性，也为发达国家和发展中国家提供了更多在应对气候变化问题上的合作机会。因此，综合考虑贸易"隐含碳"的因素，选取合适的测算方法，科学、合理的界定各国、各地区的碳排放责任至关重要。

中国和日本属于全球垂直专业化程度较高的地区之一，双边贸易量巨大，由此产生的碳排放量不容忽视。研究新贸易形势下具有代表性的发达与发展中国家由贸易产生的碳转移，界定公平、合理的碳排放责任，对今后其他国家、区域进行碳排放问题的研究具有一定借鉴意义。从现实角度出发，中、日、韩正积极为促进自由贸易区进行着谈判；中国也把"绿色发展""低碳发展"纳入了国家"十三五"规划；日本一直以低碳立国，在技术、理念、政策等方面都具有优势。从国际和国内情形来看，致力于贸易"隐含碳"的一系列问题研究，都有利于推进中日绿色领域的合作，对中国来说可以重塑经济结构，改变发展方式；对日本来说可以逐渐摆脱经济低迷现状，在经济上开拓新的空间，达到双赢的目的。

基于此，本书在研究了中日能源结构、贸易模式动态变化的基础上，构建了垂直专业化与投入产出相结合的模型，分析了 1995—2011 年中日两国贸易"隐含碳"排放情况；接着分析了贸易影响碳排放的主要驱动因素，并从产业及产品两个层面分析了碳排放的转移情况；最后，分析了现有"生产者"责任原则、"消费者"责任原则及"共同责任"原则的公平性，在此基础上构建了细分的"共同责任"模型，并对两国的碳排放责任作了划分。主要结论如下。

第一，中日建交后，中日贸易量急剧增大，表现为日本顺差，中国逆差；中国加入 WTO 以后出现了翻转，表现为中国顺差，日本逆差，且有逐年增加的趋势。截至 2014 年，中国成为日本第二大出口国和第一大进口国。中日双边贸易相互依赖关系紧密，向非均衡依赖→均衡依赖→非均衡依赖（中国依赖日本→双方均衡依赖→日本依赖中国）过渡。中日已从产业间贸易向产业内贸易过渡，其中初级产品属于产业间贸易；劳动密集型产品属于产业间与产业内贸易并存；资本密集型产品属于垂直型的产业内贸易。在产品内贸易中，中国向日本进口的中间产品比例不断增大，主要体现在制造业上，但是双边在高、精、尖产品上仍然具有不平衡性，中国的加工贸易依旧占比较大，对日本的半导体、汽车零部件、通信设备、光电池、IC 等产品的替代性较小，有的甚至无法替代。

第二，中日双边贸易中，中国属于"隐含碳"的净输出国，90%以上的出口"隐含碳"是由中国直接生产而出口。其中高中垂直专业化行业的进出口"隐含碳"量显著高于中低垂直专业化的行业。另外，中国从日本进口碳可以分为三个部分：进口再生产过程产生的碳、加工再出口产生的碳及进口直接消费的碳，三个部分分别占总进口碳的 56.75%、23.94% 和 19.31%。而日本直接消费从中国进口"隐含碳"占中国总出口"隐含碳"的比重一直在 92% 以上，中国出口品增加值的比重平均仅为 37%，说明中国在碳排放责任分担与利润间存在不平衡现象。从行业方面来看，中国加工生产及再出口的行业集中在主要金属压延业，其他制造及废物回收业，交通设备制造业，其他非金属矿物制造业，电气、光学设备制造业，化工、塑料及橡胶等行业。

第三，中国出口到日本的"隐含碳"排放影响因素分解为碳强度效应、投入产出中间技术效应、规模效应和结构效应，得出能源使用效率及中间技术效应减少了"隐含碳"的排放，贡献率分别为 -170.12% 及 -6.37%；规模效应及结构效应促进了"隐含碳"排放，贡献率分别为 158.06% 及 39.54%。四个因素对碳排放的影响程度为：规模效应 > 碳强度效应＞结构效应＞技术效应。

第四，从产业层面上看，中国并没有成为"污染者的天堂"。但是，这种从产业层面上进行的污染转移仅能表现出污染的单向流动，掩盖了双边贸易中污染的双向流动，掩盖了垂直专业化下，污染从生产工序上的流动。因此，从生产工序的产品上分析，中国转移至日本的产品包含了资源密集型，劳动—资本密集型，技术—资本密集型产品；而日本转移至中国的产品主要集中在劳动—资本密集型，技术—资本密集型产品上。其中，中国主要靠中间产品向日本转移碳排放，而日本转移至中国的最终产品及中间产品碳排放均很大，体现了两国在垂直化分工中所处的位置不同导致了碳排放的异化现象。

第五，在"生产者"责任原则、"消费者"责任原则及"共同责任"原则下，中国的碳排放量均高于日本。其中，中国以"生产者"责任原则下的碳排放最多，日本以"消费者"责任原则下的碳排放最多。为了探讨三种原则的公平性，本书采用了基尼系数的"相对剥夺"理论，分析得出日本对中国的相对剥夺系数，以"消费者"责任原则下的相对剥夺系数最小，碳排放责任最大；中国对日本的"相对剥夺"与日本刚好相反，以"生产者"责任原则下的相对剥夺系数最小，碳排放责任最大，说明选取"共同责任"分担原则的话，中日双方都可以达到碳排放责任分担的相对公平。

因此，细化了"共同责任"分担模型，得出两国中间投入及满足国内需求的生产碳＞国内消费碳＞对方国分担的碳（满足国外需求生产碳＋国外消费）；中国的生产碳及消费碳＞日本的生产碳及消费碳；中国为日本分担的碳＜日本为中国分担的碳。把责任分配到行业，日本分担中国的碳排放责任较大的高中VSS行业是机械制造业、主要金属及压延业，交通设备制造业，电气、光学设备业，其他制造及回收业，其他非金属行业；中国分担日本碳排放责任较大的行业除了主要金属及压延业的碳含量有所减少外，其余高中VSS的碳排放责任都有升高。

关键词：贸易"隐含碳"；投入产出；垂直专业化分工；"共同责任"分担；中日贸易

Abstract

Climate change is the focus of the international society today. According to IEA (2005), it shows that global CO_2 emissions 32300Mt in 2014 compared to an increase of 13788Mt in 1980, which threat to human survival and development, human is faced with severe challenges. The content of CO_2 is increasing in direct and indirect trade, especially with the deepening of vertical specialization, it promotes the inter industry trade to intra industry trade and the carbon transfer form is more diverse and hidden. The Pairs Agreement signed in the form of law in 2015 proposed that states parties should offer their CO_2 reduction methods of "Intended Nationally Determined Contributions" based on their own situations, which strengthen the importance of "common but differentiated responsibilities" principle and offer more opportunities to cooperation in dealing with climate change for developed countries and developing countries. Therefore, it is crucial to comprehensively consider the factors of embodied carbon in trade, select the appropriate measure method and define different national and regional carbon emissions responsibilities scientifically.

China and Japan belong to one of high vertical specialization in global areas. The bilateral trade volume is huge and causes more and more embodied carbon in trade. All these negative effects cannot be neglected. It is very important to research embodied carbon emissions in China – Japan trade, define fairer carbon emissions responsibilities for dealing with relative carbon emission issues in another countries and regions under the new trade situation. From the realistic point of view, China, Japan and South Korea are negotiating actively for Free Trade Zone (FTZ); China also regards "Green Development" "Low-Carbon

Development" as targets in national "13th Five Year" planning; Japan has been a low carbon society and has advantages in technologies, concepts and policies. From the international and domestic situation, study on subjects of embodied carbon in trade is good for cooperation in "green development" in China-Japan. For China, it can reshape the economic structure and change the mode of development. For Japan, it can get rid of the economic downturn situation, open up new space in the economy, achieve a win-win objects. Based on this, the energy structure, the dynamic trade mode between China and Japan are studied in this paper. At the same time, using improved input-output model of vertical specialized method, it analyzes the total and departmental embodied carbon from 1995 to 2011. Then it analyzes the driving facts of embodied carbon, the transfer polluting in industries and goods between two countries. At last, it analyzes the equity of three kinds of responsibilities (producer principle, consumer principle and shared responsibility) using Gini coefficient under the principle of relative deprivation. Then, it constructs a subdivided shared responsibility model and defines the carbon emissions responsibilities of two countries.

Firstly, after the establishment of diplomatic relations between China and Japan, bilateral trade volume increased sharply, as Japan's surplus and deficit of China; it shows the opposite situation after China's accession to the WTO, as China's surplus, Japan's deficit and there is a trend of increasing year by year. China became Japan's second largest exporter, and the first importer by 2014. The bilateral trade relationship is closely from the unbalanced dependence—equilibrium dependence—unbalanced dependence (China's reliance on Japan—balanced on both sides—Japan's reliance on China). China-Japan trade have transferred from inter-industry trade to intra-industry trade, including primary products belong to the inter-industry trade, labor-intensive products belong to the inter-industry and intra-industry trade, capital-intensive products belong to the vertical intra-industry trade. In intra product trade, increasing proportion of intermediate product imports from Japan, it mainly reflects in the manufacturing industry, but bilateral trade is still imbalance in high-skill level, scientific level and intensive capital goods. China's processing trade accounts for almost half of total trade and is hard to replace Japanese semiconductor, automotive, communications equipment, photovoltaic and small IC products, some even can not be replaced.

Secondly, the results show that China is a net exporter of embodied carbon, more than 90% of embodied carbon in export is directly produced by China. The embodied carbon of high-middle level vertical specialization industries is significantly higher than the middle-low level vertical specialization industries. China imported reproduction process produces embodied carbon in the amount of 57.44%, 23.97% produces processing re-export, import direct consumption generates about 18.59%. Japan direct imports from China embodied carbon accounted for the proportion of China total exports embodied carbon has been more than 92%, but the proportion of the added value of exports is 37% on average. So there is imbalance between the responsibility of carbon reduction and profit in China. From the industry perspective, processing production and re-export industries are concentrated in basic metals and fabricated metal industries, other activities and waste industries, transport equipment industries, other non-metallic mineral industries, electrical and optical equipment industries, chemicals, rubber and plastics industries.

Thirdly, the driving factors of embodied carbon in China export to Japan can be divided into carbon intensity effect, intermediate technology effect, scale effect and structure effect. Among them, carbon intensity and intermediate technology effect decrease respectively −170.12% and −6.37% embodied carbon of China export to Japan. Scale effect and structure effect respectively increase 158.06% and 39.54% embodied carbon of China export to Japan. The influence degree of the four driving factors of carbon emissions is: the scale effect > carbon intensity effect > structure effect > intermediate technology effect.

Fourthly, from the industry level, China has not become a paradise for polluters. However, the level of pollution from industry transfer can only show the pollution of the one-way flow, hides the two-way flow of pollution in bilateral trade, especially ignoring the pollution flow in production procession under the vertical specialization. Therefore, from the analysis on production process of products, products export from China to Japan including resource intensive, labor-capital intensive, technology-capital intensive products. While, products export from Japan to China mainly including labor-capital intensive, technology-capital intensive products. Among them, the embodied carbon transfers from China to Japan mainly by intermediate products, while the embodied carbon transfers from Japan to China mainly by both final and intermediate products, which reflect the alienation phenomenon of carbon emissions caused by two countries, different positions in the vertical specialization.

Fifthly, the carbon emissions of China is higher than Japan's under producer principle, consumer principle and shared responsibility principle. Among them, the largest carbon emissions in China is measured by producer principle, while Japan is consumer principle. The relative deprivation coefficient of the two countries can embody the equity of the carbon emission responsibility. The relative deprivation coefficient of Japan to China under the consumption principle is the smallest, Japanese responsibility of carbon emission is highest; the relative deprivation coefficient of China to Japan under the production principle is the smallest, Chinese responsibility of carbon emission is highest. If both two countries take shared responsibility principle, they can get fairer. Therefore, it constructs a subdivided share responsibility model and compares the dynamic changes of production carbon, domestic consumption carbon and abroad carbon consumption. The production carbon emissions of intermediate inputs and meet domestic demand are higher than the domestic consumption carbon emission and the bearing opposite carbon emission (meeting opposite demand production and opposite consumption). Chinese production and consumption carbon emissions are higher than Japanese production and consumption carbon emission; the bearing carbon emission of China for Japan is higher than the bearing carbon emission of Japan for China. When the responsibilities of reduction carbon are assigned to industries, the other party liable for carbon emissions are mainly concentrated in machinery industries, basic metals and fabricated metal products industries, chemical industries, transport equipment industries, electrical and optical equipment industries, and other non-metal mineral industries.

Keywords: Embodied Carbon in Trade; Input-Output; Vertical Specialization; Shared Responsibility; Trade in China-Japan

目 录

第一章 绪论 …………………………………………………………（1）
  第一节 研究背景 ……………………………………………………（1）
    一 全球气候变化显著 ……………………………………………（1）
    二 国际贸易对 CO_2 排放影响巨大 ……………………………（3）
    三 多边合作促进减排 ……………………………………………（4）
    四 中日贸易重要性凸显 …………………………………………（6）
    五 中日碳排放巨大 ………………………………………………（8）
  第二节 研究意义 ……………………………………………………（11）
    一 理论意义 ………………………………………………………（11）
    二 现实意义 ………………………………………………………（11）
  第三节 研究思路与方法 ……………………………………………（12）
    一 研究思路 ………………………………………………………（12）
    二 研究方法 ………………………………………………………（13）
  第四节 结构框架 ……………………………………………………（13）
    一 技术路线 ………………………………………………………（13）
    二 主要内容安排 …………………………………………………（15）
  第五节 创新点 ………………………………………………………（16）
  第六节 本章小结 ……………………………………………………（17）

第二章 文献综述 ……………………………………………………（18）
  第一节 古典国际贸易与环境 ………………………………………（18）
    一 涉及环境因素的古典贸易理论 ………………………………（19）
    二 国际贸易对环境的影响研究 …………………………………（22）

三　国际贸易中的碳排放研究 …………………………………… (24)
　　　四　评述 ………………………………………………………… (29)
　第二节　国际垂直专业化对环境的影响 ……………………………… (29)
　　　一　垂直专业化的动因研究 …………………………………… (29)
　　　二　垂直专业化的测度 ………………………………………… (31)
　　　三　垂直专业化对环境的影响 ………………………………… (31)
　　　四　环境规制对垂直专业化的影响 …………………………… (33)
　　　五　评述 ………………………………………………………… (34)
　第三节　贸易"隐含碳"主要的测算方法研究 ……………………… (34)
　　　一　IPCC法 …………………………………………………… (34)
　　　二　投入产出法 ………………………………………………… (35)
　　　三　生命周期法 ………………………………………………… (39)
　　　四　评述 ………………………………………………………… (39)
　第四节　三种碳排放责任对比 ………………………………………… (40)
　　　一　"生产者"责任原则 ……………………………………… (40)
　　　二　"消费者"责任原则 ……………………………………… (42)
　　　三　"共同责任"分担原则 …………………………………… (44)
　　　四　三种碳排放责任的测算 …………………………………… (45)
　　　五　评述 ………………………………………………………… (47)
　第五节　碳排放的公平性研究 ………………………………………… (48)
　　　一　碳排放公平性内涵 ………………………………………… (48)
　　　二　基于公平性的主要原则 …………………………………… (49)
　　　三　解决公平性争论的方法 …………………………………… (50)
　　　四　评述 ………………………………………………………… (50)
　第六节　小结 …………………………………………………………… (51)

第三章　中日贸易发展与气候变化 ………………………………………… (52)
　第一节　中日双边贸易发展 …………………………………………… (52)
　　　一　中日双边贸易量的变化 …………………………………… (52)
　　　二　中日双边贸易的依赖关系 ………………………………… (54)
　第二节　中日双边贸易商品结构变化 ………………………………… (59)
　　　一　中国对日本进口商品结构分析 …………………………… (59)

目　录

　　二　中国对日本出口商品结构分析 …………………………（59）
　　三　总体分析 …………………………………………………（60）
第三节　垂直专业化下中日双边贸易模式的动态演变 …………（60）
　　一　垂直专业化下中日双边贸易模式演变的理论
　　　　基础 …………………………………………………（61）
　　二　垂直专业化下中日双边贸易模式演变的现实
　　　　条件 …………………………………………………（65）
　　三　垂直专业化下中日双边贸易模式演变的实证
　　　　研究 …………………………………………………（66）
第四节　中日两国应对气候变化所做的努力 ……………………（74）
　　一　中国应对气候变化所做的努力 …………………………（74）
　　二　日本应对气候变化所做的努力 …………………………（76）
第五节　小结 ……………………………………………………（79）

第四章　中日贸易"隐含碳"测算 …………………………………（82）
第一节　投入产出法介绍 ………………………………………（82）
　　一　地区投入产出 ……………………………………………（82）
　　二　区间投入产出 ……………………………………………（82）
第二节　改进的投入产出模型构建 ………………………………（85）
　　一　现行模型测算的缺陷及对比 ……………………………（85）
　　二　改进的投入产出模型 ……………………………………（89）
第三节　垂直专业化与投入产出模型的结合 ……………………（90）
　　一　垂直专业化率与碳排放路径分析 ………………………（90）
　　二　垂直专业化率与投入产出的结合 ………………………（92）
　　三　改进的投入产出模型与垂直专业化下的投入产出
　　　　模型对比分析 …………………………………………（93）
第四节　数据来源及处理 ………………………………………（94）
　　一　数据库选取与数据来源 …………………………………（94）
　　二　数据处理 ………………………………………………（96）
第五节　测算结果与分析 ………………………………………（99）
　　一　中日能源结构 ……………………………………………（99）
　　二　中日两国碳排放系数对比 ………………………………（104）

三　中国垂直专业化率分析 …………………………………（107）
　　　四　垂直专业化下中日贸易"隐含碳"总量分析 …………（109）
　　　五　垂直专业化下中日贸易"隐含碳"行业分析 …………（110）
　　　六　垂直专业化下中日贸易中间产品"隐含碳"
　　　　　分析 ………………………………………………………（114）
　第六节　小结 ……………………………………………………（122）

第五章　中日贸易"隐含碳"影响因素分析及"污染产业""污染产品"的转移 …………………………………………（125）
　第一节　结构分解模型的构建 …………………………………（125）
　　　一　结构分解模型理论及与其他分解模型的
　　　　　对比 ………………………………………………………（126）
　　　二　结构分解（SDA）的构建 ……………………………（126）
　第二节　中日贸易"隐含碳"影响因素分析 …………………（128）
　　　一　中日贸易"隐含碳"影响因素的总体分析 …………（128）
　　　二　中日贸易"隐含碳"影响因素的行业分析 …………（129）
　第三节　中日"污染产业"的转移 ……………………………（132）
　　　一　中日"污染产业"转移的计算 ………………………（133）
　　　二　中日"污染产业"转移的分析 ………………………（133）
　第四节　中日"污染产品"的转移 ……………………………（136）
　　　一　垂直专业化下最终产品、中间产品特征 …………（136）
　　　二　垂直专业化下中日最终产品、中间产品碳排放
　　　　　转移 ………………………………………………………（137）
　第五节　中日污染产业转移与污染产品转移的比较 …………（146）
　第六节　小结 ……………………………………………………（147）

第六章　公平视角下的中日两国碳排放责任分担 ……………（149）
　第一节　研究方法与数据处理 …………………………………（149）
　　　一　研究方法 ………………………………………………（149）
　　　二　数据来源及处理 ………………………………………（153）
　第二节　中日三种碳排放责任分担研究 ………………………（154）
　　　一　中日三种碳排放责任分担整体对比 …………………（154）

二　中日分行业三种碳排放责任对比 …………………… (156)
第三节　三种碳排放责任的公平性分析 ………………………… (162)
第四节　"共同责任"原则下中日碳排放对比 …………………… (164)
　　一　中日生产责任、国内消费及国外消费责任整体
　　　　对比 …………………………………………………… (164)
　　二　中日生产责任、国内消费及国外消费责任的行业
　　　　对比 …………………………………………………… (167)
第五节　小结 ……………………………………………………… (173)

第七章　结论、政策建议与展望 ………………………………… (175)
第一节　主要结论 ………………………………………………… (175)
第二节　政策建议 ………………………………………………… (178)
　　一　积极参与国际垂直专业化 ………………………… (178)
　　二　调整贸易结构 ……………………………………… (180)
　　三　推动技术创新 ……………………………………… (180)
第三节　不足之处与展望 ………………………………………… (181)

附录 …………………………………………………………………… (183)

参考文献 …………………………………………………………… (185)

攻读学位期间取得的学术成果 ………………………………… (211)

索引 …………………………………………………………………… (212)

致谢 …………………………………………………………………… (213)

Contents

Chapter One　Introduction ……………………………………… (1)

　Section 1　Research Background ………………………………… (1)

　　First　Significant Global Climate Change …………………… (1)

　　Second　International Trade has a huge Impact on CO_2

　　　　　　Emissions ………………………………………………… (3)

　　Third　Multilateral Cooperation to Promote Emission

　　　　　　Reduction ………………………………………………… (4)

　　Fourth　Trade between China and Japan has become More

　　　　　　Important ………………………………………………… (6)

　　Fifth　China and Japan have huge Carbon Emissions ………… (8)

　Section 2　Research Significance ………………………………… (11)

　　First　Theoretical Significance ………………………………… (11)

　　Second　Practical Significance ………………………………… (11)

　Section 3　Research Ideas and Methods ………………………… (12)

　　First　Research Ideas …………………………………………… (12)

　　Second　Research Methods …………………………………… (13)

　Section 4　Framework …………………………………………… (13)

　　First　Technical Route ………………………………………… (13)

　　Second　Main Content Arrangement ………………………… (15)

　Section 5　Innovation …………………………………………… (16)

　Section 6　Chapter Summary …………………………………… (17)

Chapter Two　Literature review ……………………………………（18）
 Section 1　Classical International Trade and Environment ………（18）
  First　Classical International Trade Theory Involving the
     Environment ……………………………………………（19）
  Second　Research on the Impact of International Trade
     on the Environment …………………………………（22）
  Third　Carbon Emissions Research in International
     Trade ……………………………………………………（24）
  Fourth　Commentary ………………………………………（29）
 Section 2　the Impact of International Vertical Specialization
     on the Environment ……………………………………（29）
  First　Research on the Motivation of Vertical
     Specialization …………………………………………（29）
  Second　Measurement of Vertical Specialization …………（31）
  Third　the Impact of Vertical Specialization on the
     Environment ……………………………………………（31）
  Fourth　the Impact of Environmental Regulation on
     Vertical Specialization ………………………………（33）
  Fifth　Commentary …………………………………………（34）
 Section 3　Main Measurement Methods of Embodied Carbon
     in Trade …………………………………………………（34）
  First　IPCC Method …………………………………………（34）
  Second　Input-Output Method ……………………………（35）
  Third　Life Cycle Method …………………………………（39）
  Fourth　Commentary ………………………………………（39）
 Section 4　Comparison of Three Carbon Emission
     Responsibilities ………………………………………（40）
  First　Producer Responsibility Principle …………………（40）
  Second　Consumer Responsibility Principle ………………（42）
  Third　Principle of Shared Responsibility ………………（44）
  Fourth　Calculation of Three Carbon Emission
     Responsibilities ………………………………………（45）

  Fifth Commentary ········· (47)
 Section 5 Research on the Fairness of Carbon Emissions ········ (48)
  First the Connotation of the Fairness of Carbon
     Emissions ········· (48)
  Second Main Principles based on Fairness ········· (49)
  Third the Way to Solve the Dispute of Fairness ········· (50)
  Fourth Commentary ········· (50)
 Section 6 Chapter Summary ········· (51)

Chapter Three China-Japan Trade and Climate Change ········ (52)
 Section 1 China-Japan Bilateral Trade Development ········ (52)
  First Changes in the Number of Bilateral Trade between
     China and Japan ········· (52)
  Second the Dependence of Bilateral Trade between
     China and Japan ········· (54)
 Section 2 Changes in Commodity Structure of Bilateral Trade
     between China and Japan ········· (59)
  First An Analysis of The Structure of China's Imports
     to Japan ········· (59)
  Second An Analysis of The Structure of China's Export
     Commodities to Japan ········· (59)
  Third Overall Analysis ········· (60)
 Section 3 Dynamic Changes of Bilateral Trade Patterns between
     China and Japan under Vertical Specialization ········ (60)
  First the Theoretical Basis for The Evolution of Bilateral
     Trade Patterns between China and Japan under
     Vertical Specialization ········· (61)
  Second the Realistic Conditions for The Evolution of
     Bilateral Trade Model between China and
     Japan under Vertical Specialization ········· (65)
  Third An Empirical Study on the Evolution of Bilateral
     Trade Model between China and Japan under
     Vertical Specialization ········· (66)

Section 4　China and Japan's Efforts to Cope with Climate
　　　　　Change ……………………………………………………（74）
　　First　China's Efforts to Cope with Climate Change …………（74）
　　Second　Japan's Efforts to Cope with Climate Change ………（76）
Section 5　Chapter Summary ………………………………………（79）

Chapter Four　The Measurement of Embodied Carbon in
　　　　　　　　China Japan Trade ……………………………（82）

Section 1　Introduction to Input and Output Methods ……………（82）
　　First　Regional Input and Output ……………………………（82）
　　Second　Inter-Regional Input and Output …………………（82）
Section 2　Improved Input-Output Model Construction …………（85）
　　First　Defects and Comparisons of Current Model
　　　　　Calculations …………………………………………（85）
　　Second　ImprovedInput-Output Model ……………………（89）
Section 3　Combination of Vertical Specialization and
　　　　　Input-Output Model …………………………………（90）
　　First　Vertical Specialization Rate and Carbon Emission
　　　　　Path Analysis …………………………………………（90）
　　Second　VerticalSpecialization Rate Combined with Input
　　　　　and Output ……………………………………………（92）
　　Third　Comparative Analysis of Improved Input-Output
　　　　　Model and Input-Output Model under Vertical
　　　　　Specialization …………………………………………（93）
Section 4　Data Source and Processing ……………………………（94）
　　First　Database Selection and Data Source …………………（94）
　　Second　Data Processing ……………………………………（96）
Section 5　Calculation Results and Analysis ………………………（99）
　　First　Energy Structure of China and Japan …………………（99）
　　Second　Comparison ofCarbon Emission Coefficient
　　　　　between China and Japan ……………………………（104）
　　Third　Analysis ofVertical Specialization Rate in China ……（107）

    Fourth AnAnalysis of the Total Embodied Carbon of Trade between China and Japan under Vertical Specialization ……………………………………… (109)
    Fifth AnAnalysis of The Embodied Carbon Industry in China Japan Trade under Vertical Specialization …… (110)
    Sixth Analysis ofEmbodied Carbon in Intermediate Products of China-Japan Trade under Vertical Specialization ……………………………………… (114)
  Section 6 Chapter Summary ………………………………… (122)

Chapter Five Analysis of Factors Affecting Embodied Carbon in China-Japan Trade and Transfer of "Pollution Industry" and "Pollution Products" ……………… (125)

  Section 1 Construction of Structural Decomposition Model …… (125)
    First Comparison ofStructural Decomposition Model Theory and Other Models …………………………………… (126)
    Second Construction ofStructural Decomposition Model …… (126)
  Section 2 Analysis of Factors Affecting Embodied Carbon in China-Japan Trade …………………………………… (128)
    First An Overall Analysis of The Factors Influencing the Embodied Carbon in China-Japan Trade ………… (128)
    Second AnIndustry Analysis of The Factors Influencing The Embodied Carbon in China-Japan Trade ………… (129)
  Section 3 Transfer of Pollution Industry between China and Japan ………………………………………………… (132)
    First Calculation ofthe Transfer of Pollution Industries between China and Japan ……………………………… (133)
    Second An Analysis of The Transfer of Pollution Industries between China and Japan ……………… (133)
  Section 4 Transfer of Contaminated Products between China and Japan ……………………………………… (136)
    First AnAnalysis of Final Product and Intermediate Product Characteristics under Vertical Specialization ………… (136)

　　　　　　Second　Transfer ofCarbon Emissions from Final Products
　　　　　　　　　　and Intermediate Products under Vertical
　　　　　　　　　　Specialization ……………………………………（137）
　　　Section 5　Comparison of Pollution Industry and Pollution Product
　　　　　　　　Transfer between China and Japan …………………（146）
　　　Section 6　Chapter Summary ……………………………………（147）

Chapter Six　Sharing of Carbon Emissions Responsibility between China and Japan from a Fair Perspective ………（149）

　　　Section 1　Research Methods and data processing ……………（149）
　　　　　　First　Research Methods ……………………………………（149）
　　　　　　Second　Data Source and Processing ……………………（153）
　　　Section 2　Study on the Sharing Responsibility of Three Kinds of
　　　　　　　　Carbon Emissions between China and Japan ………（154）
　　　　　　First　Overall Comparison of Three Carbon Emission Sharing
　　　　　　　　　　Responsibility between China and Japan …………（154）
　　　　　　Second　Comparison of Three Kinds of Carbon Emission
　　　　　　　　　　Sharing Responsibility in Different Industries
　　　　　　　　　　between China and Japan ……………………………（156）
　　　Section 3　Analysis of the Fairness of Three Carbon Emission
　　　　　　　　Responsibilities ………………………………………（162）
　　　Section 4　Comparison of Carbon Emissions between China and Japan
　　　　　　　　under the Principle of "Shared Responsibility" ………（164）
　　　　　　First　Comparison of Production Responsibility, Domestic
　　　　　　　　　　Consumption Responsibility andForeign Consumption
　　　　　　　　　　Responsibility between China and Japan …………（164）
　　　　　　Second　Industry Comparison of Production Responsibility,
　　　　　　　　　　Domestic Consumption Responsibility and Foreign
　　　　　　　　　　Consumption Responsibility between China and
　　　　　　　　　　Japan ……………………………………………………（167）
　　　Section 5　Chapter Summary ……………………………………（173）

Chapter Seventh　Conclusions, Policy Recommendations and

　　　　　　　　Prospects ··· (175)

　　Section 1　Main Conclusion ·· (175)

　　Section 2　Policy Recommendations ································ (178)

　　　　First　Actively Participate in International Vertical

　　　　　　　Specialization ··· (178)

　　　　Second　Adjust Structure of Trade ······························ (180)

　　　　Third　Promote Technological Innovation ······················ (180)

　　Section 3　Deficiency and Prospect ································· (181)

Appendix ··· (183)

References ··· (185)

Academic Achievementsduring the Degree ···························· (211)

Index ··· (212)

Acknowledgement ··· (213)

第一章

绪　论

本章首先阐述了本书的选题背景（包括气候变暖、减排合作、中日贸易重要性凸显及中日碳排放等），继而引申出选题的意义。接着，提出本书的研究思路、方法、技术路线，对后续章节进行了总括性概述。

第一节　研究背景

一　全球气候变化显著

气候变暖影响着全球的水资源、土地利用、粮食生产、人类的生存及健康等方面，成为世界关注的热点问题之一。由世界气象组织（World Meteorological Organization，WMO）和联合国环境署（United Nations Environment Programme，UNEP）共同成立的"政府间气候变化专门委员会"（Intergovernmental Panel on Climate Change，IPCC）从1990年起共发布了五次气候评估报告（见表1-1），第一次评估报告指出，人类生产、生活活动排放的温室气体使得大气中温室气体浓度增加，导致了全球平均温度升高，到2013年第五次评估报告（IPCC AR5）认为这种可能性超过了95%，这五次报告递进式证明了人类活动对气候变化造成的影响巨大。

表1-1　　　　　　IPCC第一工作组历次评估报告

年份	IPCC报告	主要结论
1990	FAR	人类活动排放的温室气体使大气中温室气体浓度增加，使平均温度升高
1996	SAR	人类活动对气候影响是可识别的

续表

年份	IPCC 报告	主要结论
2001	TAR	致使全球变暖66%的机会是由温室气体浓度造成
2007	AR4	20世纪50年代以来，>90%的机会是温室气体浓度造成
2013	AR5	这种可能性>95%

资料来源：Jones, N., Climate Assessments: 25 years of the IPCC [J]. Nature, 2013, 501: 298-299。

数据表明，1983—2012年，是北半球自1400年以来最热的三十年。1880—2012年，全球海陆表面的平均温度升高了0.85摄氏度；2003—2012年平均比1850—1900年平均升高了0.78摄氏度。由于温度的升高，全球的冰冻圈受影响显著，如：陆地冰川和格陵兰、南极冰盖在急速消融；北半球冻土温度上升和冻土层厚度减少也在发生；海平面上升速度加快：1901—2010年，全球海平面上升了0.19米，平均每年上升1.7毫米，1971—2010年平均每年上升2.0毫米，1993—2010年则每年平均上升3.2毫米。中国《第三次气候变化国家评估报告》也指出：从1909—2011年以来，中国陆地区域平均增温0.9—1.5摄氏度，高于中国第二次气候变化国家评估报告平均增温0.5—0.8摄氏度。中国的沿海海平面1980—2012年上升速率为2.9毫米/年，高于全球平均速率。20世纪70年代至21世纪初，冰川面积退缩约10.1%，冻土面积减少约18.6%。经预测，中国到21世纪末，可能增温1.3—5.0摄氏度，全国降水平均增幅为2%—5%。未来各种暴雨、强风暴潮等极端气候事件将增加，海平面也将继续上升，人类将面临严峻的考验。

而在全球温室气体排放总量中，超过70%的都是由化石燃料燃烧产生的CO_2所贡献。IEA最新数据表明，2014年全球CO_2排放为32300百万吨二氧化碳（IEA，2015），虽然总量与上年持平，但与1980年相比增长了13788百万吨二氧化碳，CO_2排放的增速相当惊人。为了应对气候变化带来的各种灾害及不可逆的负面影响，哥本哈根协议提出要实现全球升温幅度控制在2摄氏度以内的目标，全球需要加大减排的力度。为此，IPCC第五次报告预测了五种碳排放的场景（见表1-2），RCP8.5表示到2100年时，CO_2浓度比工业革命时期高出了3—4倍；RCP6.0和RCP4.5表示到2080年以后，碳排放开始下降，但依旧会超过允许值；RCP2.5为比较理想的场景,它表示人类为应对气候变化,会采取一定减排行动,使未来10年的温室气体排放下降,这样到21世纪末,温室气体排放会出现负值。这四种情形种,只有RCP2.5可以保证全球气温不超过2摄氏度。

表1-2　　　　　　　　　　IPCC碳排放预测

浓度路径假设	2012—2100年累计碳排放（10亿吨）	
	平均值	范围值
RCP2.5	270	140—410
RCP4.5	780	595—1005
RCP6.0	1060	840—1250
RCP8.5	1685	1415—1910

注：RCP代表浓度路径。
资料来源：IPCC，2013。

虽然,由温室气体浓度增加造成的气候变化仍存在很多质疑,比如是否会有其他人为因素以外的自然因素造成等问题尚待研究,但是气候变化对人类生存环境、经济、社会发展造成影响的客观事实依然存在（秦大河等,2007；何建坤等,2008）。IPCC还专门指出,气候变化的速度比过去更快,因此,人类未来将面临的形势也会更加严峻（Jones,2013）。

二　国际贸易对 CO_2 排放影响巨大

改革开放以后,中国经济发展迅速,按照国际统计方法,中国已成为了第二大经济体,2015年GDP达到了67.67万亿元。在此过程中,进出口贸易是推动中国经济发展的"三驾马车"之一,2015年中国的进出口总额达到24.59万亿元。但是,因为中国固有的资源、能源禀赋、产业结构特征等因素,中国在很长一段时间,都是以出口"高污染""高排放""高能耗"型产品,进口"低污染""低能耗""低排放"产品为主,可以说,中国的对外贸易在很大程度上是以牺牲资源、环境为代价的。

随着全球化的深入,国与国之间的贸易形式开始发生着改变,原本发生在一个国家最终产品的生产被划分为不同工序被分散到不同的国家或地区生产,附着在各个工序上的碳排放随之也转移了出去。

中国参与垂直专业化分工的行业主要以资源密集型、能源密集型、劳动密集型为主,技术密集型的行业参与度还不够,也就是说,中国仍处于垂直专业化分工的低位,再加上中国加工贸易的比例较大,很容易承接转移的 CO_2,成为"污染者天堂"。当然,中国是否可以通过垂直专业化得到技术外溢、能源及要素结构改善的效应来降低本国治污成本,一系列问题都需要得到有效研究。

三 多边合作促进减排

全球气候变暖已经成为人类社会面临的巨大挑战,为达到控制全球气候变暖的共同目标,国际社会采取了一系列合作。这种合作主要包括两种:一种是以《联合国气候变化公约》(United Nations Framework Convention on Climate Change,UNFCCC)为主,"由上至下"的减排;另一种是以国家自主提出的"由下至上"的减排。

(一) 国际气候变化会议的合作

1992年6月,在巴西里约热内卢举行了联合国环境与发展大会,大会最重要的一项是通过了《联合国气候变化框架公约》。这是世界上第一个应对气候变暖的国际公约,也给国际社会为应对气候变化问题构建了一个全球合作的平台。1997年,在日本京都举行了第三次缔约方大会,会议签署了《京都议定书》(Kyoto Protocol),规定了第一期的减排目标(2008—2012年)是在1990年温室气体排放量的基础上减排5%,并为37个发达国家设定了强制性的减排目标。而对于发展中国家,则可遵循"共同但有区别的责任"原则,鼓励减排,并未制定强制性减排目标。《联合国气候变化框架公约》及《京都议定书》就此形成了最权威的国际性条约。

由于担心减排会造成经济上的损失及诸如中国、印度等这样的发展中国家,近年来碳排放量巨大,而不用分担强制性减排义务,有失公平等一系列原因,《京都议定书》的谈判举步维艰,美国甚至率先退出了《京都议定书》。

2007年通过的"巴厘岛路线图"才形成了一个谈判的转折点,既延续了公约和议定书的主要精神、突出了"共同但有区别原则",又要求发展中国家采取"可测量""可报告""可核实"的行动来减少碳排放(王文涛等,2013)。之后在谈判攻坚期的《联合国气候变化框架公约》缔约方第15次会议签署了《哥本哈根协议》,提出了自主自愿承担减排目标的一种方法,这为发达国家和发展中国家都可以实现减排承诺提供了一种新方式。2012年，多哈会议最终通过了《京都议定书》的二期承诺，规定了附件Ⅰ国家在1990年温室气体排放量的基础上减少25%—40%。加拿大、日本等国明确提出不会参与二期承诺。

直到2015年的巴黎峰会，成为推进低碳发展的一个里程碑。会议签署了《巴黎协定》，提出要把气温上升幅度控制在工业化水平以上并低于2摄氏度，努力降低到1.5摄氏度。另外，提出各缔约方应编制、通报其减排的自主贡献程度，成功把发达国家与发展中国家不论是绝对减排还是相对减排都纳入法律范围，这在应对气候变化合作上，尚属首次（见表1-3）。

表1-3　　　　　　　　应对气候变化的国际性会议

会议名称	时间（年/月）	主要成果
联合国环境与发展大会	1992.06	《里约热内卢宣言》《21世纪议程》《气候变化框架公约》
公约第三次缔约方大会	1997.12	《京都议定书》
第13次缔约方大会	2007.12	巴厘岛路线图
哥本哈根会议	2009.12	探讨《京都议定书》一期后的方案、《哥本哈根协定》
德班会议	2011.11	实施《京都议定书》二期承诺、启动绿色气候基金
多哈会议	2012.11	制定二期承诺具体安排、完成巴厘岛路线图谈判
华沙会议	2013.11	重申落实巴厘岛路线图、推动德班平台达成决议
纽约峰会	2014.09	应对全球气候变化进程的补充性会议
巴黎峰会	2015.11	里程碑式的《巴黎协定》诞生

资料来源：本书综合整理。

（二）各国提交应对气候变化的自主贡献预案

哥本哈根会议之后，各国开始根据实际情况，提出主动承诺的减排目标，即国家自主贡献预案（Intended Nationally Determined Contributions, INDC），这项提案在巴黎大会上被正式纳入《巴黎协定》。协定的第四条规定，发达国家缔约方应当继续带头，实现全球范围的绝对减排目标，发展中国家则根据不同国情，逐渐实现全球范围的减排或限排目标，各缔约方的连续国家自主贡献要比当前的国家自主贡献有所进步（UNFCCC, 2015）。可见，这次大会突出了"共同但有区别的原则"。

巴黎峰会前期，各国纷纷提交了自主贡献预案（见表1-4），经气候行动追踪（Climate Action Tracker, CAT）分析，这些预案（INDC）并未有效控制温室气体的排放,若按照提交的预案执行,21 世纪末全球温度将会上升 2.7 摄氏度,离现有目标较远。在提交的 INDC 中,发展中国家和美国的态度比较积极,对公平性的减排程度趋于中间,可以保持气温升高幅度在 2 摄氏度左右。特别是,中国作为发展中大国及碳排放大国,根据自身实际情况,还提出了 CO_2 排放在 2030 年左右达到峰值,并争取尽早达到峰值、单位碳强度在 2005 年的基础上下降 60%—65%,非化石能源占一次能源消费比重达到 20% 左右,并把绿色低碳发展纳入国家"十三五"发展规划中。这些举措都体现出一个大国在应对气候变化问题上敢于担当的责任。但是,诸如日本、澳大利亚、新西兰等国家提出的 INDC 完全不能够使全球温度上升控制在 2 摄氏度之内,其自主贡献存在不公平性(CAT,2015)。

表 1-4   INDC 提交国家 CO_2 占全球 CO_2 排放总量比重

国家	碳排放占比	国家	碳排放占比	国家	碳排放占比	国家	碳排放占比
中国	27%	美国	16%	欧盟 28 国	11%	印度	6%
俄罗斯	5%	日本	4%	韩国	2%	加拿大	2%
巴西	2%	墨西哥	1%	印度尼西亚	1%	澳大利亚	1%
南非	1%	其他国家	8%				

资料来源:IEA,2014。

从联合国历届气候大会看出,各国在应对气温问题上的博弈都是隐藏在各国经济、政治等因素上的,以及对公平性的争论上的。碳排放的公平性已经逐渐由空间上的"生产者"责任原则、"消费者"责任原则过渡到了"共同但有区别的责任"原则中来;表现形式也从《京都议定书》规定的"由上自下"的减排朝着各缔约方主动提出减排目标的"由下自上"转变。当然,针对减排公平性的博弈将持续存在,但在新形势下针对公平性减排的基础仍然是各国如何界定自己的"共同但有区别的责任",只有在碳排放责任界定清楚的前提下,如何减排才具有实际的可操作性。

四 中日贸易重要性凸显
(一) 中日贸易模式转变

中国和日本是亚洲最大的经济体,是发展中国家和发达国家的典型代表,因两国地缘紧邻,在文化、习俗等方面有着一定的相似性。从 1971 年中日建交以来,两国经贸关系一直在波动中上升。虽然近年来由于政治上的不稳定因素,但仍然出现"政冷经热"的局面。截至 2014 年,中日贸易总额高达 3436 亿美元(JETRO,2015),日本成为中国第三大出口目的地和第二大进口来源地;而中国是日本第二大出口目的地和第一大进口来源地(UN Comtrade Database,2015)。

20 世纪 60 年代的日本以"雁行模式",一度快速发展成了东亚地区唯一的发达国家,并形成了以日本负责研发核心部件,韩国、中国香港、中国台湾等国家和地区少量研发部分零部件,中国及其他东亚国家负责组装、简单加工的发展格局,带动了东亚地区的经济增长。之后,随着垂直专业化的深入,产业间的转移开始过渡成为生产工序产品层面的转移,中国在垂直专业化分工中的水平逐渐提高,韩国、新加坡、中国台湾等国家和地区的研发和制造能力也在提高,"雁行模式"开始衰落,网络式的生产格局开始形成。

(二) 贸易合作的新契机

日本是一个资源、能源匮乏的岛国,20 世纪 70 年代发生的两次石油危机,给当时的日本带来了巨大的经济损失。日本改变了自身对不可再生能源的依赖,从依赖进口、进口替代、发展成为新时期的出口与再进口。而日本在经济高速发展的过程中,曾经也面临过能源短缺和环境污染的问题,因此积累了很多先进节能减排和污染治理的技术及宝贵经验,这些都是中国急需的。

另外,就当前的国际形势来看,低碳发展已成为全球的共同目标。2015 年 11 月的巴黎峰会,签署了《巴黎协定》,为各缔约国提供了一个灵活自主的碳减排方案,也提供给发达国家与发展中国家更多的合作机会。

2015 年 11 月 1 日,中日韩三国领导人联合发布了《关于东北亚和平与合作的联合宣言》,为中日韩自贸区的顺利推进及东亚地区经济发展带来了新的契机。中国在"十三五"规划建议中也明确提出绿色发展的理念,其中重点就是走低碳发展道路,建设清洁低碳、安全高效的现代能源体系。日本在低碳环保方面一直处于世界领先水平,且热衷于低碳服务的输出。从现阶段国际环境及两国政策的导向来看,致力于垂直专业化分工下中日两国贸易过程中产生的碳排放的一系列问题研究,有利于推进中日绿色领域的合作,对中国来说可以进一步对原有经济系统进行绿色改造,重塑经济结构,改变发展方式(刘学敏,2015);对日本来说可以逐渐摆脱经济低迷现状,在经济上开拓新的空间,达到双赢的目的。

五 中日碳排放巨大

中日两国 CO_2 排放量相差巨大,1991年,中国的 CO_2 排放是日本的 2.21 倍,截至 2014 年,变为日本的 7.65 倍。1991—2002 年,中国的 CO_2 排放平稳上升,2002 年后,排放量急剧增加。而日本在整个研究期内的 CO_2 排放基本保持水平,有的年份甚至出现负增长,足以体现出日本低碳型社会的特点(见图 1-1)。

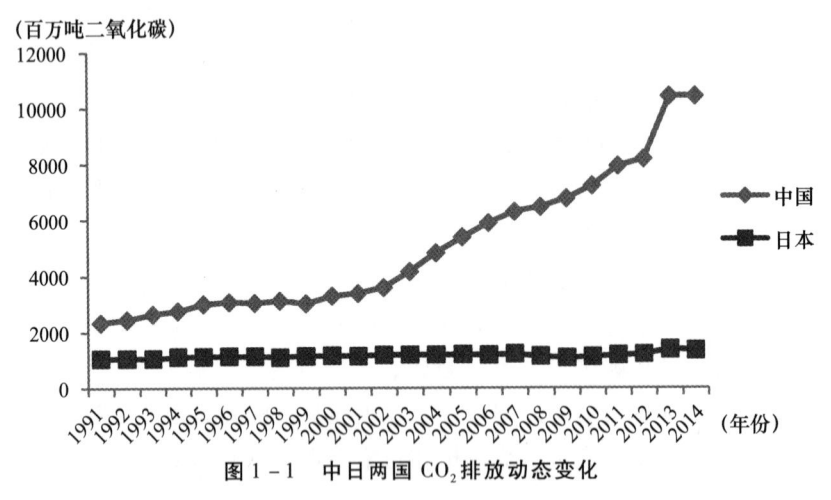

图 1-1 中日两国 CO_2 排放动态变化

资料来源:世界能源署数据库(IEA)。

从图 1-2 看出,全球碳排放前十名的国家 CO_2 排放量占到全球 CO_2 排放的 77.4%,其中,中国排名第 1 位,占到了 29%;日本排名第 6 位,占到 3.7%。

在人均碳排放方面,对比了中国、日本、东亚及太平洋地区、中高收入国家、高收入国家 1995—2014 年的排放情况(见图 1-3)。高收入国家的人均碳排放量远高于高中收入国家及东亚、太平洋周边地区,且发展趋势比较平稳,一直保持在 12 吨碳/人,2008 年后逐渐下降。日本属于高收入国家之一,碳排放与高收入国家的平均水平有相同的波动趋势,但很明显在量上又低于平均水平,1995—2008 年一直保持在 9.57 吨碳/人,2009 年下降到 8.6 吨碳/人,之后又开始上升,2014 年是 10.69 吨碳/人。中国属于中等收入水平的国家,其碳排放与高中收入国家及东亚、太平洋地区

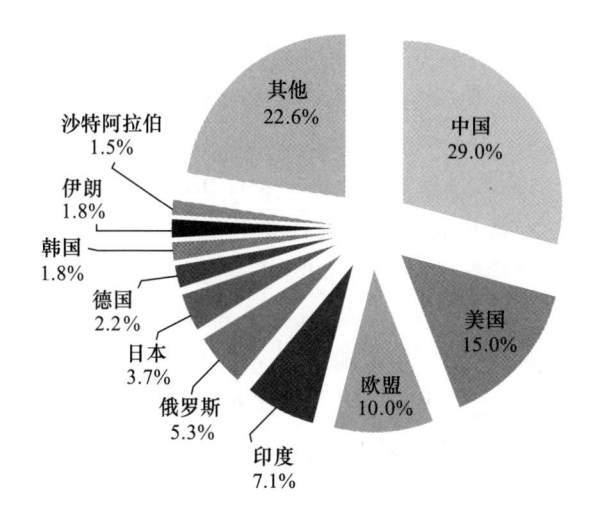

图 1-2 世界碳排放前十名国家及其他地区

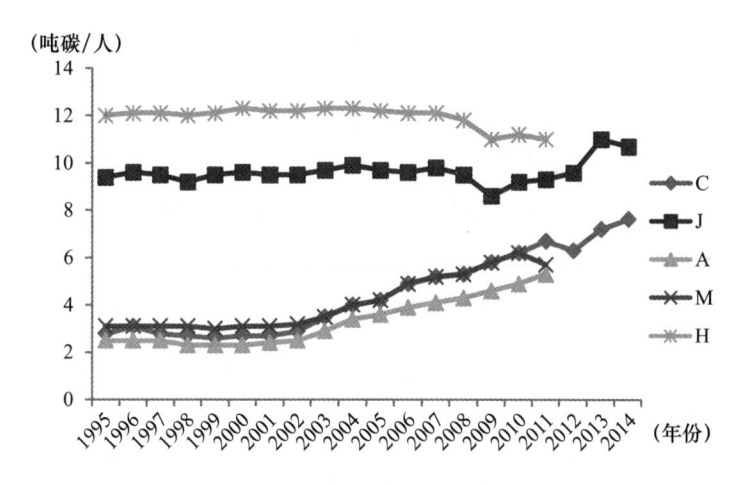

图 1-3 中日及部分国家人均碳排放对比

注：C 代表中国，J 代表日本，A 代表东亚及太平洋周边地区，M 代表高中收入国家，H 代表高收入国家。

资料来源：美国田纳西州橡树岭国家实验室环境科学部 CO_2 信息分析中心及 IEA 数据库。

国家有相同趋势，均是进入 2000 年后增量迅速增加，但人均总量仍然显著低于高收入国家。2013 年，据全球碳计划（Global Carbon Project）公布的全球碳排放数据，中国人均碳排放为 7.2 吨碳/人，首次超过欧盟的 6.8 吨碳/人。可见，尽管中国的人均碳排放量离美国、日本、澳大利亚等国家排放水平还有一段距离，但中国的人均碳排放增速很快。若从表面上看，中国似乎在碳排放的减排义务上已不属于发展中国家行列，但实际中国的碳排放量与欧美、日本的消费有关，如果把通过贸易隐藏的碳排放量计算进去，欧美、日本等发达国家和地区的碳排放量仍会高出许多。

一般情况下，能源排放主要与经济增速和技术水平有关。在技术水平一定的前提下，经济增长越快，能源消耗越大，CO_2 排放越大。中国在 2005—2010 年 GDP 都保持在 9.2% 以上的高速增长，对应的人均碳排放平均以 6.96% 的速度增长，2010 年后 GDP 增速开始减少，2015 年到了 6.9%，经《全球经济展望》预测，中国到 2017 年的 GDP 保持在 6.5% 左右，而人均碳排放增速也平均下降到 4.81%，保持在 4.46 吨碳/人；日本 2005 年后的 GDP 增速波动极大，2009 年甚至跌至 -5.5%，2014 年为 -0.1%，2015 年回升至 0.6%，由于经济的不稳定，导致日本人均 CO_2 增长率出现正负交替，人均碳排放以 0.59% 的速度增加，平均保持在 9.62 吨碳/人，是中国的 2.22 倍。可以看出，日本碳排放总量比中国少，节能技术水平比中国高，而人均碳排放却比中国大，也就是日本为满足消费产生的人均碳排放更多，中国没有得到等量程度的消费，却要分担与发达国家一样的碳排放责任，不公平也不科学。其他东亚及太平洋周边地区国家的 GDP 增速及人均碳排放增速与中国的特征一致，但数量上弱于中国（见图 1-4）。

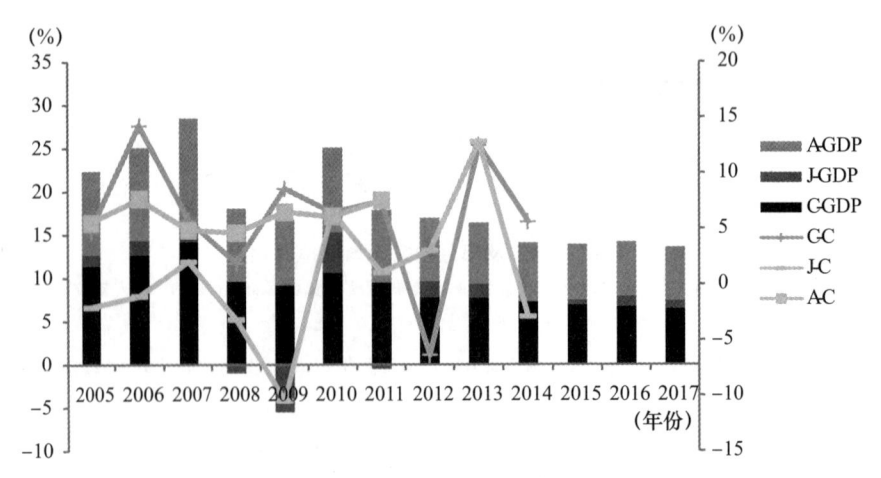

图 1-4 GDP 增长率及预测，人均碳排放增长率分析

注：C-GDP 代表中国 GDP 增长率，J-GDP 代表日本 GDP 增长率，A 代表东亚及太平洋周边地区 GDP 增长率；C-C 代表中国人均碳排放增长率，J-C 代表日本人均碳排放增长率，A-C 代表东亚及太平洋周边地区人均碳排放增长率。

资料来源：世界银行、IEA：《全球经济展望》的数据综合整理。

第二节 研究意义

目前，学术界已有从不同视角分析中日双边贸易对碳排放的影响。本书采用垂直专业化分工与投入产出相结合的方法，立足于双边贸易基本特征与碳排放的现实情况，对此问题进行深入研究，具有重要的理论及现实意义。

一 理论意义

首先，从历史角度分析中日贸易动态变化的过程中，梳理出了垂直专业化与产业间、产业内、产品内贸易的相互关系及产生的动因。其次，结合垂直专业化分工的趋势，明确了国际贸易对碳排放的影响。同时引入出口增加值，有效分析了价值与碳排放间的关系。再次，从产业和产品两个层面分析碳排放转移问题，得出的结论有所不同，这种差异性可以为后续的研究提供一种思路，"污染产业"未发生转移不代表污染不会发生转移，更多的情况是附着在产品上转移到了其他国家。最后，构建的碳排放"共同责任"分担模型可以为更深层次的数理分析模型提供一定的借鉴。

二 现实意义

首先，在中日两国贸易量巨大、贸易方式不断转变的基础上，本研究运用垂直专业化分工与投入产出相结合的模型，测算出两国双边贸易产生的碳排放量，特别是对中间品部分测算更为准确。接着对碳排放的驱动因素进行了结构分析，并选择碳排放较大的行业，从产业和产品两个层面分析了碳排放的转移情况，为今后两国经贸政策的调整提供基础性资料。

其次，从公平性视角，构建了碳排放的"共同责任"分担模型，从整体和行业层面，明确了两国各自及为对方需要分担的碳排放责任。这对中国来说，可以明晰分担碳排放责任较大的行业，逐步转变对日贸易的发展方式。

最后，从国际环境看，中日韩正在为打造自由贸易区进行着积极的谈判，《巴黎协定》也提出了各缔约国自主减排的贡献预案（INDC），提供给发达国家与发展中国家在减排问题上更多的合作机会。从国内环境看，中国在"十三五"规划建议中也明确提出了绿色发展的理念，坚持走低碳发展的道路。日本在低碳领域有着绝对的优势，而中国有着广阔的市场，两国在低碳方面的合作可以达到互利共赢的局面。

第三节 研究思路与方法

一 研究思路

国际贸易对经济和碳排放产生的影响已得到证实，以往研究更侧重于对一个国家碳排放总量和碳排放与贸易规模、贸易结构、技术水平间效应的研究。在经济全球化的过程中，垂直专业化分工理论得到了迅速发展，以新古典贸易为主的贸易形式也转向了产业间贸易和产业内贸易，但从现有文献来看，对垂直专业化分工与碳排放间的研究很缺乏。中国是加工贸易大国，近年来由于进出口贸易量增加迅速，产生了大量的 CO_2，特别中间产品部分贡献较大。而中国与日本同处于全球垂直专业化程度较高的地区之一，又是发达与发展中国家的典型代表，选取二者作为研究对象，分析双边贸易的碳排放情况及碳排放责任分担，都具有现实意义。本书的研究内容一共分为四个部分。

第一，这部分属于基础分析，包括两块内容：一是对中日两国能源结构差异、目前的碳排放总量、人均碳排放及两国为应对气候变化问题所做的努力进行归纳；二是站在历史的角度，对1971年中日建交到2014年两国贸易量、商品结构特征、贸易依赖关系作了回顾，从理论和实证的角度分析了两国贸易模式的转变过程（产业间贸易→产业内贸易→产品内贸易），并给出了解释。这部分是本书研究的基础，只有在弄清楚中日能源结构、技术水平、低碳的政策方针及双边贸易历史变革的基础上，才能有效分析贸易产生的"隐含碳"问题、才能为后续研究提出更具针对性的意见措施。

第二，对现有投入产出模型测算贸易"隐含碳"存在的缺陷进行了说明，提出了单纯改进的投入产出模型；构建了垂直专业化与投入产出相结合的模型，并与单纯改进的投入产出模型进行了适用性的对比。之后，选择垂直专业化与投入产出相结合的模型测算了中国和日本1995—2011年，贸易总"隐含碳"与行业"隐含碳"含量，特别对中间品部分产生的"隐含碳"作了详细分析。

第三，采用结构分析法（SDA），将中国出口到日本的"隐含碳"排放影响因素分解为碳强度效应、投入产出中间技术效应，规模效应和结构效应，并对这四种效应分别从整体和行业层面进行分析，探究促进与减少碳排放的主要因素。另外，根据"污染产业"转移理论，利用净出口消费指数（NETXC）实证研究了中日两国"污染产业"的转移情况。为避免单个产业污染单向流动产生的"污染转移"失真现象，本书加入了垂直专业化生产链条中污染转移的新机制，从中间产品、最终产品层面研究了碳排放转移特征。

第四，在碳排放责任研究中，越来越多的人提倡"共同责任"分担原则，但对理论分析较多，实证分析较少；侧重宏观层面，区域、产业层面的较少，且测算方法较为粗糙，常忽略中间产品部分或对这部分测算不精确。基于此，本书从时间序列上，首先按照"生产者"责任、"消费者"责任及"共同责任"分担原则，突出贸易"隐含碳"产生的影响，对比分析了中日两国的碳排放量。其次，基于贸易调整后的"相对剥夺"理论，分析了三种责任原则下，中国对日本的相对剥夺系数及日本对中国的相对剥夺系数。最后，利用投入产出法细化了"共同责任"分担模型，得出了两国自身应分担的碳量和应为对方的生产、消费过程分担的碳量，并把含碳量分摊到了具体行业层面。

二　研究方法

（1）实证方法与规范方法相结合。在本书的研究中，主要运用环境经济学、资源经济学、国际贸易等理论，对贸易与环境、贸易与低碳发展等问题进行探讨，并按照时间序列，对中日贸易与碳排放之间的相关问题进行实证研究，分析存在的问题，提出政策建议。

（2）定性与定量分析相结合的方法。定性分析主要分析中日两国贸易"隐含碳"总体和行业差异的原因及趋势变化；定量分析则依据相关统计数据、图表，依托 SPSS、MATLAB 与 EVIEWS 数据处理平台对数据进行处理。

文章使用最多的是投入产出与垂直专业化程度（HIV）相结合的方法以及因素分解法中的结构分析法（SDA）。

第四节　结构框架

一　技术路线

本书的技术路线图（见图 1-5）如下。

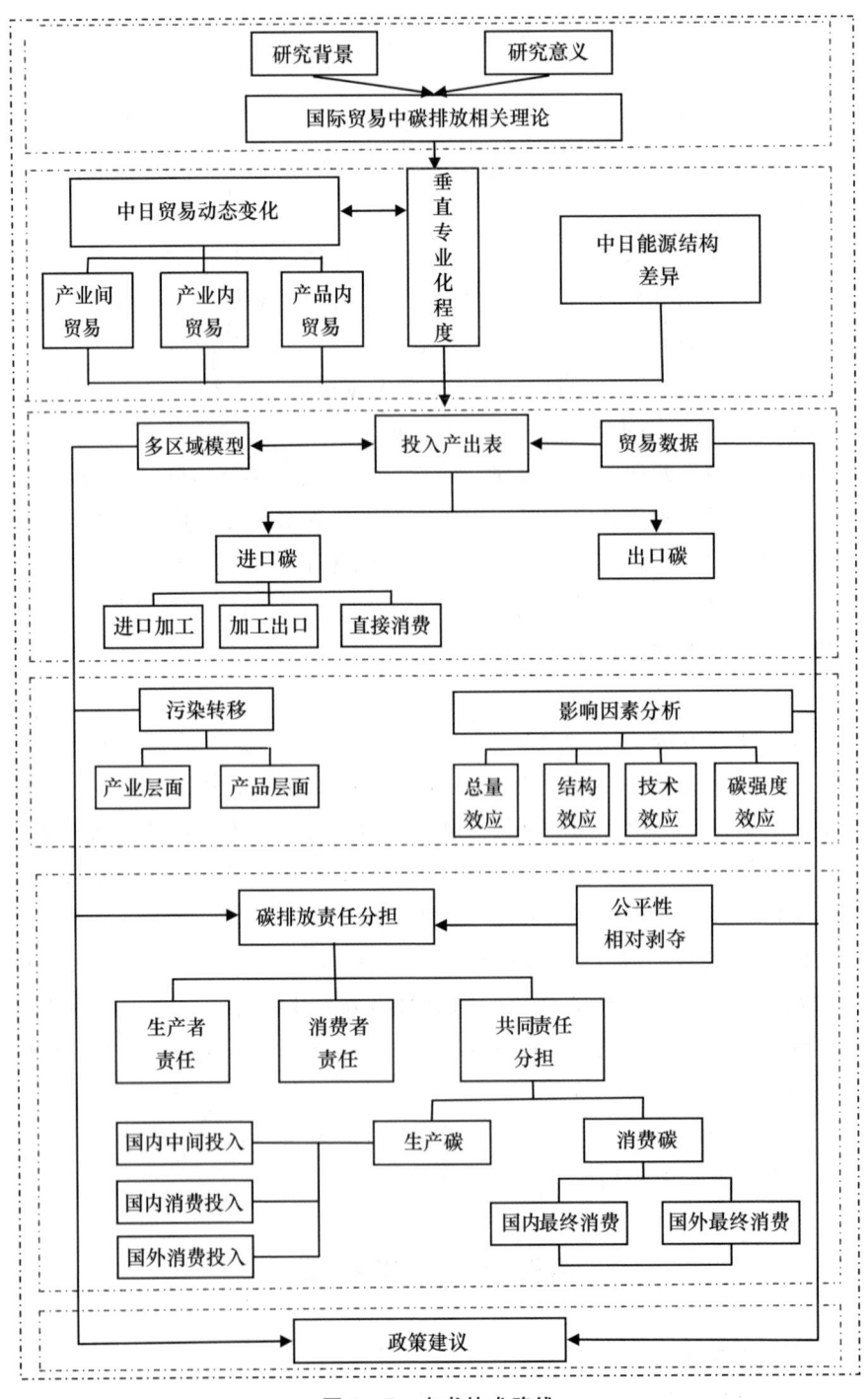

图 1-5　本书技术路线

二 主要内容安排

本书共分七章。

第一章 绪论。介绍本书研究的背景、意义，主要研究的思路与方法，最后对创新点进行阐释。

第二章 文献综述。按照时间顺序，从古典贸易、新古典贸易、垂直专业化对环境的影响进行了梳理；接着分析了贸易"隐含碳"的测算方法，重点介绍了投入产出法在分析中的运用；最后，对"生产者"责任、"消费者"责任及"共同责任"分担原则的内涵、测算方法及公平性进行了阐述。

第三章 从两方面进行了分析，一是对中日双边贸易发展概况（贸易量、贸易依赖关系、商品结构特征），中日垂直专业化发展的理论基础、现实条件，垂直专业化下贸易模式的动态演变三个方面进行系统研究。二是对中日两国应对气候变化所做的努力进行总结。两方面的研究是后续章节贸易"隐含碳"重点行业选取的依据，也可以为测算结果提供更好的解释。

第四章 首先评述了现行投入产出法测算贸易"隐含碳"存在的缺陷，提出了改进的投入产出模型及垂直专业化下的投入产出模型，对比了二者的适用范围。接着在中日贸易发展程度的基础上，采用构建的垂直专业化投入产出模型，测算了1995—2011年中日贸易"隐含碳"的动态变化情况，特别分析了中国从日本进口碳的三个流向（进口加工、加工再出口及直接消费）。另外，探讨了中国对日本的出口增加值与出口碳排放间的关系。

第五章 从双边贸易对碳排放的影响效应及污染转移两个方面给予分析。首先，采用结构分析法（SDA），将中国出口到日本的"隐含碳"排放影响因素分解为碳强度效应、投入产出中间技术效应，规模效应和结构效应，并对这四种效应分别从整体和行业层面进行分析，探究促进与减少碳排放的主要因素。然后，根据"污染产业"转移理论，利用净出口消费指数（NETXC）实证研究了中日两国"污染产业"的转移情况。为避免单个产业污染单向流动产生的"污染转移"失真现象，本书加入了垂直专业化生产链条中污染转移的新机制，从中间产品、最终产品层面研究了碳排放转移特征。

第六章 首先，对比分析了"生产者"责任、"消费者"责任及"共同责任"原则下，中日两国的碳排放量。其次，基于贸易调整后的"相对剥夺"理论，分别计算并对比了三种责任下，中国对日本的相对剥夺系数及日本对中国的相对剥夺系数，得出"共同责任"分担原则对中日两国来说较为公平，也便于操作的结论。最后，利用投入产出法细化了"共同责任"分担模型，得出了两国应为对方的生产、消费过程分担的碳量，并把含碳量分摊到了具体行业层面。

第七章 本书得到的主要结论、提出的政策建议，并对研究过程存在的不足做了说明，对未来的研究工作作了展望。

第五节 创新点

国际贸易引起的环境问题已成为不争的事实，把碳排放作为环境因子纳入贸易的研究也有大量文献出现。但主要是对比以"生产者"责任原则或"消费者"责任原则测算的某国或某行业碳排放差异，对"共同责任"分担原则探讨较少；采用的理论背景大多停留在新古典贸易对碳排放的影响，而垂直专业化分工理论和新贸易理论对碳排放的探讨不深；大多数文献对双边贸易引起的碳排放仅基于纯测算，没有对两国贸易模式变化过程有清晰的了解，故对碳排放变化探讨的不深刻。针对现有文献的缺陷，本书在研究过程中注意了方法的设计，并与当下的时政联系在一起，具有四个方面的创新。

（1）从国际贸易理论及时政两个方面，梳理了中日两国从1971年建交到2014年，双边贸易的贸易量、贸易依赖度及贸易模式的动态变化。

（2）从方法上，总结了现有投入产出方法测算贸易"隐含碳"存在的缺陷，提出改进的投入产出模型。另外，利用垂直专业化理论，构建了垂直专业化与投入产出相结合的模型，并对两种模型的适用范围作了探讨。

（3）从产业层面研究了中日两国的污染转移情况，发现中国并未成为"污染者天堂"。但是从生产工序的产品层面入手，日本在中间产品和最终产品上对中国存在一定的污染转移。

（4）在碳排放责任分担方面，构建了细分的"共同责任"分担模型，可以清楚了解到国内中间投入的生产碳、满足国内消费的生产碳、满足国外消费的生产碳、国内最终消费碳及国外最终消费碳五个部分，因此可以得到两国各自分担及为对方分担碳含量的多少。

第六节　本章小结

本章主要介绍了本研究的相关背景、意义，介绍了论文的研究思路、方法、结构框架及创新点。

第二章

文献综述

自从气候变暖成为全球焦点问题以来,关于贸易"隐含碳"的研究不断增多。综合来看,主要包括以下几个方面:古典贸易与环境的关系、国际垂直专业化对环境的影响、贸易"隐含碳"的主要测算方法、不同碳排放责任分担及碳排放的公平性等。

第一节 古典国际贸易与环境

人类的生产、消费活动离不开环境,因此从贸易出现的那一刻,天然就和环境有着千丝万缕的联系。基于人类的生产活动规模较小,不足以对环境产生严重的影响,故20世纪的大部分时间中,贸易与环境是按照平行的轨迹独立发展。直到20世纪70年代初的斯德哥尔摩人类环境会议,世界开始掀起了环境保护的浪潮,但在这段时期内,贸易与环境问题研究的范围仅限于污染控制成本对国际竞争力的影响、环境政策对贸易的影响效应分析的问题上(Siebert,1977)。20世纪90年代以后由于贸易自由化及环境重视程度进一步加深,贸易措施与环境措施,多边贸易体制规定与以环境为目标的贸易措施间的关系等成为研究焦点。进入21世纪,全球性的环境问题、气候问题凸显,为应对全球变暖,低碳成了主流趋势,并融入各个领域。因此21世纪的贸易也会有新的变化,低碳产品的进出口比例将会增大,低碳技术的转让提升各国的竞争力,并促使低碳贸易自由化,等等,引起了世界各国的关注。

由此可见,贸易与环境的关系越发紧密,既不是单纯的贸易必定破坏环境,也不是贸易促进经济的发展、促进技术转让,使得环境得到改善,二者的关系错综复杂,形成对立统一态势。为了厘清二者如何相互影响,需要先对国际贸易相关理论、涉及环境因素的主要理论进行剖析，以便解释其影响的机理。

一 涉及环境因素的古典贸易理论

（一）涉及环境因素的比较优势理论

1776年，国际分工理论及古典贸易理论的奠基者亚当·斯密在其《国民财富的性质和原因的研究》中提出了绝对优势理论。他认为自由贸易引起国际分工，国际分工的基础是有利的自然条件或有利的生产条件，这使得国家间根据自身情况生产和出口具有绝对优势的产品，使资源、劳动和资本的效用最大化，从而增加国民价值（亚当·斯密，1974）。但是，绝对优势理论的条件苛刻，其中最主要的一条是一国参加国际贸易就必然至少有一种产品处于优势地位，但现实生活中，没有任何绝对优势的国家仍然可以与他国进行贸易往来。这与绝对优势理论产生了矛盾。

之后，李嘉图提出比较优势理论，解释了其原因。他认为即使两个国家都不存在绝对优势的产品，但相比之下也会有相对劣势程度小一些的产品，构成相对比较优势。这样两个国家分工专业化生产和出口其具有比较优势的商品，进口其处于比较劣势的商品，则两国既节省了有限的资源，又都可以从贸易中获得利益（陈丽燕，2014）。

第二次世界大战后的日本运用贸易比较优势的原理，在经济上取得了巨大的成功。日本主要通过调整原有重化工业产业结构、创新技术形成一批新型现代化产业链条，提高附加值产品的出口能力，逐步把以按劳动密集型为主的出口导向转变为资本密集型，充分发挥了比较优势，推动了国家贸易的持续增长。

但是，古典贸易理论时期的比较优势理论也存在不足：一是假设的各国经济看作静态不变是不符合逻辑的；二是国际分工不可能不受到生产方式的制约；三是忽略了环境因素的重要作用。

20世纪70年代以后，人们开始把环境要素纳入比较优势理论分析，这既是对比较优势的拓展，也是对贸易环境效应的重新审视。各国环境要素价格不同，导致具有不同的比较优势，必然影响到不同的贸易模式。环境禀赋丰富的国家倾向于生产并出口环境密集型产品，进口国外生产的环境要素稀缺产品，这一观点得到大多数学者的证实（Tobey，1990；Beers 和 Jeroen 等，1997；Dasgupta 和 Mody 等，2001；Busse，2004）。这是因为，在发达国家，政府制定的严格环境政策与公众舆论的压力迫使厂商生产环境密集型商品。但是此类商品具有较高的环境内在成本，生产者投入及进行污染治理的费用均较高，不具备比较优势。而发展中国家或贫困国家往往具备环境的比较优势，这种优势主要来源于：第一，国家本身的环境资源相对丰富，其纳污能力较强；第二，面临工业化、城市化的发展，公民的人均工资相对较低，没有能力负担额外环境治理费用；第三，政客和公众的环境意识较差，环境偏好度低，制定了宽松的环境政策，使得国家的环境密集型产品具有更多的比较优势。

（二）涉及环境因素的赫克歇尔—俄林理论

20 世纪初，赫克歇尔扩充了比较优势理论的内涵。他指出比较优势必须是两国的生产要素禀赋不同，生产要素的比例不同。1933 年，贝蒂·俄林把一般均衡理论纳入其中，形成了要素禀赋理论（Factor Endowment Theory，H-O 理论），其中最主要的两个内容分别是要素供给比例和要素价格的均等化。首先，一个国家的比较优势由其要素丰裕度决定，即进口含较大比例生产要素昂贵的商品，出口含较大比例生产要素便宜的商品（郭浩淼，2013）。这无疑为后面把环境要素看作比较优势纳入 H-O 模型奠定了理论基础。其次，要素禀赋的差异决定了要素价格的差异，从而使得国际贸易产生。但贸易大量进行后，要素价格会有趋同化的过程，即各国对生产要素需求的不同导致生产要素价格不同，使得本国比较丰裕的生产要素价格水平上升，比较稀缺的要素价格下降。

比较优势理论是国际贸易格局变化的重要理论基础，是贸易理论和国际分工理论的主流。传统比较优势注重解释微观层面贸易利益的获取及贸易活动，但往往会忽视由比较优势带来的外部性问题。如果一国环境要素禀赋丰富、环境成本较低、环境标准也较低，则国际贸易中某些产品的比较优势将会发生逆转。

例如，假设某国一化工企业，该国政府没有设置环境标准，则该国的生产价格低于国际价格，在生产成本上具有比较优势，国内的生产量大于需求量，中间的差额可以用来出口，随之也排放了大量的污染物。当该国为了保护环境，征收环境税时，国内企业的生产成本升高，产量下降，原来用于出口的产品反而需要进口得到，该国的污染排放也会随之减少（王玉婧，2010）。

在李嘉图的比较优势和赫克歇尔—俄林理论的基础上，Pething（1976）

把环境要素纳入考虑范畴的 H-O 模型，得到的结论与比较优势得到的结论基本一致。认为环境资源相对丰富的国家有出口环境密集型或污染产品的比较优势，而环境资源稀缺的国家具有进口环境密集型产品或清洁产品的比较优势。Hillman（1978）用经验模型分析了美国的贸易特征，发现美国在劳动密集产品生产上具有比较优势，在能源和资本密集产品生产方面具有比较劣势。Long（1992）认为受环境规制的影响，当一国的环境替代价格高于贸易国时，该国将出口环境密集度低的产品，而贸易国则出口环境密集度高的产品。加入环境要素的赫克歇尔—俄林理论认为，每一个国家都在根据自己的比较优势及资源禀赋特征来生产产品，这样就会得到环境成本内在化较高的地区把产品转移至低的地方，使环境恶化。但是，贸易自由化可以弥补市场缺陷带来的损失，公众的福利也可以得到不断提升。

总的来看，加入环境因素的 H-O 理论与传统比较优势及 H-O 理论最大的区别在于：一是政府的环境规制、政策是决定环境要素价格最主要的原因，而不是传统的偏好、市场等因素。二是环境要素同样具备公共物品外部性特征，也缺乏产权的定义，在环境规制下的环境成本不可能完全内生化，也会存在市场失灵及政府失灵的现象，因此实证研究中常常会出现比较优势造成全球环境污染的结论。

（三）要素理论

当代国际贸易的要素理论是在古典要素理论、比较优势理论等基础上形成的，本质没有大的区别，但是扩充了要素的范围。主要认为加入的人力资本、研究与开发、技术进步、信息要素等更贴近真实的贸易形式，也推动了贸易的发展。

20 世纪 70 年代以后，许多工业化国家出现了日益严重的环境问题，许多国际性的贸易谈判均涉及了环境问题，诸如乌拉圭回合[①]、新加坡部长会议[②]、多哈部长会议[③]上希望签订一个与贸易有关的环境措施协议，

---

① 1986 年在乌拉圭举行了关贸总协定部长级会议，会议围绕全面改革多边贸易体制进行谈判。历时 7 年半，谈判结束，达成了《服务贸易总协定》，针对环境问题，也提出了"为避免对环境的严重危害，缔约方必须阻止某项发明的商业应用"，但是隐藏着非关税"绿色保护主义"的倾向增强。

② 世贸组织成立后第一次部长级会议，对各缔约国的承诺实施情况进行评估，调查世界贸易发展情况及面临的挑战。

③ 世贸组织第四次部长级会议提出需要评定环境措施对于发展中国家市场准入的效果，要消除或者减少贸易限制对贸易、环境的影响。

来解决贸易与环境问题。虽然最终因为农业补贴和农产品进口关税的问题无法协商而被迫终止，但是可见环境因素在贸易中的重要程度。与环境有关的许多政策作为新的要素纳入了国际贸易当中，且主要在李嘉图的比较成本论及赫克歇尔—俄林的要素禀赋论中逐渐发展成熟。

例如，Grossman（1992）认为在约束条件不变的情况下，生产会带来更多的污染，环境禀赋会变差。他在1995年认为当以劳动力与资源密集型产业为主时，破坏自然资源的方式影响环境禀赋；当以重化工业为主时，大量排放废弃物影响环境禀赋；以高新技术及服务为主时，生产方式对环境禀赋最有利。Schou（2002）认为污染会随着自然资源的消耗而消除，因此环境政策是无效率的。Sinn（2008）提出了"绿色悖论"，认为气候变化政策的提出加速了化石能源的开采，人为加速了温室气体的排放。Van Beers等（1997）、Jug和Mirza（2005）、Cagatay和Mihci（2005）采用新的环境规制对发达国家和发展中国家的出口进行研究，得到新环境规制的强度严重影响了出口，但Arouri（2012）则得出环境规制对出口的影响具有不确定性。

二　国际贸易对环境的影响研究

（一）国际贸易对环境的积极影响

自由贸易论者认为，贸易自由化有益于环境的改善，导致环境恶化的根本原因是由于市场失灵和政府失灵，而不是贸易自由化。他们认为，自由贸易不仅可以使国家打破资源瓶颈，还有利于经济的增长，有利于清洁生产、绿色服务、先进技术的传播，有利于消除贸易扭曲带来的损失。具体来看，首先，自由贸易可以有效达到资源配置，加快国家的经济发展，提高国民的收入水平。如：Cole（1999）提出了"经济发展决定论"，并从福利的角度指出自由贸易可以使自然资源和环境资源达到合理的均价，还有利于产品、服务、清洁技术等的扩散。Burniaux（1992）采用CGE模型得出自由贸易规范了能源市场的交易行为，并减少了全球的碳排放。Anderson（1992）和Stevens（1993）等都支持了这个观点。

其次是以"波特假说"（Porter和Linde，1995）为代表，认为一定的环境规制会促进技术革新，让企业在市场竞争中获得优势。同时技术革新可以弥补由环境标准提高造成的成本损失。Lanjouw和Mody（1996）分析了美国、日本、德国的环境专利与环境规制间的关系，发现环境专利与污染治理支出存在正相关关系，但具有滞后性。Domazlick 和 Weber（2004）研究了美国环境规制与化工业生产率的关系，得出环境规制不一定会降低行业的生产率。

（二）国际贸易对环境的消极影响

环保主义者认为贸易的扩大无形中给环境施加了压力，特别在环境政策宽松的地区，放任自流的贸易加快了资源、能源的消费，造成了很多不可逆的环境污染（Daly，1993；Jenkins，1998）。"生产置换""污染者天堂"（或称"污染避难所"）"向底线赛跑""生态倾销"等均属于这个范畴所提出的假说。

（1）"污染者天堂"假说又称为污染避难所假说，它是在两个理论的基础上发展而来。第一，H-O 理论认为发达国家主要负责生产资本、技术密集型的产品，发展中国家负责生产资源、环境、人力资本密集型产品，在比较优势的促进下，二者开始进行转移。第二，环境规制严格的国家为了达到国内的环境标准，把污染产业转移出去，同时进口消费这些产业的产品而不用污染本国环境、消费本国资源。相反，发展中国家因环境政策宽松，在污染密集型贸易中具有相对优势，承接了这些污染产业（Baumol，1998；Chichilnisky，1994；Copeland，2004）。Stern（1996）认为当污染产业成功转移之后，发展中国在发展的过程中无法再向其他国家进口污染密集型产品，在国际国内环境政策趋紧的情况下，发展中国家需要面临严峻的资源、环境问题的挑战。Cole（2004）研究发现全球的污染并未减少，只是通过自由贸易转移到了发展中国家。Akbostanci（2009）认为国际贸易并不存在环境库兹涅茨曲线，发展中国家即使经济水平有所提升，也很难获得较先进的技术来提高生产水平，也较难消除发达国家通过自由贸易和 FDI 转移到发展中国家的污染。许广月等（2010）通过研究 1980—2007 年中国的碳排放，认为出口贸易、经济增长和碳排放存在长期协整关系，说明了"污染者天堂"假说的存在。

但是，"污染者天堂"假说具有较苛刻的条件限制，要求环境标准作为唯一动因。这与现实情况不符，大多数企业在进行选址、布局、生产的过程中，考虑更多的是劳动力成本、运输成本、税收等有形资本，环境成本并未真实或是第一时间纳入考虑范畴，因此该假说不一定成立。Smarzynska（2004）分析了 1989—1994 年 24 个转型国家的跨国企业投资流向与环境规制间的关系，发现二者不具备相关性。Eskeland 和 Harrison

（2003）分析了美国对其他发展中国家的直接投资过程中是否把污染转移过去，使发展中国家成了"污染者的天堂"。研究表明，在某些产业中，确实存在大气的污染，但是转移程度较低。反而使得发展中国家可以使用到更有效、更清洁的能源。

（2）"向底线赛跑"假说：又称为环境标准竞次论，指在全球自由贸易的背景下，企业会降低产品成本来增加出口量，这样各国也会相继降低自己的环境标准来维持或提高竞争力（Esty，1997）。这一过程类似于"公地悲剧"，其逻辑基础是"囚徒博弈"，为保住竞争力，贫穷的国家相继降低环境标准，为防止资本外流，发达国家也被迫降低环境标准，其结果就是各国都"向后看齐"。Busse 和 Silberberger（2013）利用 GMM 方法，得出了 92 个国家随着污染品净出口的增加，其环境规制的严格程度会降低。Chakraborty 和 Mukherjee（2013）也得出商品贸易和 FDI 会降低环境规制，但服务业未出现此类特征。

（3）"生态倾销"假说：Barrett（1994）提出"生态倾销"，认为当某个国家的环境标准很低时，环境的边际损害会增加，但因为没有把环境保护的成本纳入生产成本之内，具有成本优势，因此发达国家可以向这样的国家收取"生态倾销税"。曲如晓和焦志文（2006）认为，如果非贸易品的环境规则高于贸易品行业的环境规制，则产品就可以以低价格出售到其他国家，造成"生态倾销"的现象。

但是 Beghin 和 Potier（1997）、Xu（2000）都从实证研究的角度否定了发展中国家向发达国家进行了"生态倾销"。姚萍和李长青（2008）也认为，"生态倾销"不是单方面的，发达国家与发展中国家间都有"生态倾销"的倾向，并扩展了"生态倾销"的理念。

总的来看，"生态倾销"是发达国家借环境保护之名向发展中国家发难，制造新型的贸易壁垒。同时，从侧面来说，不论发达国家或者发展中国家，采取"生态倾销"的形式都是不可持续的发展策略，应积极回到技术提升，制定严格的环境标准上来。

三 国际贸易中的碳排放研究

低碳经济是顺应时代需求提出的一种可持续发展的经济运行模式，其要求通过技术创新、制度创新、调整产业结构、提高不可再生能源利用率、开发新能源等一系列政策、措施来降低对化石燃料的依赖，达到环境与经济共同发展。继 2003 年低碳经济提出以后，碳排放和贸易问题的研究也更为深入，诸如贸易"隐含碳"量的核算、环境规制下的贸易规模、贸易结构将如何变化等成为研究的热点问题。

"隐含碳"（Embodied Carbon Emissions）的前身是"隐含能"（Embodied Energy），指的是某种生产和服务过程中包含的所有能量的总和。之后在《联合国气候变化框架公约》中，定义为从原料的获取、生产、加工、运输、消费，整条生产链上所排放的 CO_2（季春艺，2011），充分体现了"从摇篮到坟墓"的全程控制思想。

（一）国际贸易与碳排放的理论研究

低碳贸易与传统贸易的不同之处在于，低碳贸易纳入了市场机制之外的碳要素，考虑了低碳化成本与社会成本，丰富了国际贸易中传统的成本概念。在对碳贸易进行分析之前，势必先要厘清贸易隐含碳相关联的一些基础概念。

1. 碳足迹理论

"生态足迹"（Ecological Footprint）最先由加拿大生态学家 Wackernagel（1996）提出，之后在 2004 年的《2004 年地球生态报告》中，Jonathan 等正式提出"生态足迹"指标。他们认为可以通过测定人类生存发展所消耗的自然资源的量来反映人类对生态系统的影响。"碳足迹"（Carbon Footprint）由"生态足迹"发展而来，指可以用生态生产性土地面积来衡量人类生产、生活所消费的温室气体量。但到目前为止，其内涵仍有争论，综合有关贸易问题的研究，其内涵主要表现在两个方面：一是从原料获取、生产、运输、销售、使用、回收等一套生命周期中所排放温室气体含量（Hammond，2007）。二是以直接和间接两部分排放的温室气体含量转化为一定的计量标准，以此来衡量对气候变化的影响程度。国际贸易中所指的碳足迹也就是贸易隐含碳的问题，主要是商品的生产、交换过程中的这部分温室气体含量。

目前对"碳足迹"的研究主要在二氧化碳产生的两个环节，即生产环节及运输环节。生产环节中探讨最多的还是责任分担问题，而运输环节研究最近正在兴起。

2. 低碳因素的比较优势理论

传统经济学是研究稀缺资源的最优配置问题，在低碳经济的背景之下，碳排放权可以作为一种要素纳入分析。在全球提倡低碳的背景下，碳排放权从天然的自然属性变为了一种有价的稀缺资源，通常通过国际博弈的形式获得，因而又具有国际属性。一国获得的碳排放权越多，实际上也就获得了更多的比较优势。

另一类较多的研究，是把环境规制纳入贸易中，以此来分析经济与碳排放的关系。陈牧（2015）构建了碳比较优势的模型，认为把环境规制纳入贸易中作为贸易的一种要素，得出贸易对环境具有正效应与负效应，关键在于二者比较优势的一致性。当贸易中的比较优势和碳排放比较优势一致时，可以产生环境正效应，反之产生负效应。Sinn（2008）提出了"绿色悖论"的概念，认为环境规制会导致更多地开发化石能源，造成CO_2的升高。Gerlagh（2011），Smulders和Yacov（2012）等也支持这一论断。

除此以外，低碳技术也是比较优势的重要组成部分。根据小岛清的边际产业理论，落后的低碳技术会从一国转移至环境规制宽松的国家，而相对于拥有高碳技术的国家来说，落后的低碳技术发生的不仅仅是转移，而更应该在全球范围内被淘汰（小岛清，1989）。把低碳技术纳入李嘉图模型当中，一个国家原来的优势产品如果在低碳技术上的成本高于其他国家的话，原来产品的比较优势就会转为劣势。很多国家为了管理这种现象带来的损失，提出了"碳关税""碳税""碳标签"等贸易壁垒，削弱了发展中国家的比较优势。

（二）国际贸易与碳排放的实证研究

1. "碳泄漏"的研究

"碳泄漏"是近年来研究较热的一个话题，对文献进行梳理，主要在三方面的研究较多。一是"碳泄漏"产生的原因；二是"碳泄漏"的流向问题；三是执行单边环境政策之后，对"碳泄漏"的计算。

第一，对于"碳泄漏"产生的原因，主要有三大解释。第一种是发达国家因为减排使得国内能源需求减少，导致了全球范围内的能源价格下降，因此，发展中国家可以得到更多的能源，在此过程中产生了"碳泄漏"；第二种原因是通过贸易，使得附件Ⅰ国家向非附件Ⅰ国家转移碳排放；第三种原因是直接投资，也就是发达国家把污染型产业转移至发展中国家。这三种类型的"碳泄漏"都可以成为气候政策中外溢效应的负效应，同时转移的渠道也涉及竞争力，也被称为"竞争力驱动渠道"（Reinaud，2008）。

第二，在"碳泄漏"的流向研究中，大多数研究都得出发达国家向发展中国家转移了碳排放或附件Ⅰ国家向非附件Ⅰ国家转移了碳排放，但也有部分研究认为在附件Ⅰ国家中，也同样存在碳排放的转移。Lenzen（1998）分析认为附件Ⅰ国家在施行减排政策的同时会使得本国产品的成本升高，竞争力降低，因此更多地向非附件Ⅰ国家增加碳密集型产品的进口；因为非附件Ⅰ国家的生产成本较低，反而促进了附件Ⅰ国家的进口消费，但是由于非附件Ⅰ国家的技术落后，会消费更多的能耗，因此这种"碳泄漏"并没有使全球的碳排放含量减少。Rhee 和 Chung（2006）分析了日韩双边贸易中的"碳泄漏"问题，得出韩国的出口碳高于进口碳，说明两国由于贸易结构的不同导致了日本向韩国转移了部分碳。

第三，为了避免"碳泄漏"的产生，很多国家采取了不同的贸易政策。美国建议征收碳关税，欧盟等国家支持进口商品需要购买相应的碳排放信用（冯相昭等，2008）。OECD（2009）指出，以 2005 年为基期，若所有附件Ⅰ国家都实行减排政策的话，截至 2050 年，碳泄漏率会降到 2%以下水平。

Maria 和 Werf（2008）、Baylis 和 Fullerton（2014）则认为，"碳泄漏"不存在负效应，或者技术效应可以弥补"碳效应"带来的负面作用。

2. 贸易"隐含碳"排放效应研究

影响隐含碳排放的因素很多，包括能源利用效率、产品工艺技术、部门因素等，现有文献对当今国际贸易重点"规模效应""结构效应""技术效应"三大效应研究较多（见表 2-1）。

规模效应：自由贸易的发展促进生产水平的提高，进而带动经济的增长。这也意味着以化石燃料为主要能源的国家，在贸易量持续增加的情况下，会进一步造成温室气体的排放。

结构效应：一个国家由比较优势产生的产业结构调整，会影响其贸易模式的改变。在全球范围内，由于环境政策及技术水平的因素，某些国家或地区会集中生产清洁型产品，而另一些国家或地区则集中生产碳排放密集型产品。在贸易开放度不断增加的情况下，全球碳排放的增加或减少，很大程度上取决于两类产业碳排放的相对平衡。

技术效应：指的是减少碳排放采取的生产技术的水平。

表 2-1　　　　　　　贸易"隐含碳"效应研究的主要成果

作者	方法	结论
Ang（1998）	Kaya	将新加坡制造业隐含碳排放的影响因素分解为碳排放强度、能耗强度和产业产出在总产出中所占比重
冯相昭（2008）	Kaya	1971—2005年，中国隐含碳排放的因素进行分析，认为人口迅速增长和经济快速发展是推动中国隐含碳排放增长的主要因素
Du（2007）	SDA	2002—2007年，出口规模的增加是中国出口隐含碳增加的主要原因
Yan（2010）	SDA	1997—2007年，中国出口隐含碳年增长449%，其中规模效应450%、结构效应47%、技术效应48%
张友国（2010）	SDA	1987—2007年，中国出口隐含碳中，规模效应起正作用，产品结构、投入结构和碳排放系数影响较小
李艳梅等（2010）	SDA	1997—2007年，中国出口隐含碳中，直接碳排放强度和出口结构贡献率为负，总量效应及技术效应贡献率为正
Xu et al.（2011）	SDA	2002—2008年，碳排放强度使中国隐含碳排放减少，产出结构、出口结构及规模使这中国进口隐含碳增加
杜运苏等（2012）	SDA	1997—2007年，出口总量增长是中国隐含碳增长的主要原因，直接排放系数和技术进步对隐含碳增长有抑制作用
王菲等（2012）	SDA	1997—2007年，中国对日本出口规模贡献率119.02%，技术效应73.71%，出口结构贡献率13.14%，仅能源效率贡献率为-111.18%
赵玉焕等（2013）	SDA	1995—2009年，中国向美国出口隐含碳增长中，出口规模强正效应、投入产出结构与出口结构是正效应，技术效应为强负效应
赵玉焕等（2014）	SDA	1995—2009年，中国向日本出口隐含碳增长中，规模效应贡献率最大，结构效应影响最小，技术效应促进了碳减少
Shrestha（1996）	LMDI	1980—1990年，能源强度是12个亚洲国家电力部门碳排放主要影响因素
杜运苏等（2012）	LMDI	1997—2007年，中国出口隐含碳增加，出口总量增加是主要原因、结构变化有限、碳强度降低抑制了隐含碳增加
刘洪久（2012）	LMDI	人均产出、人均收入对碳排放有正效应；能源强度、能源结构对碳排有负效应
Obas（2006）	Laspeyres	碳强度与能源类型、能源强度及经济结构有关
Poortinga（2012）	VBN	个人行为及对气候变化的关注度显著影响着碳排放

资料来源：本书综合整理。

四 评述

通过对古典国际贸易与环境的理论和实证进行梳理后得出：(1)由于研究目的、思路、方法、技术路线、数据来源、分析标准等各方面的差异，导致贸易与环境关系没有得出较为明确的结论。(2)涉及环境因素的古典国际贸易理论和新古典贸易理论的文献相对比较旧，各理论间相互交叉。(3)环境规制作为一种新的要素禀赋被纳入国际贸易后，二者间的关系更为复杂，得到越来越多的研究。

把碳素作为一种新的环境要素纳入国际贸易理论分析，符合时代背景。研究主要集中于：(1)"碳足迹"、碳排放比较优势的理论研究。在"碳足迹"研究中，主要是沿用生态足迹的方法，重点分析商品在生产、运输、交换过程中产生的碳排放。而对于碳排放的比较优势，大部分研究认为拥有更多碳排放权和先进低碳技术的国家具有相对比较优势。但是把低碳标准作为一种严格的环境规制纳入国家政策中，相对比较优势的程度具有不确定性，有的国家会获得更多的相对比较优势；有的国家会因为减排成本提高，使相对比较优势减弱，因此产生了很多新的贸易政策来防止本国的利益受损，这也是各国博弈的根源所在。(2)"碳泄漏"与碳排放的效应实证研究。其中，"碳泄漏"主要是从贸易转移及直接投资两方面进行研究，涉及产生的动因、计算方法及碳转移的流向分析。而排放效应研究一般认为规模效应呈负效应、技术效应呈正效应、结构效应正负不定，可调控性强。

第二节 国际垂直专业化对环境的影响

目前，研究国际垂直专业化对环境影响的文献较少，本书从国际贸易的角度出发，对垂直专业化形成动因、测度方法、垂直专业化与环境的关系三个方面进行梳理。

一 垂直专业化的动因研究

国际垂直专业化是以发达国家为主的跨国公司把一部分工序从一国转移到另一国的现象，而促成转移发生的必要条件之一就是考察成本—收益间的平衡状况。成本主要指运输、关税、履约等，收益指的是相对于国内生产可以节约的资本。围绕收益大于成本的目的，垂直专业化的动因研究主要体现在两个方面：一是以国际贸易理论为基础，认为比较优势、规模经济、要素禀赋、空间经济等是促进垂直专业化的动因；二是以产业组织理论为基础，用产权理论等来分析垂直专业化分工的发生和企业生产组织模式的选择（赵明亮，2012）。本书主要从贸易方面归纳形成的动因。

Dixit 和 Grossman（1982）从要素禀赋的角度把生产链分为若干不同生产工序，考虑了要素结构变化和政策变化对比较优势边界的影响，得出比较优势是垂直专业化发生的主要动因。Sanyal 等（1982）在李嘉图模型下，加入中间产品因素，分析了产品不同生产阶段的问题。研究认为两国仅使用劳动和中间产品技术存在差异的前提下，比较优势依然是国际垂直专业化的主要因素。Deardorff（2001）基于李嘉图和赫克歇尔—俄林模型，得出片段化生产的条件来源于价格要素比较优势带来的成本节约和其他资源带来的成本增加，证明了产品内分工可能产生的贸易利益。

Jones 和 Kierzkowski（1988）把生产过程分散到不同空间的生产称为"零散化生产"，并指出规模报酬递增与比较优势推动了这种"零散化生产"。Ishii 等（1997）用案例和其他经验研究实证了在合理的需求弹性下，垂直专业化促进了贸易的发展，而比较优势和规模经济是垂直专业化程度得以提高的重要原因。Grossman 等（2005）基于规模经济的角度，认为企业生产的成本过高引起了外包现象的产生。卢峰（2004）认为在产品生产的不同工序上，要素投入比例的差异及不同工序规模的大小让产品内分工获得了经济效益。

另外，新经济地理学的中心外围模型（Core-Periphery Model）促进了垂直专业化发展。Jones 和 Kierzkowski（2005）、Grossman 和 Helpman（2005）提出由于运输成本的下降使得垂直专业化容易在沿海地区集聚，接着由于累积循环效应、知识、劳动力等外部性，加剧了垂直专业化的集聚。垂直专业化的集聚促进了污染的产生，但此时企业可以联合进行污染治理，削减污染的成本，从而减少污染排放。Antràs（2003）也认为国家间的要素禀赋和中间产品的密集度是垂直专业化发生的动因之一。

对动因的研究常常是以国家或行业为对象，深入企业微观层面的研究较少；分析常常涉及单一的因素，没有考虑到现实生活中多因素共同存在的复杂性及动态变化性。而 CO_2 排放会受到环境和经济系统各项因子的综合影响。特别在新时期以垂直专业化分工为主要因素促成的产品内贸易中，CO_2排放显得更为复杂。因此，对垂直专业化动因的进一步研究有助于贸易"隐含碳"的研究。

二 垂直专业化的测度

大部分研究试图掌握垂直专业化的程度，以期更全面、精确了解国家、地区的发展状况，但由于其数据来源不同、建立指标不同等因素，这部分的研究较难，实证的文献较少。到目前为止，主要有三种测度方法，分别是基于零部件贸易的方法、基于投入产出表的方法和加工贸易测度三种方法。与碳排放相关的测算，主要是第二种。

基于投入产出表的方法：最早由 Robert 等（1996）提出，用一套进口数据和投入产出表，计算了行业进口中间品的程度。Hummels（2001）详细地对垂直专业化程度下了定义，即一国出口总商品中包含的进口中间品价值，并用绝对量和相对量分别进行了度量。Dean 等（2011）认为中间品进口与国内生产的比例等于最终品进口与国内生产的比例，并基于1997年、2002年的投入产出表，分析了中国的垂直专业化程度。Meng 等（2010）采用 OECD 的投入产出表，基于供给的角度，测算了47个经济体的垂直专业化程度。

三 垂直专业化对环境的影响

在垂直专业化形成动因和测算方法的基础上，部分学者开始利用投入产出表和贸易数据研究垂直专业化与环境之间的相互关系。其中，垂直专业化与环境关系的文献主要集中在对大气环境的影响方面，包括积极影响、负面影响以及影响的不确定性。

（一）垂直专业化对环境的积极影响

Feenstra 和 Hanson（1996）运用出口分割的方法，得出中国较少分割的行业存在适度的污染，随着出口分割程度的加深，会朝着分割程度较高的行业转变，获得的污染也会越小。Manderson（2012）分析发现环境规制没有显著影响英国跨国公司的直接投资。Dean（2010）分析得出中国的工业产出越来越清洁，出口产品也向着相对清洁转变，特别在1995—2004年，出口产品的污染强度下降幅度明显。而 FDI 明显地推动了这种"清洁"贸易的发展。张少华等（2009）利用中国行业面板数据，得出发达国家和地区的外包行为显著降低了中国的污染强度。李小平（2010）用环境投入产出模型分析了中国贸易"隐含碳"情况，得出中国的进口"隐含碳"在增加，但出口的碳强度小于进口碳强度，总体上贸易可以促进节能减排的发展。戴翔（2010）认为在产品内分工的背景下，中国出口增速的主要原因降低了出口污染的密度。汪丽（2011）等认为中国国际外包的"隐含碳"比例在增加，而国内投入的"隐含碳"比例在下降；另外，实物外包减少了"隐含碳"排放，服务外包则呈现相反趋势。马涛（2012）基于垂直分工的角度，估算了加工贸易与非加工贸易出口的碳排放及出口中进口投入所节约的碳排放含量，得出中国出口贸易的总碳量在增加，但碳排放强度在减少。加工贸易出口的碳排放差值为负，并有减少趋势，非加工贸易出口的国内碳排放与进口碳排放的差值由正变为负。说明进口中间投入品比重的变化使得中国出口产品在国内的碳排放减少。杨杰（2014）研究发现垂直专业化分工对中国的整体环境效率影响不显著，但可以促进东部地区环境效率的提升。他提出应该把"清洁型"产业嵌入全球产业链中，通过垂直专业化，让中国的比较优势得到进一步发展。

（二）垂直专业化对环境的负面影响

跨国公司主导着国际垂直专业化的发展，使得发达国家主导着核心技术，能够获取较大的利润。东亚地区是世界上垂直专业化率较高的地区之一，日本掌控了高端技术研发和核心工序，韩国、中国台湾、中国香港等国家和地区承接次级技术研发工作，而中国大陆及其他东盟国家大多从事加工组装工作，唐海燕（2008）的研究都证明了这一点。

随着垂直专业化深入，发展中国家和企业也存在着环境规制的博弈。Dean（2009）分析认为，1993—1996年港澳台向中国大陆的投资受到了环境规制的影响。Cole和Elliott等（2011）构建了成本—收益的外包模型，认为对环境规制较为敏感的跨国公司可能把污染工序外包到发展中国家，造成其环境污染。朱平芳（2011）分析了中国277个地级市，发现政府为吸引投资存在着环境政策的博弈。邱兆逸（2012）认为在国际垂直专业化背景下，发展中国家存在技术锁定效应，使得国家的环境规制和企业的环境创新存在着双重博弈。Cole（2014）认为大量的跨国公司把污染工序外包到发展中国家。为了研究外包之后的国家是否在环境规制方面的成本会有所降低，建立了以公司规模、生产率、交通费用及环境规制为基础的国际环境理论模型，实证了环境外包对以上四种要素存在较大的影响。赵玉焕（2015）运用投入产出的方法，研究认为1995—2009年中国垂直专业化程度增强，净出口"隐含碳"从1995年的360.96百万吨二氧化碳增加到2009年的975.26百万吨二氧化碳，但对碳排放的结构性变化探讨不深。郑国姣（2015）研究认为，产业垂直专业化率的提升导致了中国对外贸易隐含碳的增加，各行业贸易"隐含碳"与垂直专业化呈正相关关系。

（三）垂直专业化对环境影响的不确定性

卢福财（2010）认为经济全球化促进了全球产业链的分工，但是对中国而言，也带来了有利和不利的影响。李小平（2010）随着中国参与国际垂直分工程度的加深，中国内生 CO_2 含量减少，进口中间产品的 CO_2 含量增多。中国与发达国家间的产业转移既转移了"干净"的产品又转移了"污染产品"。吴东洋（2013）认为垂直专业化程度可以加快节能减排，但是会增加污染型产业的污染强度，因此中国要积极参与到清洁能源的国际化生产中去。牛海霞和罗希晨（2011）利用省级面板数据和格兰杰检验，分析了 SO_2 与环境关系，得出加工贸易对中国东西部地区的影响不同。刘靖（2009）运用格兰杰因果检验的方法分析了加工贸易对"三废"的影响，得出加工贸易使得废水量增加、固废不受影响、废气的影响不确定。邱兆逸（2012）认为国际垂直专业化的集聚性与环境规制间存在倒"U"型关系，即垂直专业化集聚性低的阶段，集聚越高，污染越小，但过了拐点之后，集聚性越高，污染越大。殷宝庆（2012）用回归方法得到国际垂直专业化与企业的绿色全要素生产率存在正相关关系，垂直专业化率升高1%，污染及较清洁行业的绿色全要素生产率分别提高0.2%和0.8%，说明垂直专业化率对清洁型行业的绿色全要素生产率的促进作用更大，对污染产业的绿色全要素生产率有所影响。

四　环境规制对垂直专业化的影响

环境不会直接对垂直专业化产生影响，都是通过各国的环境政策间接影响垂直专业化发。Levinson（2005）研究得到环境规制严重影响着工业化和发展中国家的贸易行为，特别是削减排污成本较高的国家更容易把污染转移出去。Quiroga（2009）认为环境规制会降低产业比较优势，会把更多的污染融入产业链转移出去。Oliver和Simon等（2013）采用CGE模型分析了单边实施碳价格和边界碳税两种不同的气候政策对垂直专业化影响，得到气候政策使得碳强度低的产业垂直专业化程度降低，促进了高碳强度产业垂直专业化程度的升高。李宏兵和赵春明（2013）认为以人均收入水平和实际污染排放综合指数为指标的环境规制显著提高了中国清洁行业对美国的出口垂直专业化率。

五　评述

国际垂直专业化具有资源、能源、资本和技术流动的特点，打破了各种资源、能源的瓶颈，弥补了传统分工无法实现新生产组合的缺陷；一般贸易分工模式缘于生产环节的不可分割性、不同环节生产的最优规模通常无法同时得以满足，使生产总效率偏低。而国际垂直专业化属于生产片段化，容易使各生产环节达到最优配置（杨杰等，2014）。正是由于垂直专业化出现的新特征，使得部分学者基于垂直专业化理论，开始探寻垂直专业化与环境间的相互关系，这种关系更多的是体现在可以流动的碳排放研究上。

对现有文献梳理发现三个方面的主要特征：第一，垂直专业化的动因部分与古典贸易理论相同，包括比较优势、要素禀赋、规模经济等，它们均是造成碳排放转移的根本原因。第二，对贸易"隐含碳"具体测算的方法，大部分学者选择的都是 Hummels（2001）基于投入产出与贸易数据相结合的方法，以零部件的方法和加工贸易的方法较为少见。第三，国外学者和部分国内学者对垂直专业化对碳排放的影响持积极态度，认为减少了碳排放；而大部分国内学者持消极态度，认为增加了碳排放，或是对碳排放具有不确定性。总之，从垂直专业化的角度来分析贸易"隐含碳"是一种趋势，也更能反映真实的碳排放情况，但研究的难点在于测算方法的选取、改进以及垂直专业化与碳排放二者间的关系。

第三节　贸易"隐含碳"主要的测算方法研究

一　IPCC 法

IPCC 法是国际公认方法，计算方程一般采用各种能源的消耗量乘以碳排放系数。

Uvarova 和 Kuzovkin 等（2014）运用 IPCC（2000）和 IPCC（2006）

两种方法，分别计算了俄罗斯经营原油产生的碳排放量，得出后者具有较高的准确性和较低的不确定性。Penteado 和 Cavalli 等（2012）采用了 IPCC 的补充模型（FOD），实证研究了巴西城市垃圾填埋场的温室气体排放情况，得出运用 FOD 模型可以预测工业化国家温室气体的排放和具有清洁生产机制的发展中国家的温室气体排放，得出的计算结果也会更加准确。邱薇和张汉林（2012）利用 IPCC 法预测了碳边境调节税对中国出口的影响，发现钢铁产业、化学制造业和非矿物制造业的出口产品受冲击较大，其他行业不明显。

二 投入产出法

投入产出法最先由美国经济学家（W. Leontief）在 20 世纪 30 年代提出，逐渐传播到加拿大、英国、意大利等西方国家，20 世纪 60 年代推广到中国、东南亚、非洲等发展中国家。研究在商品和服务过程中隐含碳，主要是针对其模型改进及运用、从全球尺度、区域尺度等来进行实证研究。

（一）投入产出模型的运用

1. 单区域投入产出模型（Single Regional Input-output Model，SRIO）

单区域投入产出模型（SRIO）是最常见的一种模型，其基于以下假设：进口产品的能耗系数（碳排放系数）等同于国内同产品的能耗系数，即进出口产品技术同质，所以仅需要一国的投入产出表和贸易数据可以测算其贸易隐含碳。

模型的基础是根据全国投入产出的平衡关系，建立 n 个产业部门的投入产出数学模型：总产出等于里昂惕夫逆矩阵与最终需求的积，再用部门直接碳排放量乘以总产出得到隐含碳的排放总量。

Lewis（1995）分析了墨西哥加入北美自由贸易协定（NAFTA）以后的碳排放影响，CO_2 排放量随着经济规模的增长和关税的取消而上升。但是，那些高碳部门也向着生产结构低碳化、最终消费低碳化转变。Roberto 等（1995）利用 SRIO 模型分析了巴西 1970—1993 年进出口隐含能和隐含碳，认为 1980 年，出口隐含碳含量高于进口隐含碳，1990 年以后，碳顺差占到了总排放的 11.4%。齐晔（2008）基于 SRIO 模型，采用不同的消耗系数计算了 1997—2006 年的中日贸易隐含碳，得出按照日本的碳耗效率计算，中国的碳排放高于按照中国的碳耗水平计算的结果。赵友国

(2010) 利用非竞争性投入产出表，分析了 1987—2002 年中国的出口隐含碳小于进口隐含碳，2005 年以后出现相反趋势。同时分析了中国的贸易流向，得出 2002—2007 年中国进出口国大部分属于亚太地区或比邻地区。其中美国是最大的进口国，而出口量最大的国家是日本，故节碳量也最大。

SRIO 法操作简单，但不同国家、地区的能耗系数和碳耗系数不同，尽管有学者将进口产品区分为中间投入品和最终消费品，或采用进口国的 GDP 单位能耗和碳耗来计算进口产品隐含碳，但测算结果仍然具有不确定性（Lenzen，2004；季春艺，2011）。

2. 多区域投入产出模型

"Isard 模型"。区域间投入产出模型（Interregional Input-Output Model，IRIO 模型），最早由经济学家 Isard（1951）在 Leontief 的思想上创建，故又称为 Isard 模型。这个模型更多的用于两个区域之间，最大的特点是：a. 利用直接消耗系数矩阵区分贸易的来源地、目的地及具体部门，以直接消耗系数分块矩阵的对角线矩阵反映区域内部经济结构，以非对角线矩阵反映区域间的经济联系；b. 假定了区域内及区域间的直接消耗系数不变。由于模型严格区分了来源地、目的地，计算结果精确，但是需要大量数据，运算复杂，目前只有日本应用最多。

"Chenery-Moses 模型"。多区域投入产出模型（The Multiregional Input-Output Model，MRIO 模型）是由 Chenery（1953）研究意大利 2 个区域间和 Moses（1955）研究美国 9 个区域间经济的过程中提出的，故称为"Chenery-Moses 模型"。这个模型的特点在于：a. 假设了一个区域生产某种产品的技术取决于特定部门的投入，与投入部门所在区域无关。这个假设是与"Isard 模型"的一个重要区别，从而可以减少计算的复杂性。b. 区分了直接消耗系数与贸易系数。可以说"MRIO 模型"是"Isard 模型"的一种简化，它从生产地出发，把某一地区对产品的需求量由各个地区（包括本地区）供应的百分比（列系数）固定下来，便于实际操作。

运用 MRIO 模型计算贸易隐含碳时，将进出口产品细分为中间产品和最终消费品，可以较好地实现对国际贸易中真正能源流或污染流的评估（季春艺，2011）。其优点在于很好地克服了单区域投入产出模型技术同一性假设带来的偏差，考虑了进口产品在进口国生产时的能耗系数或碳排放系数，适用于多个国家间的贸易隐含碳测算（Lenzen，2004；Glen，

2006；周茂荣，2012）。

例如，Wiedmann（2008）利用 UK-MRIO 模型分别从生产者和消费者视角分析了 1992—2004 年英国 123 个部门贸易隐含碳问题，得出消费者视角的隐含碳明显高于生产者视角。同时，Wiedmann 把贸易伙伴分为欧洲范围内的 OECD 国家、其余的 OECD 国家及非 OECD 国家，得出英国的进口隐含碳高于出口隐含碳的趋势（从 1997 年的 4.3% 上升到 2004 年的 21%），而进口来源地大多属于剩余的世界地区（包括亚洲地区）。Christopher（2008）系统分析认为，2005 年中国 1/3 的碳排放（1700 百万吨二氧化碳）来源于出口，这个比例从 1987 年的 12%（230 百万吨二氧化碳）到 2002 年的 21%（760 百万吨二氧化碳）。出现这样的结果主要因为发达国家的消费所致，故发达国家理应为中国的碳排放承担一定的责任。Peters（2006）运用多区域投入产出模型，采用技术异质的方法，发现挪威进口隐含碳的 67% 是用于国内消费排放，一半的污染来源于发展中国家，但是只有 10% 显现出来。同时认为非附件 I 国家至少存在 30% 的碳泄漏。闫云凤（2013）利用 MRIO 模型分别从生产者责任和消费者责任核算了 1995—2009 年中国的贸易碳排放，得出生产碳排放从 24.7 亿吨上升到 70.8 亿吨，消费碳排放从 24.7 亿吨上升到 61.8 亿吨。

完全多区域投入产出模型（Full-MRIO）。Full-MRIO 需要对投入产出表重新编制，需要区分各国的中间产品、最终消费产品，并汇总为一个矩阵，以便准确有效反映国际贸易中的溢出效应和反馈效应。但是若研究仅限于隐含碳测算，则运用 MRIO 中的非投入产出表即可取代。

（二）投入产出法的实证研究

1. 单区域

Machado（2001）分析了 1995 年巴西贸易中的能源使用和 CO_2 排放，结果显示非能源产品出口的总能耗和隐含碳高于进口的总能耗和隐含碳，同时得出单位出口的能源和隐含碳比单位进口分别高出 40% 和 56%。Kakali（2006）评估了 20 世纪 90 年代国际贸易对印度 CO_2、SO_2、NO_x 排放的影响。得出国内生产的同类污染物排放远低于进口污染物的含量，因此挑战了"污染天堂"假说。Su 等（2013）采用竞争性投入产出表和非竞争性投入产出表核算了中国的进口隐含碳，得出竞争性投入产出表估算的进口隐含碳高于非竞争性投入产出表计算，差异性来源于进口中间品再出口的转换问题。

2. 两地区间

Li（2008）分析了 2004 年中国和英国双边贸易中的隐含碳含量，发现通过贸易，英国减少的 CO_2 含量占全国排放量的 14%。另外，由于高碳强度及较低的技术水平，使得中国对全球 CO_2 的排放额外增加了 117 百万吨二氧化碳。Ackerman（2007）研究了 1995 年日本—美国的双边贸易，发现贸易使得美国减少了 14.6 百万吨二氧化碳，而日本增加了 6.7 百万吨二氧化碳的排放，为全球减少了 7.9 百万吨二氧化碳的排放。Liu 和 Ishikawa（2009）用 IO 模型分析了中国—日本的双边贸易产生的隐含碳，得出 1990—2000 年间日本对中国的出口隐含碳持续升高，而中国对日本的出口隐含碳只是在前半段升高，后半段有削减的趋势，但是中国仍然是隐含碳净出口国家。通过回归分析发现，两个国家部门间的碳强度有相关性，但不显著。Su（2005）分析 1997—2003 年中美贸易得出 3 个结论：第一，如果美国向中国进口，美国进口隐含碳将从 3% 增加到 6%；第二，中国 7%—14% 的 CO_2 排放是由于美国消费造成；第三，中美贸易增加了全球 720 百万吨二氧化碳的碳排放。出口美国的先进技术和清洁产品，增加中国能源利用效率可以达到双赢的局面。

3. 多区域

闫云凤（2014）把全球分为 G7、BRIC 和其他国家三个区域，得出 G7 的生产碳排放量小于消费碳排放，而 BRIC 呈相反态势。中国是最大的隐含碳出口国，美国是最大的隐含碳进口国。周新（2010）分析了 3 个 OECD 国家（美国、日本、韩国）、部分东盟国家（印度尼西亚、新加坡、马来西亚等）、中国及中国台湾贸易中隐含碳的平衡关系，得出美国、日本同所有其他国家隐含碳排放均为逆差，而中美逆差最大，中日次之。

4. 全球尺度

Clen（2007）研究了 2001 年 87 个国家间贸易隐含碳的含量高达 5.3/10 亿吨，其中附件 B 国家是隐含碳的净进口国。Nakano（2009）利用 OECD 数据库分析了 41 个国家及地区 17 个产业部门的贸易隐含碳，发现在 20 世纪 90 年代中期及 2000 年左右，21 个 OECD 国家呈现出贸易隐含碳逆差，其中在 20 世纪 90 年代末期 16 个 OECD 国家的贸易隐含碳逆差急剧升高。按照生产责任原则核算，全球 1/3 的碳排放（860 百万吨二氧化碳）来源于非 OECD 国家；按消费者原则核算，一半以上的碳排放（1550 百万吨二氧化碳）来源于 OECD 国家。这暗示着随着全球贸易量的增加会导致隐含碳的增加，而低碳技术的转让可以减少全球的贸易隐含碳排放。

三 生命周期法

生命周期法是基于产品生命周期由下而上（Bottom-up）的、从微观层面进行的测算方法（Life Cycle Assessment，LCA）。目前的研究主要是基于产品生产过程的碳排放计算、家庭消费及区域碳足迹的计算。

Weber 和 Matthews（2008）认为以往的研究忽视了家庭碳排放足迹在贸易碳排放中的作用。他们运用消费者支出调查与多国生命周期预测的方法，分析了全球和美国家庭碳排放足迹的分布情况，得出美国家庭碳排放总量的 30% 是由于贸易量的增加所致。Kenny 和 Gray（2009）运用六种模型对比了爱尔兰的碳排放足迹，得出家庭消费和运输过程的碳排放在研究期内升高较快。刘强（2008）计算了中国 46 种出口产品的碳排放情况，发现这些产品的出口占中国国内一次能源消费的 13.4%，碳排放占中国总碳排放的 14.4%。袁哲和马晓明（2012）利用生命周期法测算了中美贸易碳排放情况，得出中国出口美国碳排放前十位的产品占双边贸易总碳排放的 42.13%，说明两国有必要采用不同的碳排放责任分担。

四 评述

IPCC 法比较成熟，具有大量的运用实例可以参考，但是这种方法仅考虑了进出口商品直接生产的碳排放，没有考虑间接排放形成的完全碳排放。

LCA 法强调在消费末端，对数据要求高，使用得不多。虽然投入产出法可以从总体上把握所有产品的隐含碳，但也存在缺点：一是只能得到行业层面的隐含碳信息；二是各行业隐含碳的测算以产品价值量为基础，而同行业内相同价值量的不同产品的隐含碳排放系数可能存在很大差别；三是能源消耗系数是按行业计算的，但实际上行业内不同产品的能耗系数可能差距很大。

SRIO 法操作简单，但不同国家、地区的能耗系数和碳排放系数不同，尽管有学者将进口产品区分为中间投入品和最终消费品，或采用进口国的 GDP 单位能耗和碳耗来计算进口产品隐含碳，测算结果仍然具有不确定性。因为一国进出口的产品来源于世界上多个国家和地区，拥有不同的技术水平、不同的产业结构，会产生不同的能耗系数和碳排放系数。

MRIO法相对精确，但实际操作具有一定复杂性。目前WIOD数据库有世界投入产出表，但是时间仅为1995—2011年，时间上有滞后性；次国家级区域表几乎没有，需要重新编制。当要反映国际贸易中的溢出效应和反馈效应时，Full-MRIO更为有效，但要对投入产出表重新编制，若研究仅限于隐含碳测算，则运用MRIO中的非投入产出表即可取代（Wiedmann，2009）。

第四节　三种碳排放责任对比

一　"生产者"责任原则

20世纪70年代由经合组织提出了"污染者付费原则"，即污染者通过支付费用来赔偿污染带来的损失，把污染成本内部化。气候经济学的这一理念成了"生产者"责任原则的理论来源。"生产者"责任原则（Production Responsibility）又称为"领土责任"原则（Territorial Responsibility），指碳排放责任应由其直接排放者分担其碳排放责任，即一个国家需要对其所有碳排放负责（周茂荣，2012）。1988年，世界气象组织和联合国环境署共同成立的政府间气候变化专门委员会（Intergovernmental Panel on Climate Change，IPCC）认为温室气体含量的升高与气候变暖有着密切关系，而人类的生产、生活活动又是促成温室气体含量升高的主要原因之一，因此环境责任的分担应该以人为载体。在之后IPCC专题组提出的《国家温室气体清单指南》中，就选择了以"生产者"责任原则来计算每一国家的碳排放责任，认为"应该对在其国家领土和该国拥有司法管辖权的近海海域发生的温室气体排放和消除负责"。1992年，《联合国气候变化框架公约》（United Nations Framework Convention on Climate Change，UNFCCC）及UNFCCC的重要补充性协议《京都议定书》均以"生产者"责任来划分碳排放责任及作为碳减排衡量的基础。Osterhaven（2002）采用投入产出模型，确定了荷兰运输部门"生产者"责任原则的碳排放责任。

"生产者"责任原则因为操作相对简单，易于执行，成为目前应用最为广泛的官方认定原则。其优势主要在于：一是有明确的地域属性，便于环境管理；二是IPCC负责编制、更新《指南》，并提出一套完整的计算方法（IPCC，1996），各国利用其计算方法也编制过国家级的清单，因此制度较为健全。

第二章 文献综述

但"生产者"责任原则更多的是遭到质疑。最早提出质疑的是加拿大学者 Wackernagel（1992，1996），他提出了"生态足迹"理论（Ecological Footprint Theory）。该理论指特定数量的人群消费的自然系统提供的各种商品和服务功能，在这一过程中所产生的废弃物需要生态系统吸纳，并以生物生产力的土地（Biological Productive Land）（水域）面积来表示的一种可量化的方法。"生态足迹"可以通过核算人类为维持自身生存消费而消耗自然的量来评估对生态系统的影响程度，从侧面反映出人类应该为自身对生态资源的消费承担一定的责任。Rypdal 和 Winiwarter（2001）认为 IPCC 制定的这一套计算方法由于时间和空间的不确定性对清单的编制存在很高的误差。他们选取了 5 个工业化国家，得出温室气体的排放存在 $\pm 5\%$—20% 的误差。正是这种很高的不确定性阻碍了碳减排政策的制定及实施效果。Munksgaard 和 Pedersen（2001）分析认为，由于国家性质及发展理念的不同，"生产者"责任原则和"消费者"责任原则下的碳排放相差巨大，但"消费者"责任原则更具有效性及公平性。Bastianoni 和 Pulselli 等（2004）批判了 IPCC 的"生产者"责任原则，提出了在"生产者"和"消费者"之间进行权衡比例的"碳排放增加"方法。同时，他们也指出，国际运输会产生大量的碳排放，而这部分碳排放并未纳入现行的碳排放核算清单中，使得这部分碳排放没有任何国家进行分担。Peters 和 Hertwich（2008）提出基于"消费者"原则的碳排放清单优于基于"生产者"责任原则的碳排放，优势主要体现在：减少了"碳泄漏"的产生，加强发展中国家参与减排的积极性，促进了可选择的碳排放权实施和减排技术的全球转移。Aldy（2005）采用 1960—1999 年国家级的 CO_2 数据分析了基于"生产者"责任原则和"消费者"责任原则下的环境库兹涅茨曲线，得出"消费者"责任原则下环境库兹涅茨曲线最高点对应的收入水平高于"生产者"原则下的收入水平。同时得出，"生产者"原则不利于各国向着环境友好的消费方式发展。

综合来看，对"生产者"责任原则的质疑主要体现在：一是容易产生"碳泄漏"；二是发展中国家处于世界产业链的低端，常常从发达国家进口高新技术和高附加值的产品，出口低附加值的产品。而在现行碳排放责任原则下，分担的碳排放责任较大，造成了发展中国家经济效益与碳排放责任分担的不平衡。三是由于时间和空间的不确定性对碳排放清单的编制存在很高的误差。

二 "消费者"责任原则

"消费者"责任原则（Consumption Responsibility）的理论基础可以追溯到生态足迹理论（Ecological Footprint）、物质流分析理论（Material flow Analysis）和产品生命周期理论（Life-cycle Assessment，LCA）。其中，生命周期理论[①]以生产链为基础，认为生产者为环境保护选用的技术都是为了提供消费者产品及服务，在生产过程中产生对环境的影响都应归结到消费者身上。国家足迹账户（National Footprint Accounts，NFA）就从完全生命周期的角度，仅计算了最终消费的碳足迹，避免了消费者的累积环境影响（刘成玉，2009）。

随着"碳泄漏"问题研究的展开，部分学者开始支持"消费者"责任原则。Ferng（2003）认为最终消费是影响环境的重要因素之一，要解决环境问题就需要形成对环境有利的消费偏好，这也是解决"碳泄漏"的有效手段。Martin（2010）认为"消费者"责任原则下的碳排放是"生产者"原则的有效补充，因为可以在生产者与消费者之间进行合理的环境责任分担。他还认为，"消费者"原则可以促使《京都议定书》减排目标完成，因为此原则可以避免某些国家通过贸易而减少本国的碳排放责任，相比"生产者"原则更具有公平性，更容易使得减排技术转移和各种减排活动开展。Wei 和 Wang 等（2010）、Wang 和 Xian 等（2011）认为中国等发展中国家应该选用"消费者"责任原则，发达国家要对中国的碳排放负一定责任，并转让低碳技术，提高中国的减排力度。Barrett（2013）以英国作为案例国家，也得到"消费者"责任原则是"生产者"责任原则有效补充的结论。他认为，在"消费者"责任原则下，英国既可以避免过多的"碳泄漏"，又可以提高本国的消费水平，同时可以提出适合应对气候变化的可行性政策。Mózner（2013）强调了贸易的重要性，认为贸易不仅仅是国家经济的重要支柱之一，并且会造成国家边界之外的"隐含碳"排放。他分析了德国、英国、荷兰、匈牙利 4 国国家和行业两个层面贸易"隐含碳"，得出按照"消费者"责任原则可以增加碳减排的有效性，并且可以促使国家重新审视为

---

① LCA 已被 ISO14000 纳入环境管理系列标准，用以评价生命周期各阶段能量和物质的消耗以及对环境的影响。整个过程注重研究生态健康、资源消耗、是环境管理的有效手段，可以促进经济社会与环境的可持续发展。

减轻自身环境负担而从事的环境活动。Kander（2015）认为"生产者"责任原则没有计算出"碳泄漏"的部分，而一般的"消费者"责任原则（又称"碳足迹"）没有使某些国家出口行业的碳排放得到减少，一些惩罚性措施甚至加大了全球的碳排放。因此，作者根据不同出口行业技术水平差异提出了改进的"消费者"责任原则，更加客观准确地反映国家政策变化如何影响全球温室气体排放。Wilting 和 Vringer（2009）、Zaks 和 Barford 等（2009）、Homma 和 Akimoto 等（2010）Geng 和 Fu 等（2012）、Fu 和 A（2013）、Bastianoni（2014）等都从不同的角度认为"消费者"责任原则的计算是减少全球碳排放的有效方法。

综合来看，"消费者"责任原则的优势主要体现在：一是减少了"碳泄漏"的产生，在提高发展中国家竞争力的同时，提高了发展中国家的减排意愿；二是对"生产者"责任原则进行了补充，开始体现出共同但有区别的特点；三是注意到国际贸易产生的碳排放问题，重新制定的气候政策便于低碳技术转移及清洁发展项目的实施、推广。

部分学者对"消费者"责任原则保持了中立的态度。Spangenberg 和 Lorek（2002）认为碳排放并不完全由消费决定，特别对于家庭消费，一定程度上受到生产者决策的影响。Liu（2015）认为不同的碳排放核算使得中国不同区域分担的碳排放责任差别越来越大。在"生产者"责任原则下，中国东北及西北区域需要分担更多的碳排放责任；相反，在"消费者"责任原则下，中国中部、东部沿海及南部地区需要分担更多的碳排放责任。Lininnger（2015）总结了以往碳排放的文献，认为贸易引起了巨大的碳排放这一事实不容争辩，但是"生产者"责任及"消费者"责任都具有各自的优点，不能盲目认为哪一种原则更具有优势，而要根据两种原则制定的政策带来的环境效益评判。

近年来，此原则也不断受到质疑。

首先，"消费者"责任原则无形中使"生产者"从碳排放的产生过程中排除，在一定程度上鼓励了生产者追逐利润而肆意消耗环境资源。也就是说，从消费角度出发，生产者可能不会主动减排，也可能会降低发展中国家创造更加清洁生产的积极性；而消费者虽然在理论上有责任去选择那些积极减少温室气体排放的生产者，或者制定碳关税等政策来促进生产国减排，但由于缺少充分的刺激，消费国很可能忽视环境责任，或者制定的贸易政策会造成环境与贸易间的摩擦（Bastianoni，2004；Peter，2008）。

其次,若未来的碳排放权按照"祖父原则"(采用历史排放水平)分配,会对发展中国家造成不利影响。最后,"消费者责任原则"大多是采用投入—产出法计算,对于跨区域的非投入产出表的获取、数据按行业的重新整理等具有不确定性,所以在操作层面上有待提高。

三 "共同责任"分担原则

"共同责任"分担原则(Shared Responsibility),即由生产者和消费者共同为贸易中的CO_2排放负责。其理论基础是"受益原则"(Benefit Principle),即所有获益者都需要分担责任(Kondo,1998)。该原则被大多数学者认为是一种折中的方法,不仅可以鼓励消费者选择具有更好环境保护措施的生产者,也可以刺激生产者主动地去减少自身的碳排放。

Eder(1999)根据直接环境责任和间接环境责任,提出了地区间的六种环境责任划分原则,并质疑了原有"生产者"责任原则,提出"消费者"责任原则和"共同责任"分担原则的概念,为后来碳排放责任划分提供了一定的借鉴。Andrew 和 Forgie(2008)认为,《京都议定书》仅考虑了生产者的责任,没有考虑到最终消费。他们提出了"共同责任"分担原则,并应用此原则对新西兰的碳排放进行了实证研究,得到44%的碳排放由国内生产者分担,28%由国内消费者分担,27%由出口国分担。这种分配方法更加公平,也更容易被各国所接受。Rodrigues 和 Domingos(2008)对比了"生产者""消费者""共同责任"分担原则下的计算特点和蕴含的环境政策意义。Lenzen(2007)从"生态足迹"的角度分析认为,单独的生产者足迹与消费者足迹总和都大于一个国家总的"生态足迹",并且单独计算也存在着重复计算问题。因此,他们设计了一套涉及经济系统所有部门参与,"生产者"与"消费者"共同分担的责任,并对此责任进行了界定。Wiedmann(2009)系统介绍了消费者账户(Consumption-based Accounting,CBA)的优势,认为运用 CBA 方法可以分解出温室气体排放的主要驱动因素;体现了共同但有区别的责任;有利于环境政策的重新制定。Davis 和 Ken(2010)指出,生产者与消费者共同分担碳排放责任是一种比较折中的办法,可以解决历史累积碳排放造成的不公平问题,有利于制定合理的气候政策。Yi 和 Zou 等(2011)选取单位人均 GDP、主要化石能源消费量和工业增加值的单位能源消费作为区域内生产者与消费者共同分担碳排放责任的三个重要评价指标。Rodrigues 和 Domingos 等（2006）、Gallego 和 Lenzen（2005）、Bai 和 Zhang 等（2013）、Zhou（2010）、Zhao 和 Yan（2014）等也从不同的角度得出"共同责任"分担原则在理论和现实中都较为恰当。

综合来看，"共同责任"分担原则的主要优势集中在：一是在"生产者"与"消费者"原则争执不下的情况下，"共同责任"分担原则最为公平、合理，是各国参与全球气候谈判最可能达成协议的方案；二是从区域角度看，既可以形成低碳产品的比较优势，又利于节能减排工作的实施。三是有利于制定不同国家、地区可持续的生产和消费政策。

但是，目前运用此法进行实证研究的文献较少，操作较为烦琐，原因主要是计算过程中确定的不同分配比例或指标容易造成重复计算，不能实现行业累加不变性，未考虑循环消耗等问题。

四 三种碳排放责任的测算

国际贸易中的碳排放计算，是界定各国碳排放责任分担的基础。到目前为止，主要形成了三种原则下的碳含量计算，不同原则下的计算有各自特点，下面就各自特点进行归纳。

（一）"生产者"责任的测算

"生产者"原则下的碳排放责任[①]分担是政府间气候变化专门委员会（IPCC）等官方机构采用的方法。该方法不涉及"消费者"的最终消费及贸易过程中的碳排放，计算起来最为简单，一般用"排放源的活动水平与排放因子的乘积"作为计算公式（丛建辉等，2014）。这种方法比较成熟，仅需要对排放因子的本地化做一些处理。

但是也存在较大弊端，受到各界越来越多的抨击。这些缺陷主要体现在两方面：一是忽略了间接碳排放，低估了总的碳排放量（Hoornweg 等，2011）；另外，把生产碳全部归结于"生产者"，高估了"生产者"分担的责任。二是激励部分生产者采用碳转移的方法来完成减排目标，容易产生全球范围内的"碳泄漏"。

（二）"消费者"责任的测算

"消费者"原则把消费碳归结于消费者，考虑了进出口贸易的影响，也就是开始关注间接碳排放，公式一般为：消费者责任下的碳排放＝生产

---

① 碳排放责任指的是在不同原则下，一国需要分担的碳排放量。下同。

碳 - 净出口碳。

这其中最为复杂的部分就是净出口"隐含碳"的计算，最常见的操作方法是以投入产出表为基础，根据不同表的类型，构建相应的模型进行计算。Proops（1999）、Munksgaard（2001）、Ahmad（2003）、Shui（2006）、Kratena（2007）、You（2008）、Atkinson（2011）、Lenzen（2010）等都采用了此方法。

（三）"共同责任"分担的测算

该原则最主要的就是解决分配比例的问题。就现有文献来看，主要有以下解决的方法。

1. 1/2法。这是最先提出，也是最简单的方法。Ferng（2003）、Wiedmann（2006）等提出在生产链上，生产者与消费者的隐含碳排放责任比例为1∶1，以此来消除重复计算的问题。Lenzen（2007）运用该方法设计了不存在中间商、存在中间商两种情形下的碳责任分配，发现加入中间商后，对碳足迹的影响变化不大，但是按照1∶1的比例计算会人为减少消费者碳责任的承担。

2. 碳排放增加法。假定一条生产链有3个系统或者3个国家（A、B、C），A系统要承担50单位的隐含碳排放责任；B除承担自身排放量外，还要承接A部分的排放量，即80单位（30+50）；C部分承担自身及A、B两部分排放量，即100单位（20+30+50）。三个部分总的排放量应该为230单位，而每个部分应承担的责任分别为：A（50/230）×100=22单位，B（80/230）×100=35单位，C（100/230）×100=43单位（Bastianoni, 2004; Lenzen, 2007; Andrew, 2008）。该方法针对直接或间接排放都可以进行加总，但不能合理解决部门汇总问题，且越到后比例越大，会造成消费者承担大部分责任。

3. 增加值法。Lenzen（2007）认为，现实中生产者和消费者往往是不对等的，人为赋予的比率武断地把生产链分解为若干部分，1/2法的责任分配是一致，也不现实。因此，有关学者提出一个环节承担的碳排放责任比例应该为增加值占净产出的比例VA/NO，下一环节的碳排放责任比例为（1-VA/NO）。而某一部门的排放量就等于该部门直接排放量加上一环节传递下来的排放量之和乘以VA/NO（秦昌才，2007）。赵定涛（2013）继续深化了这种方法，把碳排放责任分解到部门的最终消费者、部门自身及部门的下游。该方法解决了方法上的不一致性及部门汇总问题，更多运用于生产链上生产者与消费者的分配，较少用于国家排放责任的分配（Peter，2008）。

4. 其他方法。Marques 和 Rodrigues 等（2012）提出了基于收入的分配原则（income based principle），并分析了此原则的效果、范围等。徐盈之（2014）把"共同"责任分为六个部分，分别是一国进口碳排放（P_1）、本国直接投入碳排放（P_2）、出口中间品碳排放（P_3）、进口最终消费品碳排放（P_4）、本国直接消费碳排放（P_5）及出口最终消费碳排放（P_6）。其中，$P_1 + P_2 - P_3$ 作为"生产者"责任；$P_4 + P_5 - P_6$ 作为"消费者"责任。在处理进口产品部分时，选用了一个比例系数 a 来处理进口中间产品，即 a 是对角矩阵，对角线每一个元素是进口中间要素与进口中间要素及进口最终消费的比值。

五　评述

"生产者"责任原则虽然是 IPCC 等官方机构使用的方法，但争论最多。附件 I 国家大多赞成这种方法，认为具有贸易顺差的国家获得了经济利益，有理由和义务为这部分产品隐藏的碳排放负责。事实上，发展中国家大多只能在世界分工格局中处于产业链的中下游位置，尽管能够有一定程度的进出口，但基本上是以进口高技术、高附加值产品为主，出口低端、低附加值和重化工业为主。单位获得的经济利润远低于发达国家，却要负担全部的生产碳排放责任，具有不公平性，也高估了发展中国家通过贸易获得的经济利益。

"消费者"责任原则也存在不少争议。首先，因为碳排放责任全部由"消费者"承担，因此，生产国缺乏减排积极性，为了降低生产成本，仍然使用高碳化的工艺及技术；而消费国理论上会选择环境规制严格的生产国，或者制定相应的贸易保护政策，如碳关税等来促进生产国减排，但是这又会造成更多的贸易壁垒（Peters，2008）。其次，若未来的碳排放权按照"祖父原则"[①] 分配，会对发展中国家造成不利的影响。再次，"消费者"责任原则的计算大部分是采用投入产出表，但是由于投入产出表编制的时间滞后性和现实处理过程中行业合并等人为因素干扰，在操作过程中具有不确定性。

---

① 祖父原则：即按照历史碳排放量乘以比例系数获得今后的碳排放权。对于历史排放量高的国家获得的碳排放权也会更多。

"共同责任"原则最具公平性与合理性,理论上容易使得附件Ⅰ国家与非附件Ⅰ国家达成减排的共识,但操作难度也较大。目前对这部分研究的文献大多停留在理论层面,对于实证研究的较少,关键难点在于如何在整条产业链上,合理定量分配上游、中游、下游各部分的责任分担比例,因此也更具有研究潜力(陈楠等,2014)。

第五节 碳排放的公平性研究

在全球温室气体减排谈判中,有关公平、正义的话题常常是谈判成功的关键所在。但由于各国资源禀赋不同、发展速度不同、文化背景不同、对碳排放公平、正义的理解有所不同等一系列原因,增加了气候谈判的难度(Ringius,2000;Metz,2007)。早在1992年签署的《联合国气候变化框架公约》就确立了"共同但有区别的责任"原则,但对该理论没有一个清晰的界定,导致发达国家注重"共同",而发展中国家注重"有区别"(李开盛,2012)。

一 碳排放公平性内涵

"共同但有区别的责任"不能仅强调区别的重要性,不能仅认为只有发达国家承担强制减排的责任。"共同但有区别的责任"可以追溯到约翰·罗尔斯(John Rawls)的《正义论》,其中强调了两个原则。第一原则认为每个人对与所拥有的最广泛平等的基本自由体系相容的类似自由体系都应有一种平等的权利。第一原则可以作为"共同性"的基础,说明每个个体均有使用环境资源的权利及保护环境、资源不受破坏的义务。它意味着不论哪个区域范围、不论是发达国家还是发展中国家,不论其经济发展的如何,均有对全球气候变暖负责的义务,这也为全球合作减少CO_2排放,提供了可能性。第二原则认为,在社会和经济不平等的情景下,由于公平、正义的存在,最少受惠者的最大利益(差别原则)是可以获得一定的职务或地位(约翰·罗尔斯,1988)。第二原则可以作为"有区别责任"的基础,它意味着各国、各地区除了考虑自身对环境破坏程度外,还要考虑其发展水平是否有足够能力来负担环境修复带来的成本损失。总之,根据罗尔斯的理论,可以把"共同但有区别的责任"理解为原则上的"共同性"和结果上的"区别性",二者不可颠倒。

二 基于公平性的主要原则

因为公平原则具有复杂的内涵，会产生不同的衡量标准。总结气候变化有关公平原则的文献，基本可以分为以下几种。

（一）人均公平原则

人均公平原则是基于人人平等建立起来的，认为地球上的每一个公民都享有相同的享受环境服务的权利及相应保护环境的义务（Saran，2009）。气候变化就是由单个不同个体产生的全球性问题，应该把碳排放责任分摊到每一个人身上（Harris，2010）。

Posner 等（2010）却持反对意见，认为这种做法是无效的。哥本哈根大会上，由 IPCC、UNDP 等国际组织提出了七个碳减排方案，但没有一个方案做到人均碳排放相等，发达国家还获得了更多的人均未来排放权。可见，人均碳排放原则是由发达国家所提出，虽然伦理上正确，但是在实际操作中过于极端，想要让发展中国家短期内达到人均平等，也不现实（Torvanger 等，1999；Benito，2002）。

（二）历史责任原则

历史责任原则指出，全球温室气体升高是由于工业化以来的累计排放造成，强调了发达国家在工业化时期过多的碳排放。各国在面对减排责任分担和成本分担时，历史责任越大、能力越强的国家分担到的碳减排责任自然要多。

这个原则首先由巴西提出（Brazilian，1997）。之后，巴西的 Araujo（2007）探讨了不同发展模式下的历史排放量，认为应该提出一些基于公平和可持续发展的气候政策。Bhagwati（2009）认为国家应该替个人承担历史存量的碳排放。Cooper（2010）认为在气候变化的情况下，若只考虑人均责任原则，则在 2000 年，只有 8% 的碳排放存量是由既有人口产生的排放。

这个原则被大多数发展中国家所支持，但在实际操作中也存在很多难点，如：如何界定不同时期受害人的损失及带来影响的大小；如何对不同时期的受害者进行补偿；等等（Posener，2008）。

（三）其他原则

除以上原则外，学者们还根据不同的视角，设计了不同的方案。如：从时间维度上提出了代内公平原则（Intra-generational Equity）和代际公平原则（Inter-generational Equity）；从空间维度上提出国际公平原则（International/Global Justice）和国内公平原则（Domestic Justice）；从基本单位提出的个体公平原则（Individual Equity）和群体公平原则（Collective Equity）（郑艳，2011）。Marina 和 Michael（2007）还总结了12种公平原则，包括最大最小值原则（Max-min Principe）、主权协商原则（Sovereign Bargaining）、政治共识原则（Political Consensus）、市场至上原则（Market Justice）、支付能力原则（Ability to Pay Principle）、祖父原则（Grandfathering Principle）等。其中，支付能力原则的内涵是边际效用递减，如果可以把额外的边际单位排放分配给边际效用最高的贫穷国家，全球的福利水平就会增加（Gao，2010）。因此，支付能力原则越来越得到认同。

三 解决公平性争论的方法

解决争论的关键在于寻求一种发达和发展中国家均能接受的、可以协调各方利益的相对公平原则。

目前，主要有两种解决的途径。第一种是建立多标准的公平原则体系。Ringius（2002）认为，现行有很多所谓公平的分配原则，但基于各国的成本—效益存在不一致的情况，没有一种原则得到完全的认同。因此，可以建立一套多标准的公平体系，让各国对其标准进行打分或赋予权重，最终得到一种比较折中的方案。第二种就是征收碳税（Harmonized Carbon Taxes，HCT）。HCT具有几个明显的优势，包括便于操作管理，更有效率，可以避免各国因碳排放权分配产生的南北争论（Nordhaus，2006）。

四 评述

有关温室气体方面的气候政策强调的公平、正义指的是"共同但有区别的责任"原则，它注重过程的"共同性"和结果的"区别性"。基于各方对公平性理解的不一致，出现了很多有关公平的原则和运用各种系数来验证各种原则的公平性。为了使发达国家与发展中国家达成公平的共识，常采用的方法是建立一个可以被广泛接受的、多标准的责任分担体系，或者采用碳税政策。但是，建立一套多目标的责任分担体系会遇到如何划分国家组别、如何使同组国家具有相同偏好等问题；而碳税也会涉及国际谈判、关税、补贴等一系列问题。

第六节 小结

本章对贸易与碳排放相关的文献进行了梳理，主要包括几个大的方面：一是按照时间顺序梳理了古典贸易、新古典贸易与环境的相互关系，突出了碳作为环境因素的理论及实证研究。二是随着垂直专业化分工的深入，新贸易发展迅速，在此过程中与碳排放的相关研究主要包括计算方法与效应研究。三是对碳排放的三种责任分担原则作了详细的对比，并总结了有关碳排放"公平性"的焦点问题。

经过梳理发现，虽然已有文献开始对垂直专业化与环境的关系进行研究，但是针对产业链各个环节对碳排放的理论研究基本属于空白，实证研究也较少，方法也主要基于 Hummels 的垂直专业化率来计算。对贸易"隐含碳"的驱动因素分析，运用最多的还是 IDA 法和 SDA 法，属于外生性影响因素的分析，把垂直专业化内生化处理的动因研究较少。

第三章

中日贸易发展与气候变化

为研究中日双边贸易中产生的碳排放,首先需要对中日双边贸易的历史、垂直专业化下的贸易动态变化有一定了解,才能有针对性地分析双边贸易中总"隐含碳"、局部"隐含碳"、行业"隐含碳"的排放特征及平衡状况,分析结果才能更为准确。另外,对两国应对气候变暖所做的努力进行分析,才能对测算结果进行更好的解释。因此,此章可以看作是"隐含碳"测算的基础。

第一节 中日双边贸易发展

一 中日双边贸易量的变化

1972 年中日建交之前,中日贸易主要通过民间往来的方式进行,本书基于数据可得性及准确性,根据联合国贸易数据库、日本振兴机构、中国进出口年鉴等,把 1972—2014 年划分为 4 个时期,予以研究(见图 3-1)。

第一阶段:1972—1979 年。1972 年 9 月中日两国政府签署了《中日联合声明》,两国开始实现邦交正常化,为两国经贸发展奠定了基础。从日本日中经济协会访华、日本国际贸易促进会访华、1974 年中日签订政府间贸易协定、到 1978 年中国实行改革开放,与日本签订《中日和平友好条约》及《中日长期贸易协议》,政府及民间的互动都促进了这个时期贸易的迅速增加(从 1972 年的 10.99 亿美元增长到 1979 年的 66.54 亿美元,增长了 6.05 倍)。但因为中国对外贸易处于恢复和起步阶段,实行的是国家统制内向型贸易保护政策,进出口商品结构比较单一,出口产品质量相对粗糙,贸易增长波幅极大,稳定性差,增长快的年份可以达到

第三章　中日贸易发展与气候变化　　53

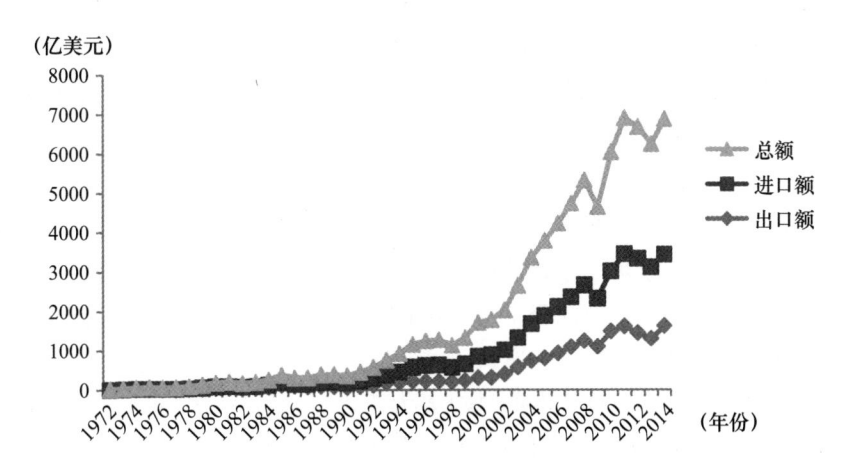

图 3-1　1972—2014 年中国对日本进出口贸易量变化

资料来源：本书综合整理。

83%（1973），增长慢的年份却出现负值 -19.9%（1976）。这个时期日本处于贸易顺差，中国处于贸易逆差状态。

第二阶段：1980—1989 年。20 世纪 80 年代前半段，中国刚刚步入改革开放不久，美国为了抑制苏联，主张日本放宽对中国的出口限制，中日间贸易保持着 2 位数的高速增长，1981 年贸易总额超过 100 亿美元。20 世纪 80 年代后半段，日元升值，中国降低了对日进口，加之政治因素及日本因为"东芝事件"[①] 而拖延对中国技术产品的出口，使得贸易额出现负增长。整个时期贸易顺差和逆差交替进行。

第三阶段：1990—1999 年。由于日本在 20 世纪 80 年代末对中国采取了短暂的贸易制裁，1990 年相比 1989 年贸易额同比减少 14.83 亿美元。随着制裁的解除，贸易水平持续上升，波动程度也明显减小，且前半段贸易额增幅高于后半段。受亚洲金融风暴影响，双边贸易增长率有所下降，1998 年达到负增长 -10.87%。之后，中日贸易复苏，1999 年同比增长 16.34%。这个时期，表现为中国顺差而日本逆差。

第四阶段：2000 年至今。进入 21 世纪，中日贸易总额稳步增长。中国加入 WTO 后，2002 年双边贸易额首次超过 1000 亿美元大关，2003 年

---

① 1988 年，日本警察厅以日本"极东商会"和"新生交易商社"非法向中国出口"巴统"禁运的价值 5000 万日元的产品为由，对两个商社给予处罚。

增长率达到 30.4%。受全球金融危机冲击，2009 年增长率首次跌到负值（-12.8%），之后开始复苏。由于强劲的中国经济增长带动了日本对中国的出口，以及日本国内对中国制造的零部件需求扩大拉动了日本对中国的出口，中日贸易在 2010 年、2011 年连续增长。但 2011 年以后，日本受地震影响，日本内需低迷，加之日元升值、中国经济增速放缓以及中国反日游行等因素，2012 年、2013 年双边贸易增长率连续两年下降为 -4.06% 及 -5.47%。截至 2014 年年底，贸易开始好转，与上年相比，仅下跌了 -0.04%。

总的来看，中国对日本的进口要大于出口，特别是 2002 年后体现得更加明显。首先，因为中国经济增速明显高于日本，入市后关税大幅度降低，为日本产品进入中国市场创造了良好条件。其次，中国的贸易规模增长速度相对于经济总量的增长要快于日本，虽然中国经济进入"新常态"，但仍有较强的增长势头。最后，日本市场开放度很高，进一步开发的潜力明显弱于中国，故形成了贸易逆差。

二 中日双边贸易的依赖关系

（一）双边贸易额占比变化

中国对日本的依存度逐渐下降，而日本对中国的依存度逐渐上升，双方出现易位现象（见表 3-1、图 3-2）。

表 3-1　　　　　双边贸易占中日对外贸易总额的变化

		1972 年	1980 年	1990 年	2000 年	2010 年	2014 年
中国	外贸总额（亿美元）	65.44	380.40	1154.36	4742.97	29740.01	43003.64
	对日贸易（亿美元）	10.99	94.01	181.81	858.00	3018.61	3436.00
	对日占比（%）	16.79	24.71	15.75	18.09	10.15	7.99
日本	外贸总额（亿美元）	529.51	2717.37	5229.49	8587.60	14638.33	15024.01
	对华贸易（亿美元）	11.01	94.01	181.99	857.90	3018.42	3436.00
	对华占比（%）	2.08	3.46	3.48	9.99	20.62	22.87

资料来源：日本振兴机构，WTO-Home resource statistics database。

图 3-2 中日贸易依赖关系

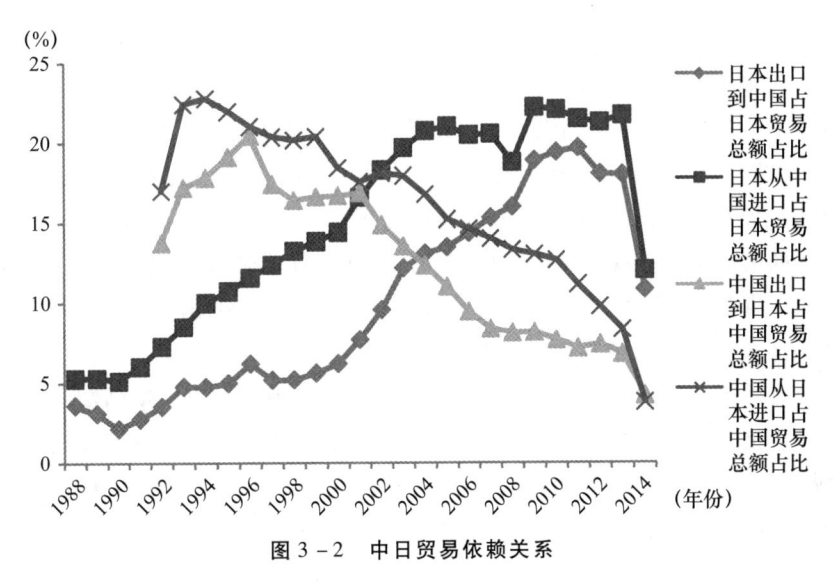

资料来源：本书综合整理。

从历史周期来看，20 世纪七八十年代，中日两国经济实力差距悬殊。1983 年日本贸易盈余超过德国、资本输出超过英国，1985 年成为世界第一海外债权大国，巩固了世界第二大经济体的地位（周应恒，2013）。这个时期，中国对外贸易依赖日本，对日贸易迅速增加，1980 年对日贸易占到中国对外贸易的 1/4，而日本这个时期对华贸易仅占到对外贸易的 3.46%。20 世纪 90 年代初，日本经济继续壮大，呈现出美、日、欧三足鼎立的局面。中日间的依赖关系继续深化，特别中国以 2 位数的增幅提高。20 世纪 90 年代中期，双边贸易占中日对外贸易总额的比例都有所增加，但可以发现，日本在中国对外贸易中的比重开始下降，而中国在日本对外贸易中的比重上升。2000 年后，中国经济增长迅速，日本经济乏力，以中国弱日本强的依赖关系逐渐向着水平趋势发展，贸易依赖关系甚至出现了逆转。2000—2010 年，中国对日贸易占比下降到 10.15%，而日本对华占比却升高到 20.62%。2010—2014 年，因中国经济减速、欧债危机、日本地震、政治因素等综合影响，中国对日占比下降了 2.16%，日本对华占比上升 2.25%[①]。

---

① 数据来源于联合国统计署贸易数据库，该数据库提供的数据日本从 1988 年开始，中国从 1992 年开始。

(二) 双边贸易排位变化

从图 3-3 看出，20 世纪 80 年代末 90 年代初，日本从中国的进口明显大于出口，1990 年中国是日本的第 13 个出口目的地，但却是日本的第 4 进口来源地。2000 年中国成为日本的第 4 大出口目的地和第 2 大进口来源地，日本对中国的进出口依赖持续上升。2002 年，中国取代美国成了日本的第一大进口来源国，2009 年中国成为日本最大的进出口国，这种趋势一直保持到 2012 年，2013—2014 年美国反超中国，成为第一出口国。日本在中国的贸易伙伴国中，一直在前 4 位，自 1997 年起，日本在中国对外出口中连续 17 年占据第 3 位；而进口则从 1993 年到 2012 年一直占据第 1 位，2013 年、2014 年被美国取代占据第 2 位。从两国贸易伙伴的变动过程中可以看出，日本在中国对外贸易中的地位开始降低，逐渐低于美国、欧盟；相反，在"钓鱼岛事件"等一系列反华活动后，中国依然是日本的第一进口大国及第二出口国，可见日本有意让"中国特需"成为拉动日本经济复苏的重要引擎。

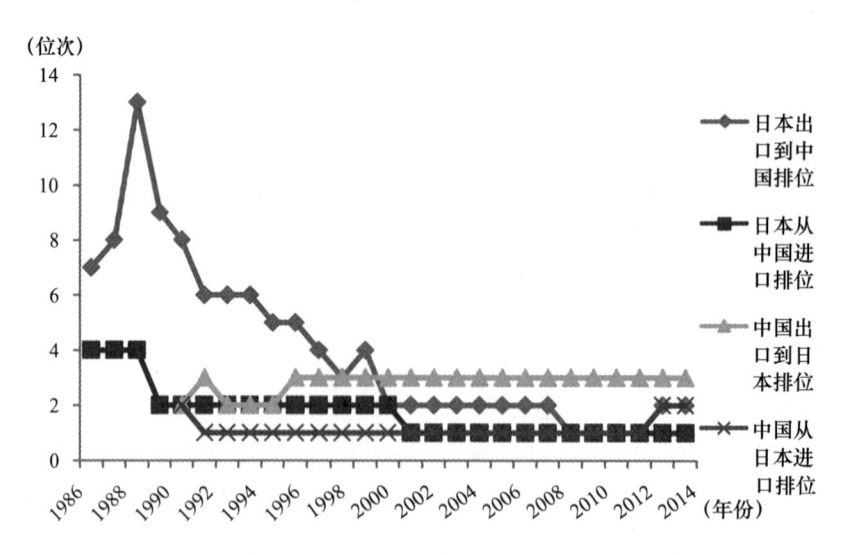

图 3-3 双边贸易排位变化

资料来源：本书综合整理。

(三) 双边贸易结合度变化

中日两国经贸关系不断加深的根源在于两国贸易关系的结构性差异。

这种差异既是两国贸易发展的基础，又带有明显的脆弱性、敏感性。在东亚经济波动，甚至全球经济不稳定的状态下，如何利用双边贸易的优势互补来开拓新的发展空间、取得共赢迫在眉睫。

本书根据 WTO 数据库的有关资料，计算了 1972 年中日建交到 2014 年的双边贸易结合度[①]（见图 3-4）。

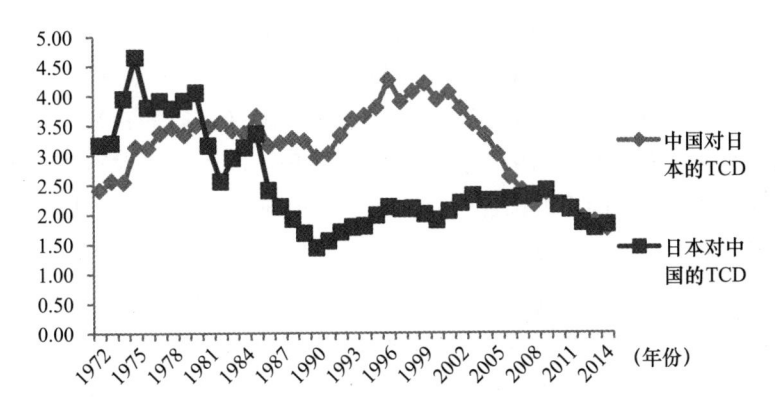

图 3-4 中日贸易结合度（TCD）分析

资料来源：本书综合整理。

可以看出，中日间的贸易结合度指数都大于 1，说明两国贸易关系十分密切（关雪凌，2008；廉晓梅，2005；周立人，2008），但从时间段的波动性来看，二者存在一定区别。1972—1980 年，两国要素差异性大，互补性强，中国以资源、能源产品出口为主，辅之简单粗加工品；此时的日本开始实行雁行模式，经济快速增长，急需大量的资源、能源供其发展，故这段时期，两国在贸易上具有很大上升空间，TCD 都持续增长，且日本 TCD 高于中国。1981—1990 年，中国对日本 TCD 的波动程度明显小于日本，平均保持在 3.35 左右；日本对中国的 TCD 除了 1983—1985 年有小幅上升外，其余年份都呈下降趋势。出现这样的结果主要因为中国刚进入改革开放不久，国内市场及贸易格局不稳定，加之 20 世纪 80 年代

[①] 数据来源于 WTO，计算的指数值比联合国统计署贸易数据库（UNCOMTRADE）的指数值偏高。$TCDab = (Xab/Xa) / (Mb/Mw)$，$Xab$ 为 a 国对 b 国的出口额，Xa 为 a 国的出口，Mb 为 b 国的进口，Mw 为世界总进口，TCD 为贸易结合度。当 $TCD > 1$ 时，两国贸易关系紧密，$TCD < 1$ 时，两国贸易关系松散。

后半段出现资本主义阵营与社会主义阵营对立,加速了两国非对称性依赖。1991—2000 年,日本经济虽然在前半段经过短暂复苏,但经济处于长期萧条状态;而中国加快发展的步伐,两国的 TCD 基本呈现上升趋势。这个时期日本仍处于有利位置,但优势逐渐弱化,双边非对称性依赖开始朝着对称性依赖转变。2001—2014 年,中日的 TCD 呈现相反趋势,中国缓慢下降,日本缓慢上升,双边对称性依赖趋势更加明显,并且出现日本对华依赖的脆弱性与敏感性。出现这种结果的原因主要是:首先,虽然中日两国进口对方产品的额度占本国进口总量比例相当,但是从出口依赖性及对相邻地区的进出口依赖看,日本更甚于中国(段霞等,2012)。近年来,日本进口量最大的国家分别是中国、美国、澳大利亚、沙特阿拉伯、阿联酋等国家,中国是韩国、日本、亚洲其他地区、美国等。从历史情结及地域上来说,中国可以从这些地方获取替代性原料。其次,中日两国对能源依赖都很大,但日本对能源的人均需求明显大于中国。从进口国来看,日本一直从沙特阿拉伯、阿联酋、俄罗斯等国进口石油,若爆发冲突,对日本的冲击要大于中国。最后,日本在高新技术领域对中国的优势开始递减。诸如,日本的高端手机创新性弱于美国的苹果手机,日本的汽车制造业有德国、美国相竞争。2011 年,中国对德国汽车进口额超过日本,虽然 2014 年日本逆袭,但与德国差距甚微。由此可以看出,日本对中国的依赖明显具有敏感与脆弱性。

从进出口额占本国的比例大小、贸易国排位顺序及贸易结合度(TCD)三个方面综合来看,中日双边贸易相互依赖关系紧密(从非均衡依赖→均衡依赖→非均衡依赖)。20 世纪 70—80 年代由于资源禀赋差异,中国进出口量更大,依附日本程度更高,双方属于非均衡依赖;20 世纪 80—90 年代双方依赖度均有提升,但日方的优势地位没有改变。2000 年后,中国对日本的进出口依赖关系开始减缓,特别是中国加入 WTO 后,对经济结构调整,贸易自由度更加开放,对其他国家的贸易比重逐渐增加,对日本的贸易比重逐渐下降,双方从非均衡依赖向着均衡依赖过渡。2012 年后,日本出现对中国的非均衡依赖,导致本国经济对外部市场的敏感性及脆弱性更高。同时,中国对日本的出口额与中国总出口额的比率小于日本总进口额与世界进口额的比率,说明日本对中国依赖度的提高是促进日本经济复苏的重要引擎之一(刘向丽,2009)。

第二节 中日双边贸易商品结构变化

虽然日本在中国对外贸易中的占比降低、作为中国贸易伙伴国的地位降低、中国对日本的 TCD 降低，但不能说明两国的经贸关系开始松散，还要通过进出口商品结构进一步分析两国在经济上的互补程度是否减弱。

按照时间段，分别对中日进出口商品结构进行分析[①]，可以初步明晰两国贸易模式的转变。

一 中国对日本进口商品结构分析

20 世纪七八十年代，日本轻纺产品出口比重较大，而后，出现轻工业与重工业混合出口比例增加。20 世纪 90 年代，中国从日本进口的商品主要是资本密集型的机械电子类产品，初级产品及劳动密集型产品的进口有所减少，特别体现在蔬菜、燃料、皮革及贱金属上。进入 21 世纪，中国从日本进口初级产品及劳动密集型产品的进口继续大幅度减少，而化工和运输设备从进口减少转为进口增加，初级产品及劳动密集型产品的进口继续大幅度减少，特别是纺织类、矿产品等。总的来说，中国对日本的进口以资本密集型产品（机械、电子产品、运输设备等）为主，从 20 世纪 90 年代的 58.95% 上升到 73.18%，其中，运输设备制造出口增长 1.28 倍，电气、光学设备制造增长了近 4 倍，说明中国对汽车需求量大，汽车成品、中国手机零部件等成了日本对华出口的新增长点。其次是初级产品（纺织、服装等）及劳动密集型产品（贱金属、其他杂制品等），占比从 31.49% 下降到 22.70%。

二 中国对日本出口商品结构分析

20 世纪七八十年代，日本因战后建设及石油危机影响，主要从中国进口原材料等资源型和燃料为主的能源型产品。20 世纪 90 年代，中

[①] 数据来源于联合国统计署贸易数据库（UNCOMTRADE）的 WITS，其分类标准按照《商品名称及协调编码制度》HS1988/92 进行。本研究以 HS 制为基准，同时对比了《国际贸易标准分类》新修第 4 版，把商品分为初级产品、劳动密集型产品及资本密集型产品。

国对日本出口以初级产品及劳动密集型产品为主，其中纺织、服装的比例最大，接近出口的 1/3。其次是资本密集型产品（化工、电子机械）及劳动密集型产品的贱金属、木材加工、塑料化工等，接近出口的 27%。2000 年后，机械电子、化工、运输设备等资本密集型产品出口急速增加，占到 47.94%，而劳动密集型产品出口占比从 46.76% 下降到 27.85%。可见，中国开始注意经济发展方式的转变，正在减少资源型产品的出口。

三　总体分析

从双边进出口产品的结构可以看出：(1) 从 20 世纪 70 年代初到现在，中国占据比较优势的初级产品进出口逐渐减少，说明这类商品的日本市场趋于饱和。中国对日本的进出口已由初级和劳动密集型为主向资本密集型转换，特别是运输设备制造等产品的进出口量比较大。(2) 中日之间建立在要素禀赋上的产品间贸易趋势弱化，而同类型产品内的贸易开始加强，特别体现在资本密集型产业上。但是这种资本密集型产业大多是通过跨国公司的直接投资而来（李小北，2008）。据统计，日本在中国的跨国公司大约有 73% 的企业将中国境内加工生产的产品出口回流到本国市场，因此中国对日本的密集型产品出口中含有大量的进口成分。(3) 中国从日本进口的中间品大多来源于电气、光学产业、机械制造业、交通运输业，但是其性质却与日本加工贸易区别很大。日本利用先进的科技对进口原料进行加工，大量出口工业制成品，且其进口的国内增值链很长，前向作用显著。中国却相反，只能进行简单的"组装式"的加工，进口产品在国内的前向和后向作用都很小（钱志权，2014）。

第三节　垂直专业化下中日双边贸易模式的动态演变

全球一体化和贸易自由化加速了东亚地区垂直专业化程度，从上文中日两国间商品结构的分析，可以初步得出中日贸易模式经历了一定的转变。但具体转变的路径、程度如何，需要从理论、中日间现实条件及实证方面进一步分析。

一 垂直专业化下中日双边贸易模式演变的理论基础

20世纪50年代以后，垂直专业化与产业间贸易成为国际分工与国际贸易的主要表现形式，二者相互促进。垂直专业化分工促进了产业间贸易、产业内贸易、产品内贸易的发展，贸易的发展又使得垂直专业化分工更加深入。

垂直专业化（Vertical Specialization，VS）最早由Balassa（1967）提出，定义为将一件商品的生产工序垂直分割成不同的部分，各国或各地区根据比较优势生产某个阶段。进入20世纪90年代以后，垂直专业化更是成为经济领域最热门的话题之一，但学术界尚无统一的定义。生产片段化（Jone & Kierzkowski, 2000; Arndt, 2001）、产品内分工（Arndt, 1997）、中间品贸易（Antweiler & Trefler, 2002）、价值链分离（Krugman, 1995）等都可用来说明这一现象。在众多定义中，引用最多的是Hummels（2001）归纳的出口中包含的进口中间投入价值占总出口价值的比重，并第一次使用垂直专业化来计算垂直专业化程度。国内学者卢锋（2004）将其定义为，特定的最终产品在生产过程中通过空间分散化，使得生产链条的每一个环节分布在不同的国家或区域进行生产或供给，因此，国际分工的深化也逐步改变着贸易模式的变化。

在国际分工和各国、各地区比较优势的作用下，"二战"之后的发达国家与发展中国家间迅速建立起以最终产品为贸易对象的产业间贸易，这种贸易大多属于发达国家出口高技术含量、高附加值产品，而发展中国家出口低技术含量、低附加值产品，且贸易往来一般呈现单向流动。随着规模经济及技术的提高，催生了产业内贸易的出现，即进口同一产业的产品，又出口同一产业的产品，贸易流出现双向流动（见图3-5）。在分散化生产、规模经济、比较优势、要素禀赋一系列因素的作用下，产业内贸易逐渐分为基于产业链条上的垂直、水平贸易及基于产品生产工序上的垂直、水平贸易，贸易对象也不仅限于最终产品，特别对中间产品的贸易往来更加频繁与复杂。

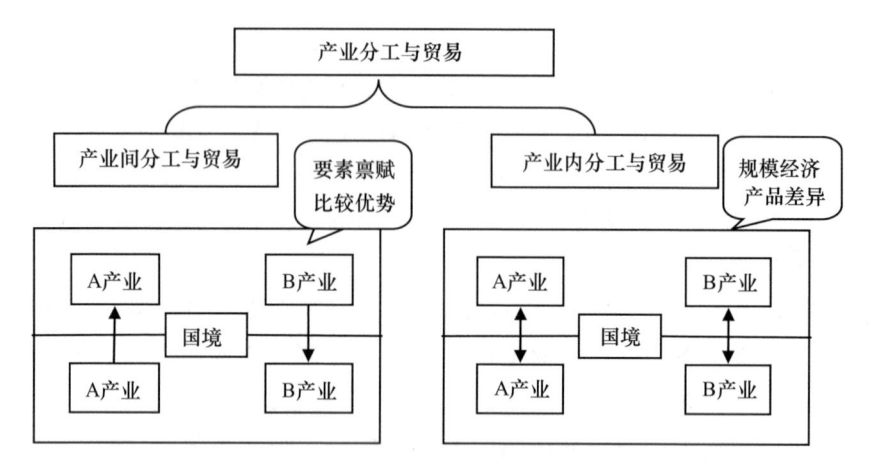

图 3-5 产业分工与贸易（产业间贸易、产业内贸易）

（一）垂直专业化与产业间贸易

一个国家或地区产业的竞争优势不再以某一产业或某一最终产品为基础，也不体现在简单的进口或出口劳动密集型、资源密集型、资本密集型产品中，而是逐渐转移到产业链条上来，以某一个环节的规模效应来占据竞争优势。客观上讲，一件产品从设计、生产、加工、运输、营销、服务，既会涉及不同产业间的生产，也会由成本优势等因素促进产业内材料的选取与生产，因此不会仅仅停留在产业间贸易层面上。在 TPP、东亚等政策导向下，产业内贸易开始盛行，并逐渐占据主导位置。

（二）垂直专业化与产业内贸易

国际垂直专业化涉及生产过程的跨国界分割，把生产环节的零部件、中间产品与另一个国家的零部件与中间品进行交换。而由 Grubel（1975）提出的产业内贸易包括产业内最终产品与中间产品或者中间产品与中间产品的交换，因此可以认为垂直专业化促进了产业内贸易的发展。

产业内贸易首先发生在发达国家之间，交换更多的是产业内某种质量相同而特性、外观等有差异的商品，这种贸易称为"水平型产业内贸易"。20 世纪后期，逐渐转变为发达国家与发展中国家的垂直型产业内贸易。这种贸易对产品的需求主要是质量、物理特征有差异的产品。经验研究表明，垂直型产业内贸易相比水平型产业内贸易对现实的解释能力较强，特别随着跨国公司的蓬勃发展，垂直型产业内贸易的理论会继续拓展（章丽群，2011）。

(三) 垂直专业化与产品内贸易

经济全球化导致国际分工的细化，促进了相同产业不同产品间及相同产品内不同工序不同增加值的多层次分工（孙文远，2006）。这种垂直化分工基于产业价值链，深入到产品生产的各个工序，引起中间投入品贸易，也就是出口产品中包含着的进口产品价值（Hummels，2001）。产品内贸易有四个方面的主要特征：第一，产品的界定包括直接消费品及继续投入的资本品（史本叶，2008）。第二，垂直专业化分工深入到不同的生产工序、不同区段、零部件在空间上分布到不同的国家生产。也就是说，"垂直"注重的是产业链条的延伸与划分，"专业化"是某个区段上的规模生产。第三，贸易对象主要是零部件、中间产品及加工产品。第四，跨国公司和国际外包的兴起推进了产品内贸易的快速发展。因此，产品内贸易可以看作是垂直型产业内贸易的拓展。

(四) 垂直专业化下几种贸易模式的对比

绝对优势和比较优势促成了发达国家与发展中国家产业间贸易的发生与发展；在产业规模经济、产品多样化和消费偏好的作用下，发达国家间率先发生了水平型的产业内贸易；之后由于完全竞争、要素禀赋等因素催生了垂直型产业内贸易在发达与发展中国家蓬勃发展，垂直型占产业内贸易比例逐年增大；在此基础上，垂直型产业内贸易以跨国公司和国际外包为载体，加之近年来以美国主导的跨太平洋伙伴关系协定（TPP）、中日韩自由贸易协定（FTA）、东亚（10+3）自贸区的打造等政策导向，产品内贸易越来越成为贸易主流趋势。产品内贸易是在全球垂直分工的背景下产生，促成因素除了比较优势、资源禀赋、规模效应等传统贸易因素外，全球运输系统的便捷性、各国关税壁垒的减少等都成了主要因素（见图3-6）。

值得注意的是：产业间贸易、产业内贸易、产品内贸易并非完全按照时间的推移而产生，最大的区别在于划分对象的不同而产生。产业间贸易、产业内贸易划分是以产业为对象，这里的产业指的是同类、同章、同组组成的产业。而产品内贸易是以产品为研究对象，追溯到产品生产的整条产业链，产业链的不同区位有时会涉及产业间的不同材料，有时会用到产业内的不同材料。如：生产汽车的发动机、刹车、离合器、电池、轮胎、车窗等。因此，与其说产业间贸易、产业内贸易和产品内贸易是时间递进关系或是包含关系，不如说它们之间存在更多的是一种交叉关系（见图3-7）。

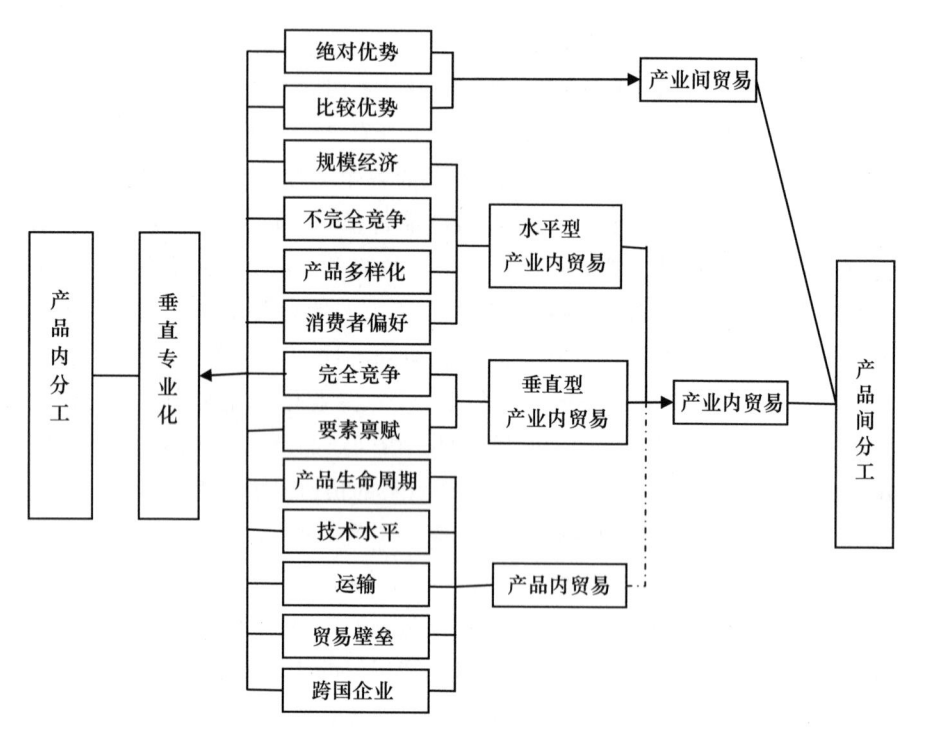

图 3-6　垂直专业化与产业间、产业内贸易理论

资料来源：根据文献综合整理。

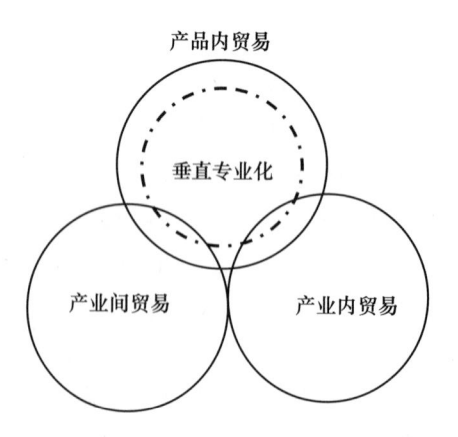

图 3-7　产业间贸易、产业内贸易与产品内贸易的关系

资料来源：本书综合整理。

二 垂直专业化下中日双边贸易模式演变的现实条件

(一) 要素禀赋和比较优势的变化

古典贸易理论认为不同的要素禀赋促使国家具有比较优势。在可量化的要素禀赋中，20世纪七八十年代，中国在静态要素（劳动、土地、自然资源）上具有比较优势，日本则在动态要素（资本、技术）上具有比较优势，国家间比较优势的差异促进了这个时期产业间贸易的发展（王鹏，2007）。20世纪90年代后，中国与日本在资本、技术上的比较优势开始减弱，除了经济增速与储蓄率的内生因素外，要素的流动这种外生因素起到关键性作用（郑宝银，2006）。首先，资本的流动，日本以跨国公司为主，直接或间接地向中国注入资本，这种资本大多是单向的。这种现象主要发生在中国的珠三角、长三角地区，形成了产业集聚，壮大了产业的竞争力。其次，技术的流动伴随着资本的转移。日资企业一定的技术外溢促进了中国技术水平的提升和产业结构的转型。特别是中国加入WTO后，中国部分高科技产业可以进入日本市场，资本从单向流动转为双向流动。最后，2011年，中国成为第二大经济体后，资本规模效应凸显，日本对中国的资本优势不再具有显著性。同时，随着中国劳动力成本的提高，越南、老挝、菲律宾等小国家资源及劳动力优势上升，日本对中国的静态要素需求迅速减少，中日两国的比较优势也逐渐缩小。

(二) "雁行模式"的发展与衰落

20世纪的五六十年代，东亚地区的"雁行模式"开始盛行，成功带动了日本经济的高速发展。日本从欧美等发达国家引进高新技术，并发展资本和技术密集型的产业，成为"雁头"；亚洲"四小龙"通过产业升级和技术革新，成功地承接日本部分资本、技术密集及少量研发性质的产业，成为"雁身"；而中国和其他东盟国家仅能承接日本丧失比较优势的边际产业，成为"雁尾"。

20世纪90年代后，经过"泡沫经济"的日本，经济开始停滞，"雁行模式"开始衰落。因为在垂直专业化的驱动下，介于产业链上的国家在技术、资金、信息流通上更为便利；以跨国公司的直接投资和国际外包，提升了产业的竞争力，特别像中国这样的大国表现更为突出。因此，传统线性传导的"雁行"模式不能够再复制东亚网络式的发展。

(三) 跨国公司及外包的发展

中国与日本属于东亚地区两个最大的经济体，随着东亚垂直专业化深入，基于产品内贸易的发展更为凸显，其中跨国公司的 FDI 与国际外包是推动产品内贸易不可或缺的两个关键因素（彭支伟，2008）。经研究发现，日本跨国公司在中国生产的产品再销往日本的比例在 20% 以上（李季等，2011）。表 3-2 显示了 2003—2011 年日本跨国公司在东道国生产的制造业产品返销回日本情况，其中反向进口额在中国对日出口所占比重从 23.9% 上升至 35.8%，超过中国对日出口总额的 1/3，可见日本跨国公司主导了垂直专业化下的产品内贸易。

表 3-2　日本在华企业制造业产品反向进口额占全部销售额比重

	2003 年	2004 年	2005 年	2006 年	2007 年	2008 年	2009 年	2010 年	2011 年
占企业总销售额比重（%）	29.2	30.3	29.6	26.7	25.6	23.7	22.7	21.8	23.1
占中国对日出口比重（%）	23.9	26.5	27.8	27.8	31.0	29.0	36.0	36.2	35.8

资料来源：刘磊、张猛：《日本反向进口与中日产业内贸易》，《首都经济贸易大学学报》2013 年第 2 期，第 76—82 页。

三　垂直专业化下中日双边贸易模式演变的实证研究

从以上定性研究发现，中日贸易在发展过程中，双边要素禀赋、比较优势、跨国公司数量与作用都发生着重要改变，下面基于定量角度从整体与行业的角度分析中日贸易模式演变。

（一）产业间贸易向产业内贸易过渡

Grubel H. B. 和 Lloyd P. J.（1975）提出的 G-L 指数法是至今计算产业内贸易使用最多的方法之一。

产品 i 的产业内贸易指数：

$$IIT_i = (|X_i - M_i|)/(X_i + M_i) \quad (3-1)$$

产业内贸易综合指数：

$$A = 1 - \sum_{i=1}^{n}(|X_i - M_i|)/\sum_{i=1}^{n}(X_i + M_i) \quad (3-2)$$

其中，IIT_i：产品 i 的产业内贸易指数；A_i：产业内贸易指数；X_i：产

品 i 的出口额；M_i：产品 i 的进口额。$A_i > 0.5$ 表示以产业内贸易为主，$A_i < 0.5$ 表示产业间贸易为主。

本研究计算了1992—2014年中日产业内贸易总G-L指数（见图3-8）和行业的G-L指数。从总G-L指数看出，1992年中国的G-L指数为0.31，全国以产业间贸易为主，1997年突破0.5，达到0.54，开始转向产业内贸易。进入2000年后，除2010年下降为0.55，其余年份以1.4%的速度稳步增长，2014年达到0.74，产业内贸易特征十分明显。

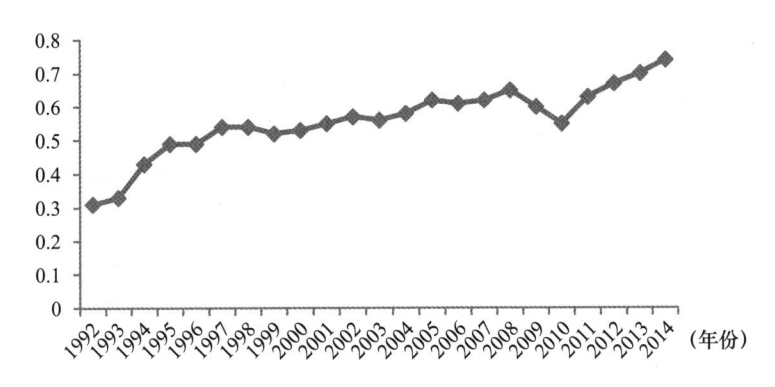

图3-8　中日产业内贸易总G-L指数

资料来源：本书综合整理。

按照初级产品、劳动密集型产品及资本密集型产品（划分方法同上）的不同，具体观察不同类型行业的产业内贸易发展特点（见图3-9）。初级产品虽然2004年有急速上升，但总G-L指数贸易未超过0.5，属于产业间贸易；劳动密集型产业的G-L指数1993年后就低于0.5，产业内贸易程度不高；资本、技术密集型产业的G-L指数1992年为0.31，1995年进入产业内贸易，2014年达到了0.67，产业内贸易程度较高。具体来看如下。

初级产品：食品类产品的G-L指数从20世纪90年代以来一直最低，燃料类产品从2005年以后G-L指数升高较快，进入产业内贸易。

劳动密集型产品：纺织、皮革、鞋类产品属于产业间贸易，石头、玻璃、木材类G-L指数在0.5以上，属于产业间与产业内贸易并存。

资本、技术密集型产品：机电产品的G-L指数从1992年的0.16上升到1994年的0.69，1995—1996年下跌到0.5以下，之后一直处于快速上升，2013年达到了0.93。此类商品的贸易额在所有商品中最大，对两国的产业内贸易有很大推动作用。运输设备的 G-L 指数是资本密集型产品中波动最大的一类,从 1992 年的 0.07 迅速增长为 1995 年的 0.65,之后一直在 0.50—0.73 波动。2009 年跌破 0.5,直到 2013 年仍为 0.47。这类商品与消费者的购买欲望及产品的性能、设计有很大关系。化工类产品的 G-L 指数在 20 世纪 90 年代比较高,2000 年后略有下降,但均保持在 0.5 以上。这与这类产品的出口份额比较稳定,进口比例不断增加有关系。

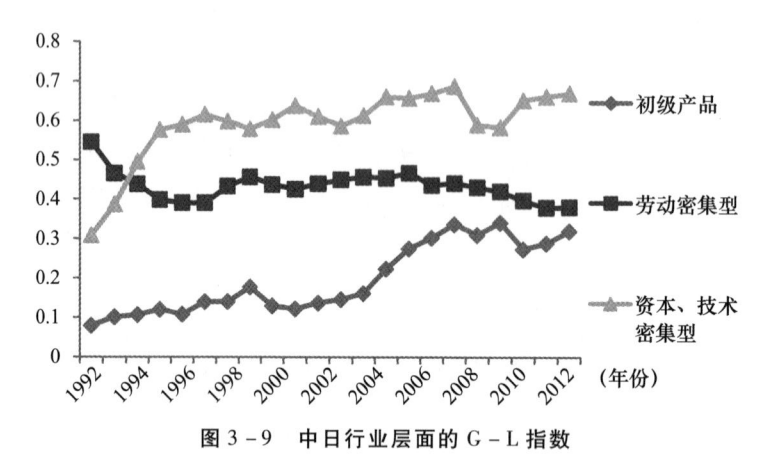

图 3-9 中日行业层面的 G-L 指数

资料来源:本书综合整理。

(二)产业内贸易发展

1. 产业内贸易总体分析

通过 G-L 指数分析表明,中国已经进入产业内贸易阶段。虽然中日两国经济水平、消费水平、技术、管理及自然资源之间的差距在缩小,但实质性差距仍然存在。为了分析中国的产业内形态特征,本研究采用布吕哈特的边际产业内贸易指数及汤姆、麦克杜威尔的水平和垂直产业内贸易指数的方法,动态考察具体变化趋势。

布吕哈特的边际产业内贸易指数公式为:

$$A_i = 1 - |\Delta X_i - \Delta M_i|/(|\Delta X_i| + |\Delta M_i|) \qquad (3-3)$$

式中 A_i 为第 i 类产品在一定时期内的边际产业内贸易指数;ΔX_i 和 ΔM_i 分别表示两个时期的出口和进口增量。

汤姆、麦克杜威尔的水平与垂直产业内贸易指数公式如下。

水平产业内贸易指数 A_w:

第三章 中日贸易发展与气候变化

$$A_w = \sum_{i=1}^{n} A_i W_i \quad (3-4)$$

式中 A_i 为公式（4-3），

$$W_i = (|\Delta X_i| + |\Delta M_i|)/(\sum_{i=1}^{n}|\Delta X_i| + \sum_{i=1}^{n}|\Delta M_i|) \quad (3-5)$$

垂直产业内贸易指数为 $A_j - A_w$，其中，

$$A_j = 1 - |\Delta X_j - \Delta M_j|/(\sum_{i=1}^{n}|\Delta X_i| + \sum_{i=1}^{n}|\Delta M_i|) \quad (3-6)$$

其中，$X_j = \sum_{i=1}^{n} X_i$，$M_j = \sum_{i=1}^{n} M_i$。

计算结果见表3-3，可以看出边际产业内贸易指数除2012—2014年受日本地震及中日政治关系不稳定的影响有所减少外，其余年份稳步增长，从1992—1994年的0.62增长到2010—2012年的0.95，说明中日已进入产业内贸易阶段，这与G-L指数得出的结论一致。从产业内贸易类型来看，中国以垂直型产业内贸易为主，但波动比较剧烈，1992—2000年、2008—2014年垂直型产业内贸易指数较高，2000—2008年水平型产业内贸易指数较高。

表3-3　　**中日产业内贸易结构动态分析（1992—2014年）**

年份	边际产业内贸易	边际产业间贸易	水平产业内贸易	垂直产业内贸易
1992—1994	0.62	0.38	0.32	0.30
1994—1996	0.85	0.15	0.44	0.41
1996—1998	0.95	0.05	0.19	0.76
1998—2000	0.95	0.05	0.48	0.47
2000—2002	0.72	0.28	0.65	0.07
2002—2004	0.76	0.24	0.58	0.18
2004—2006	0.92	0.08	0.72	0.21
2006—2008	0.83	0.17	0.72	0.11
2008—2010	0.93	0.07	0.27	0.66
2010—2012	0.95	0.05	0.16	0.79
2012—2014	0.45	0.55	0.16	0.29

资料来源：本书综合整理。

2. 基于行业层面的产业内贸易分析

从图3-10、图3-11、图3-12可以明显看出,资本密集型布吕哈特边际产业内贸易指数大于劳动密集型和初级产品。初级产品中的动物类产品最大,但从整个研究期看,远低于0.5,仍处于产业间贸易阶段;劳动密集型产业中仅有燃料进入了产业内贸易;资本密集型产业全部进入产业内贸易阶段,机械、电子及运输设备是发展最快的两个行业。

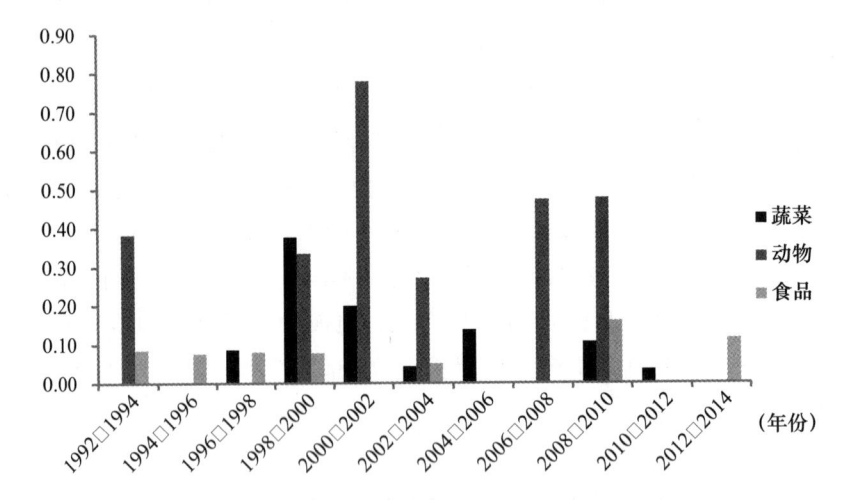

图3-10 初级产品布吕哈特边际产业内贸易指数分析

资料来源:本书综合整理。

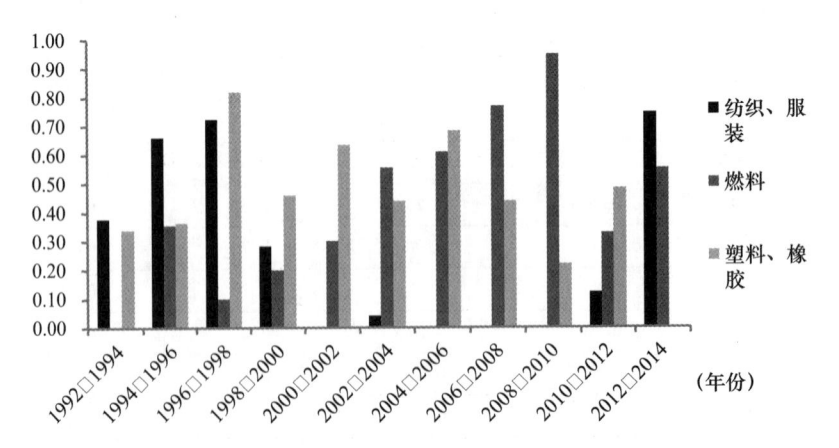

图3-11 劳动密集型产业布吕哈特边际产业内贸易指数分析

资料来源:本书综合整理。

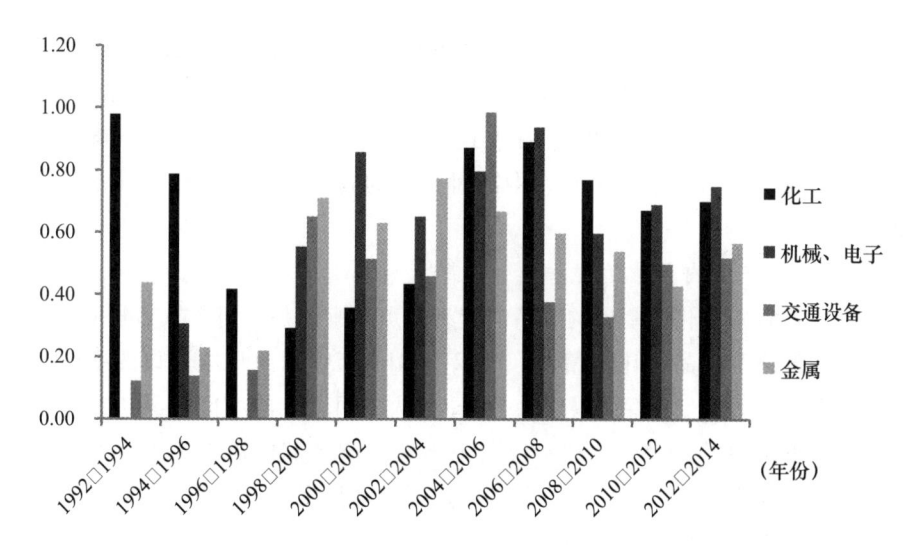

图 3-12 资本密集型产业布吕哈特边际产业内贸易指数分析

资料来源：本书综合整理。

产业内贸易分为水平型和垂直型，二者代表着不同的贸易结构。因为中日贸易中的大部分初级产品和劳动密集型产业仍然处于产业间贸易，资本密集型产业已全部进入产业内贸易阶段，故仅选择资本型产业作水平型及垂直型产业内贸易的分析。图 3-13 显示了垂直型产业内贸易指数，

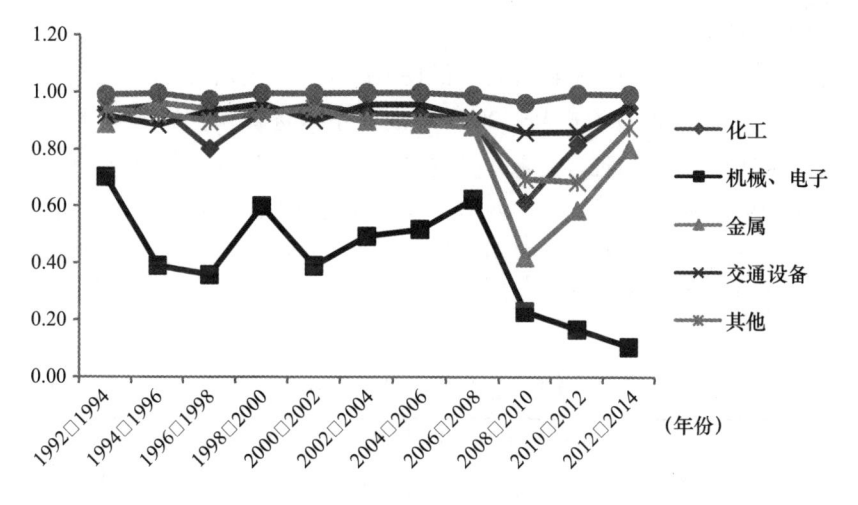

图 3-13 垂直型产业内贸易指数分析

资料来源：本书综合整理。

值越大即以垂直型为主,越小则是水平型为主。机械、电子制造业值明显低于其他行业,特别是2008年后下降得更快,属于典型的水平型产业;金属压延及化工业在2008年后垂直型产业内贸易指数出现过下降,但2010年开始回升。总的来说,中国对日本的资本型产业仍然是以垂直专业化为主。

(三) 产品内贸易发展

以垂直专业化为基础的产品内贸易重点考察的是中间产品部分及中间产品和最终消费品的比例情况。1992—2011年中国向日本进口的中间产品比重由61.4%上升到67.6%,而日本从中国进口的中间产品比重则从54.1%下降到了37.5%。初步说明中国对中间产品的需求远大于最终产品需求,而中间产品需求对于经济增长的拉动作用难以提升,需要加大对最终产品的拉动作用(刘昌黎,2006)。

由汤姆、麦克杜威尔的水平与垂直产业内贸易指数分析发现,中国对日本的产业内贸易中,资本密集型产品的垂直专业化特点明显,且资本密集型产品主要分布在制造业上。中国从日本进口的制造业中间产品总额从1992年的81.75亿美元上升到2011年的1264.86亿美元;日本从中国的进口则从1992年的29.74亿美元上升到2011年的661.96亿美元。为了更好弄清中间产品比例,按照联合国Brad Economic Catalogue (BEC) 的ISIC Rev3分类方法,进一步从低技术产品、中低技术产品及中高技术产品的进出口额来给予分析(见表3-4)。可以看出,中国从日本进口的中高和中低技术产品的贸易额远高于低技术产品,且呈现出中国的进口大于日本进口。对于低技术产品,2005年之后中国进口额低于日本的进口。这意味着中间产品的进口需求并不一定与进口国的消费水平相当,中国进口总的中间产品几乎是日本的两倍,且大量进口中高技术产品,说明中国技术水平与日本存在相当的差距,仅能从事简单的加工贸易,同时也印证了中国目前的加工贸易比重很大。

表3-4　　　　　　　　中日制造业中间产品贸易分析　　　　　　单位:亿美元

		1992年	1995年	2000年	2005年	2010年	2011年
中国向日本进口	低技术产品	13.3	28.35	36.27	44.12	48.41	51.88
	中低技术产品	25.34	46.67	59.43	148.49	276.47	301.63
	中高技术产品	30.9	62.17	104.36	261.55	509.05	560.78

第三章　中日贸易发展与气候变化

续表

		1992 年	1995 年	2000 年	2005 年	2010 年	2011 年
日本向中国进口	低技术产品	13.09	19.69	23.98	40.6	54.8	66.3
	中低技术产品	10.37	30.54	38.15	98.17	125.54	160.98
	中高技术产品	7.62	21	42.53	112.35	205.6	270.58

资料来源：原始数据源于 OECD. StatExtracts，经本书综合整理得出。

中国经济发展较快，但仍然严重依赖日本的关键零部件、优质原料和电气、光学设备及高精尖机械类产品。从图 3-14 可以看出，中国从日本进口的中间产品（机械设备，金属压延，电气、光学设备）是日本向中国进口同类型产品的 2.03 倍以上，且 2011 年分别比 1992 年增长了 13.01 倍、4.61 倍及 15.66 倍。而中国出口到欧美市场的工业制品，很多需要借助日本的中间产品或者零部件才能完成，尤其是在半导体、汽车零部件、通信设备、光电池、IC 等方面被替代性较小，有的甚至无法替代（蔡成平，2012；郑有国，2014）。据日本振兴机构统计，2014 年日本对华出口的电子设备贸易额为 417 亿元，约占出口额的 1/4。其中，半导体等电子零部件为 170 亿元，通信设备因小米、华为等智能手机零部件供给需求，也同比增长了 37.0%，为 27 亿元。中国的日资企业在中国生产低端产品，高新技术的机型仍需要从日本进口。

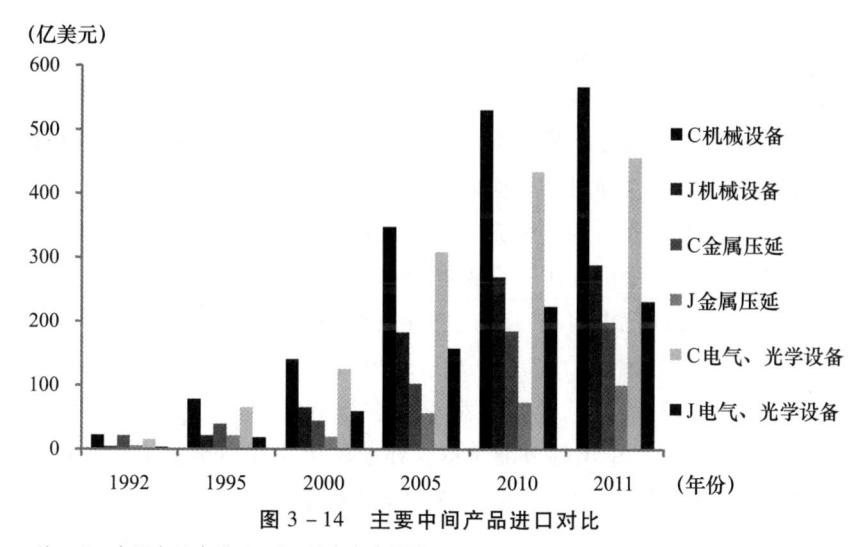

图 3-14　主要中间产品进口对比

注：C：中国向日本进口；J：日本向中国进口。

资料来源：原始数据源于 OECD. StatExtracts，经本书综合整理得出。

所有数据均表明，20世纪90年代，在日本牵引下，东亚地区垂直分工的生产网络促进了零部件贸易的形成，中国在快速发展过程中，也成为生产网络的核心。1990—2000年，中国主要从事简单的加工组装，从日本大量的进口推动了中国零部件贸易的发展。加入WTO后，中国开放度进一步扩大，可以向周边国家提供一定的中间产品，但关键高、精、尖的资本、技术密集产品对日本的依赖严重。而这些产品对应在中国的生产技术落后，大多属于高能耗产品，因此，在本书的后续研究中，重点关注这部分产品的碳排放特征。

第四节　中日两国应对气候变化所做的努力

发展低碳经济是应对全球气候变暖的一种行之有效的可持续发展方式，并且成了世界各国的共识。但是，单纯的"低污染""低能耗""低排放"（简称"三低"）仅是低碳经济发展的一个侧面，只有在碳生产力和人们生活质量达到一个较高水平的同时，实现"三低"才是真正意义上的低碳经济（潘家华，2011）。下面分别从中国和日本在应对气候变化过程中提出的政策方针及技术进步两个方面来阐述两国为应对气候变化所做的努力。

一　中国应对气候变化所做的努力

中国在经贸快速发展与资源、环境约束两方面的矛盾日益突出，传统的高碳型发展模式面临严峻挑战。因此，走可持续发展之路不仅是中国经济稳定增长的保证，同时也是应对气候变化的重要对策。

中国在改革开放前期，未曾对能源进行合理的开发、生产与消费，节能环保意识薄弱。中国真正考虑到能源、环境等一系列问题是在改革开放之后。因此，可以把中国应对气候变化的政策、方针分为两个大的阶段：第一阶段是改革开放之后至"十五"规划之前，这个时期是以调整能源的生产与消费结构为主，开始有意识地进行节能减排工作。第二阶段是"十五"规划至今，中国的节能减排、环境保护工作力度加大，并逐渐与世界接轨。"十五"规划中提出了节约保护资源、实现永续利用及加强生态建设、保护和治理环境的目标。"十一五"规划提出了建设资源节约、环境友好型社会，并规定单位GDP能耗要在2005年的基础上削减20%，环境污染减少10%。"十二五"规划提出了绿色发展，建设资源节约、环境友好型社会。其中，把积极应对全球气候变化提升到一个全新的高度，并提出了单位GDP能耗要在2010年的基础上削减16%的目标。"十三五"规划纲要草案提出，要使生态环境质量总体改善，生产与生活方式要向"绿色"发展，低碳水平要有所提升，单位GDP能耗要降低15%，CO_2排放量减少18%等一系列目标。下面列出了两个发展阶段主要的政策、方针（见表3-5）。

表3-5　　　　　　　　中国减少碳排放的主要政策及计划

年份	主要内容	政策、纲要、法规
1981—1985	开发与节约并重，节约放在首位	第六个五年规划
1989	保护和改善环境，推进生态文明建设	《环境保护法》
1994	可持续发展战略与政策（社会、经济、资源与环境）	《中国21世纪议程—中国21世纪人口、环境与发展白皮书》
1998	节约能源，提高能源利用效率，环境保护	《节约能源法》
2004	形成节约能源的生产与消费模式，建设节能型社会	《能源中长期规划纲要（2004—2020）》
2005	加强全球合作，妥善应对能源和环境挑战	北京国际可再生能源大会
2006	促进可再生能源开发、利用与保护	《可再生能源法》
2006	中国首次气候变化的评估报告	《气候变化国家评估报告》
2007	成立了国家气候变化对策协调机构，提出一系列措施	《中国应对气候变化国家方案》
2008	建设生态文明，坚持节约和环境保护的国策	能源安全和气候变化大会
2009	促进循环经济发展，提高资源利用率	《循环经济促进法》
2009	分析了中国迈向低碳经济的风险与收益	《中国人类发展报告2009/10：迈向低碳经济和社会的可持续未来》
2010	在不同地区落实中国温室气体减排目标	"开展低碳省区和低碳城市试点工作的通知"
2011	客观描述了气候变化问题的不确定性、增加了评估的方法、提供政府及各部门积极应对气候变化问题的关键	第二次《气候变化国家评估报告》
2012	生态文明建设，绿色、循环、低碳发展	中国共产党第十八次全国代表大会

续表

年份	主要内容	政策、纲要、法规
2014	推动能源生产和消费革命的长期战略	财经领导小组会议讲话
2014	中国应对气候变化的国际治理角色重要性增强，需要统筹国内国外大局，适应挑战	第三次《气候变化国家评估报告》
2015	提出中国2020年前应对气候变化的主要目标和重点任务，并向联合国提交了国家自主决定贡献文件	《中国应对气候变化的政策与行动2015年度报告》
2016	生产方式和生活方式绿色、低碳水平上升	"十三五"规划纲要

资料来源：根据相关文献综合整理。

  1992年联合国环境与发展大会通过了《21世纪议程》，中国政府做出了履行议程的承诺，并在1994年提出了自己的《中国21世纪议程》，明确了可持续发展的总体战略。2005年《京都议定书》正式生效，而中国刚好完成了"十五"规划，准备迈入"十一五"规划期，中国的低碳发展之路全面展开。2006年中国首次发布了国家级的《气候变化评估报告》，科学分析了气候变化给中国造成的危害、应解决的关键问题、应对气候变化所做的努力及今后的发展方向。之后党的十七大报告首次提出"建设生态文明"的理念，要基本形成节约能源资源和保护生态环境的产业结构、增长方式、消费模式。十八大报告进一步深化了生态文明建设，要推进绿色发展、循环发展、低碳发展。2014年的中央财经领导小组会议上，习近平主席提出了推动能源生产和消费的长期战略。2015年巴黎气候峰会上，习近平主席的讲话阐述了中国把生态文明建设作为"十三五"规划的重点内容，提出构建低碳能源体系、发展绿色建筑、低碳交通等发展目标。所有这些都可以看出中国作为发展中大国在应对气候变化问题上负责任的态度及所做的努力。

二 日本应对气候变化所做的努力

  日本是低碳发展的先驱之一，是《京都议定书》的发起者与倡导者。虽然日本退出了《京都议定书》二期承诺，但一直以来在减少温室气体排放，寻求低能耗、低排放、低污染等方面做出了很多努力，主要体现在国内政策方针、能源计划、低碳技术等方面，并取得显著成效。

(一) 日本应对气候变化的政策、计划

20世纪70年代爆发的石油危机使得日本开始实行"阳光计划",即大力发展太阳能、地热能、天然气、氢能等清洁能源,并逐渐形成能源安全(Energy Security)、经济增长(Economic Growth)、环境保护(Environmental Protection)为一体的"3E"特色,成为最早把经济增长与节能增效、环境保护结合在一起的国家之一。

90年代后,日本经济虽然有所衰退,但并未阻碍对能源结构的调整、能源效率的提升及对环境治理力度的增强,采取的政策措施也使得日本经济社会与能源环境发展更加协调(稻盛和夫,2005)。1993年,日本把"阳光计划""月光计划""地球环境技术开发计划"融为一体,形成"新阳光计划",标志着日本能源绿色技术进入了新的阶段。2008年,时任日本首相的福田康夫提出了"低碳社会是日本发展的目标",即所谓的"福田蓝图"。"蓝图"中提出了明确的碳减排目标,2020年相比1990年削减20%,到2050年削减60%—80%。2010年,日本在《日本战略能源计划》中主张提高核能生产比例,但因为2011年的核泄漏事件,使核能生产转向大力发展风能、水能等可再生能源。可以说"福岛地震"成为一道分水岭,日本开始对经济发展方式、能源结构、生产及消费都有了新的转变。2012年,日本政府就2030年能源政策发展方向提出了四个备选方案。第一个备选方案是"弃核"方案;第二个方案为"保核"方案,核能源占总能源结构的20%—25%;第三个方案核能源占总能源结构的15%;第四个方案没有具体量化指标,而是靠消费者自行选择最佳的电源构成,从而形成能源结构。2013年,日本在原有3E能源政策的基础上加上了能源的安全性,成了"3E + S(Energy security、Economic efficiency、Environment、Safety)"的能源战略。同年,日本把"环境金融"引入节能及新能源领域,通过投融资对低碳企业提供便利(藤井良宏,2013)。2015年,低碳化技术研发振兴机构(ALCA)提出要在太阳能发电、超传导系统、蓄电池、钢铁可再生利用高性能材料、生物能源、新能源六大领域实现全面创新(见表3-6)(施锦芳,2015)。

表3-6　　　　　　　日本减少碳排放的主要政策及能源计划

年份	主要内容	计划、纲要或文件
1974	发展太阳能、地热能、天然气、氢能等	"阳光计划"
1978	开发能源有效利用、推进大型节能技术	"月光计划"
1979	严格能源消耗标准	《节约能源法》
1980	设立新能源产业机构，研发、推广新能源技术	《替代石油能源法》
1989	发展环境技术	"地球环境技术开发计划"
1993	日本能源绿色技术进入新阶段	"新阳光计划"
1994	国家层面推进新能源再生能源	《促进新能源利用特别措施》
1997	日本能源绿色生产体系初步建立	《新能源法》
1998	减少温室气体	《地球温暖促进法》
2003	提出可再生能源排放标准	《可再生能源标准法》
2004	将日本石油消费占总能源消费量占比下降到40%—50%，新能源增加20%	《新能源产业化远景构想》
2006	绿色消费受企业及百姓响应截至2030年日本能耗下降30%	《新国家能源战略》
2007	建设可持续社会，征收碳税	《21世纪环境立国战略》
2008	标志日本低碳战略形成	《能源合理利用》《推进地球温暖化对策法》"福田蓝图"
2010	"扩展引入再生能源""提高核能生产"	《日本战略能源计划》
2011	灾后重建；推进绿色创新战略	"日本科学技术基本计划指南"
2012	提高能源利用率；降低对核能、化石燃料的依赖，减少CO_2排放；提出能源4个备选方案	《促进城市低碳化法》
2013	环境金融带动低碳发展	"环境金融""3E+S"计划
2015	六大领域实现全面创新	"低碳化技术研发创新"

资料来源：根据文献综合整理。

（二）日本的低碳技术发展

1973—1979年，能源价格高涨，日本制造业部门率先采用技术手段引发了生产要素间的替代，这种方式成功使日本度过石油危机（Chihiro，1992）。在此之后，由于对能源短缺的恐慌及维护国家安全的需要，日本政府把节能技术和新能源技术作为国家经济发展和社会安定的重要基石。据预测，日本若采用现行的节能减排技术，对实现日本截至2050年温室气体减排目标的贡献率只有38%，其余62%必须通过低碳技术创新得以实现（蓝虹，2009）。

因此，2008年，日本的低碳战略基本形成以后，政府规定的低碳技术发展主要包括两个方面，一是能源技术进步、促进能源利用率提高，最为典型的就是减碳技术，如煤的高效利用、油气资源的开发利用等。二是发展低碳能源、促进能源结构转换：包括无碳技术，如核能、太阳能、风能、水能等可再生能源技术及去碳技术，如 CO_2 捕获与封存（CCS）（石敏俊，2010）。

在低碳技术发展过程中，被认为最有创新潜力的五大领域分别是：超燃烧系统技术、跨时空能源利用技术、节能型信息生活空间创生技术、先进型交通社会的构建技术以及新一代节能半导体元件技术（孙超骥等，2011）。

为保证五大重点领域的创新，日本推出了"低碳技术创新战略图"，此战略包括"创新目标图""技术图"及"技术开发路线图"。"创新目标图"：主要制定、明确技术创新的目标。"技术图"明确技术创新的技术体系，落实整体和局部的技术研发完成情况。"技术开发路线图"：制定了中短期（2008—2030年）技术战略和长期（2030—2050年）技术战略，针对每一项技术都分析了世界及日本的水平，提出日本的技术开发、应用及采用此技术后的减排效果（苗向荣等，2012）。

同年，日本经济产业省制定了"凉爽地球环境能源创新计划"（Cool Earth: Innovation Energy Technology Program），从250项技术中选出了21项重点发展的低碳技术创新项目，即"创新技术21"。其中包括：天然气高效发电、超导高效输配电、超高效热力泵、高性能电力存储等（赖流滨等，2011）。这些技术具有共同的三个特点：第一，可以成为领先于世界的核心技术；第二，有利于全球减少 CO_2 排放；第三，可以运用新技术原理进行材料和制造工艺的革新。

日本的低碳技术建立了技术开发、技术应用、技术普及三位一体的创新机制，形成政府主导、政府与民间共同融资、各方响应的模式。因此，日本在低碳技术的投入与产出等方面都位居世界发达国家之首。

第五节 小结

本章主要分析了中日双边贸易及两国应对气候变化所做的两个方面的

努力。其中，对双边贸易发展概况（贸易量、贸易依赖关系、商品结构特征），中日垂直专业化发展的理论基础、现实条件，垂直专业化下贸易模式动态演变三个方面进行了系统研究，以期为后续章节的双边贸易"隐含碳"测算奠定一定的理论基础，为重点测算的行业、方向等提供依据。同时，对气候变化所做的努力进行归纳，可以加深对贸易"隐含碳"测算结果的解释度。经研究，得到以下五个重要结论。

第一，中日建交后，中日贸易量急剧增大，表现为日本顺差，中国逆差；中国加入 WTO 后中国顺差，日本逆差的形式加大。截至 2014 年，中国成为日本第二大出口国和第一大进口国。从进出口额占本国的比例大小、贸易国排位顺序及贸易结合度（TCD）三个方面综合来看，中日双边贸易相互依赖关系紧密，向非均衡依赖→均衡依赖→非均衡依赖（中国依赖日本→双方均衡依赖→日本依赖中国）过渡。从双边进出口产品的结构可以看出，中国对日本的进出口已由初级和劳动密集型为主向资本密集型转换，特别是运输设备制造等产品的进出口量比较大。

第二，梳理了垂直专业化分工下各种贸易模式的变化。绝对优势和比较优势促成了发达国家与发展中国家产业间贸易的发生与发展；规模经济、产品多样化和消费偏好使得发达国家间率先发生了水平型的产业内贸易，之后由于完全竞争、要素禀赋等因素催生了发达与发展中国家垂直型产业内贸易的发展；近年来，随着垂直专业化的深入，跨国公司和国际外包迅速发展，产品内贸易越来越成为贸易主流趋势。产业间贸易、产业内贸易和产品内贸易不能严格按照时间的推移来确定出现的先后，与其说它们是一种包含关系，不如说它们之间存在更多的是一种交叉关系。

第三，20 世纪 70 年代至今，中日间的贸易发生的条件也有变化。中国与日本在要素禀赋、比较优势上的差距缩小；随着"雁行模式"在东亚地区的衰落，垂直分工加速了跨国公司及国际外包的发展，东亚网络式发展盛行，中国和日本成了东亚贸易的核心。

第四，通过 G—L 指数、布吕哈特边际产业内贸易指数及汤姆·麦克杜威指数得出，中日已从产业间贸易转向产业内贸易，其中初级产品属于产业间贸易；劳动密集型产品属于产业间与产业内贸易并存；资本密集型产品属于垂直型的产业内贸易。在产品内贸易中，中国向日本进口的中间产品比例不断增大，主要体现在制造业上，且中国向日本进口的中低、中高技术产品额远高于日本向中国的进口，这意味着中间产品的进口需求并不一定与进口国的消费水平相当。虽然中国的制造业已经进入产品内贸易阶段，但是双边在高、精、尖产品上仍然具有不平衡性，中国的加工贸易依旧占比较大，对日本的半导体、汽车零部件、通信设备、光电池、IC等产品的替代性较小，有的甚至无法替代。

第五，中国和日本在应对气候变化方面都做出了一定的努力，具有相同和不同的特征。相同点在于：都制定了低碳发展的中长期规划，注重低碳技术的发展，开发新型、可再生能源，加强了全球的低碳合作。但也存在发展的不同点：日本更加注重节能、新能源的开发，以"低碳革命"来加快建设健康长寿社会。而中国人口基数大，正处于转型期，不能脱离化石能源的消耗，更多的是以技术提升的方式来节能减排。

总的来说，随着新兴市场和交通运输条件的优化，中日贸易大幅增加。在垂直专业化不断深入的背景下，中国仍处于低位水平，对中间产品的需求大于对最终产品的需求，加工贸易比重依旧较大。而中国的加工产品主要集中于高能耗、低效率的产业，CO_2的产生量较大，在产生的CO_2中，多大比例是为满足中国消费，多大比例是满足日本消费，哪些行业的CO_2排放最高，一系列问题都是中国调整产业结构，进行碳排放责任分担的基础，因此，下一章主要研究垂直专业化背景下中日两国贸易CO_2排放问题。

第四章

中日贸易"隐含碳"测算

本章主要对比了改进的投入产出模型和垂直专业化与投入产出相结合的模型，测算了中日贸易"隐含碳"含量，突出了中国从日本进口"隐含碳"的三个流动方向（进口直接消费、进口加工生产、加工再出口），注重碳排放的局部平衡。

第一节　投入产出法介绍

投入产出分析是一种行之有效的经济数量分析方法，所谓"投入"就是指社会生产（包括物质生产和劳务活动）过程中对各种生产要素的消耗和使用；所谓"产出"就是指社会生产的成果（包括物质产品和各种服务）被分配使用的去向。投入产出模型具有两种模型形式：其一是投入产出表；其二是投入产出数学模型，二者密不可分，形成一个完整的模型体系。

一　地区投入产出

地区的投入产出表与国家表很大程度上有一定的相似之处，但也存在两个典型的特点。第一，地区模型中的输入、输出属于一个国家内部的经济联系，需要将各种输入品的来源及分配去向详细列出；第二，各个地区最终产品之和在数量上并不等于全国的最终产品，应在最终产品中减去输出给其他地区本期生产型消耗的产品之后，才等于全国的最终产品。

二　区间投入产出

区域间模型主要包括"Isard 模型""Chenery-Moses 模型""Leontief

模型""Leontief-Strout 模型""Riefler-Tiebout 模型"5 种"古典模型"。就现有文献来看,实际运用中"Isard 模型""Chenery-Moses 模型""Leontief-Strout 模型"较多,而涉及贸易隐含碳的主要为"Chenery-Moses 模型"。

1. "Isard 模型"

区域间投入产出模型(Interregional Input-Output Model, IRIO 模型),最早由经济学家 Isard(1951)在 Leontief 的思想上创建,故又称为 Isard 模型。这个模型最大的特点是:a. 利用直接消耗系数矩阵区分贸易的来源地、目的地及具体部门,以直接消耗系数分块矩阵的对角线矩阵反映区域内部经济结构,以非对角线矩阵反映区域间的经济联系;b. 假定区域内及区域间的直接消耗系数不变,即假定区域内部生产结构及地区间贸易结构不变。

两地 IRIO 的基本表达式为:

$$X_i^r = Z_{i1}^{rr} + \cdots + Z_{ij}^{rr} + \cdots + Z_{in}^{rr} + Z_{i1}^{rs} + \cdots + Z_{ij}^{rs} + \cdots + Z_{in}^{rs} + f_i^{rr} + f_i^{rs} \tag{4-1}$$

其中,字母上标代表地区,下标代表部门。

本地区各部门的直接消耗系数为:

$$a_{ij}^{rr} = \frac{z_{ij}^{rr}}{X_j^r}, a_{ij}^{ss} = \frac{Z_{ij}^{ss}}{X_j^s} \tag{4-2}$$

该系数表示任一地区 j 产品单位总投入中本地区部门 i 所投入产品的比重。

地区间各部门的直接消耗系数为:

$$a_{ij}^{rs} = \frac{Z_{ij}^{rs}}{X_j^s}, a_{ij}^{sr} = \frac{Z_{ij}^{sr}}{X_j^r} \tag{4-3}$$

该系数表示任一地区 j 产品单位总投入中,另一个地区部门 i 所投入产品的比重。

把式(4-2)、式(4-3)代入公式(4-1),整理成矩阵后得到:

$$\begin{bmatrix} X^r \\ X^s \end{bmatrix} = \left[I - \begin{bmatrix} A^{rr} & A^{rs} \\ A^{sr} & A^{ss} \end{bmatrix} \right]^{-1} \begin{bmatrix} F^r \\ F^s \end{bmatrix} \tag{4-4}$$

此模型也可以推广到多区域的计算,研究地区 r 最终需求增加时,其他所有地区的总产出增加量,据此得出地区间产业关联的反馈效应。但随着地区数量的增加,方程数量会呈指数级增长,且模型编制过程中需要地区内的流量矩阵,又要编制分地区、分部门的地区间产品流量矩阵,需要大量数据,运算复杂,目前只有日本应用最多(陈锡康等,2011)。

2. "MRIO" 模型

多区域投入产出模型(The Multiregional Input-Output Model,MRIO模型)是由 Chenery(1953)研究意大利 2 个区域间和 Moses(1955)研究美国 9 个区域间经济过程中提出,故称为 "Chenery-Moses 模型"。这个模型特点在于:a. 假设了一个区域生产某种产品的技术取决于特定部门的投入,与投入部门所在区域无关。这个假设是区别 "Isard 模型" 的一个重要特征,从而可以减少计算的复杂性。b. 区分了直接消耗系数与贸易系数。可以说 "MRIO 模型" 是 "Isard 模型" 的一种简化,它从生产地出发,把某一地区对产品的需求量由各个地区(包括本地区)供应的百分比(列系数)固定下来,便于实际操作。

模型中,先要确定投入系数

$$a_{ij}^q = \frac{\sum_{p=1}^m x_{ij}^{pq}}{X_j^q} = \frac{x_{ij}^q}{X_j^q} \qquad (4-5)$$

式中,x_{ij}^q 是 q 地区 j 部门消耗的 i 部门的投入量;X_j^q 是 q 地区 j 部门消耗各地区投入的总量。

$$t_i^{pq} = \frac{\sum_{j=1}^n x_{ij}^{pq} + y_i^{pq}}{\sum_{p=1}^m (\sum_{j=1}^n x_{ij}^{pq} + y_i^{pq})} = \frac{r_i^{pq}}{R_i^q} \qquad (4-6)$$

式中,r_i^{pq} 为 q 地区对 p 地区 i 部门产品需求量;R_i^q 为 q 地区对 i 部门产品的总需求量;t_i^{pq} 为 q 地区对 p 地区 i 部门产品的需求量占 q 地区对 i 部门产品总需求量的比重。把公式(4-6)变形得到:

$$\sum_{j=1}^n x_i^{pq} + y_i^{pq} = t_i^{pq} (\sum_{j=1}^n x_{ij}^q + y_{ij}^q) \qquad (4-7)$$

代入地区间的平衡关系式,得

$$\sum_{q=1}^m t_i^{pq} (\sum_{j=1}^n x_{ij}^q + y_i^q) = X_i^p \qquad (4-8)$$

($i=1, 2, 3, \cdots, n$; $p=1, 2\cdots, m$)

变形得到:

$$\sum_{q=1}^{m}\sum_{j=1}^{n}t_i^{pq}a_{ij}^q X_j^q + \sum_{q=1}^{m}t_i^{pq}y_i^q = X_i^p \qquad (4-9)$$

写成矩阵形式，整理后得到：

$$X = (I - T\hat{A})^{-1}TY \qquad (4-10)$$

第二节 改进的投入产出模型构建

目前对贸易"隐含碳"核算主要是运用国家表、区域表，竞争性投入产出表和非竞争性投入产出表。特别在竞争性、非竞争性投入产出表计算过程中，虽然部分学者对其进行了调整，但仍存在一些缺陷。下面对存在的缺陷进行说明，并提出改进的方法。

一 现行模型测算的缺陷及对比

从生产角度和消费角度的划分，将产品中的隐含碳分成四个部分。部分Ⅰ是国内生产、国内消费的部分。部分Ⅱ是国内生产、国外消费的部分。部分Ⅲ是国外生产、国内消费的部分。部分Ⅳ是指国外生产，经过国内再加工又出口至国外的部分。从表4–1中可以得到：

国内生产隐含碳排放 EEP = Ⅰ + Ⅱ；
国内消费碳排放为 EEC = Ⅰ + Ⅲ；
出口产品隐含碳排放 EEE = Ⅱ + Ⅳ；
进口产品隐含碳排放 EEI = Ⅲ + Ⅳ。

表4–1　　　　　生产和消费层面的贸易产品隐含碳

	国内消费	国外消费
国内生产	Ⅰ	Ⅱ
国外生产	Ⅲ	Ⅳ

资料来源：Lin，2010。

投入产出的平衡关系：

$$X = (I - A)^{-1}Y \qquad (4-11)$$

以 F^d 表示国内所有产业部门的隐含碳排放：

$$F^d = f^d X = f^d (I - A)^{-1}Y = E^d Y \qquad (4-12)$$

f^d 为直接碳排放系数，E^d 为完全碳排放系数，X 为一国的总产出向量，A 为投入系数，Y 为最终使用向量。下面分别从竞争型投入产出与非竞争型投入产出介绍每一项限的计算。

（一）竞争型投入产出表的模型

Ⅰ象限（国内生产、国内消费）：

因为总产出为：

$$X = (I - A)^{-1} Y = (I - A)^{-1} (Y_D + Y_E) \quad (4-13)$$

所以Ⅰ象限总产量：

$$X = (I - A)^{-1} Y_D \quad (4-14)$$

Ⅰ象限生产碳为：

$$F^d = f^d (I - A)^{-1} Y_D = E^d Y_D \quad (4-15)$$

式中：f^d 为直接碳排放系数，E^d 为国内完全碳排放系数，X 为一国的总产出向量，Y_D 为最终本地使用向量，Y_E 为出口向量。

Ⅱ象限国外消费碳为：

$$F^d = f^d (I - A)^{-1} Y_E = E^d Y_E \quad (4-16)$$

Ⅲ象限（进口直接消费、进口加工消费）总进口量为：

$$X_m = A^m X + Y_m \quad (4-17)$$

式（4-17）可以分为3部分，进口用于加工生产、加工再出口以及进口直接消费。$A^m X$ 是进口产品中用于国内中间投入的部分，经过国内技术生产后，此部分隐含碳为 $f^d A^m X = f^d A^m (I - A)^{-1} Y = E^m Y$ [令 $f^d A^m (I - A)^{-1}$ 为 E^m]。这部分投入形成最终产品后一部分为国内使用，另一部分出口至国外。出口到国外的为 $E^m Y_E$，这样剩下的为国内消费为 $E^m Y - E^m Y_E$。$E^m Y_m$ 为进口直接消费的"隐含碳"。

Ⅲ象限产生碳为：

$$F^d = E^m Y - E^m Y_E + E^m Y_m \quad (4-18)$$

Ⅳ象限出口碳为：

$$F^d = E^m Y_E \quad (4-19)$$

式中，E^m 为中间投入部分国内完全碳耗系数。

值得说明的是：A^m 为进口中间品投入直接消耗系数，A^d 为国内直接消耗系数，并且 $A = A^d + A^m$。但竞争性投入产出表，不能直接区分 A^m，需要假设输入系数，因此设定 $A^m = \widehat{M} A$，M 是进口系数，为所有中间投入产品中进口部分的直接消耗系数的对角矩阵，对角元素为 $m_{ii} = X_i^m / X_i +$

$X_i^m - Y_{Ei}$,其他元素为 0。X_i 代表 i 部门的总产出,X_i^m 代表 i 部门的进口,Y_{Ei} 代表 i 部门的出口。$A^d = (I - \widehat{M})A$。

经过每一象限的定义,出口"隐含碳"排放模型公式为:

$$EEE = \text{II} + \text{IV} = E^d Y_E + E^m Y_E \quad (4-20)$$

进口"隐含碳"排放模型公式为:

$$EEI = \text{III} + \text{IV} = E^m Y_D + E^{im} Y_m + E^m Y_E = E^{im} X_m \quad (4-21)$$

但是此模型的问题是:

第一,模型中的 A^m 是根据成比例假设而来的,很多部门在进口产品的使用中并不成比例,而且有很大的偏差,这点可以从 WIOD 编制的投入产出表中看出,造成计算的不精确。

第二,再出口隐含碳计算不精确。根据非竞争性投入产出表(见表 4-2),$X = (I - A^d)^{-1}(Y_D + Y_E) = (I - A^d)^{-1} Y_d$

进口产品模型:$X_m = A^m X + Y_m$

解得:$X_m = A^m (I - A^d)^{-1} Y_d + Y_m$

因此,总进口产品隐含碳排放为 $f^d X_m = f^d (A^m X + Y_m) = f^d A^m X + f^d Y_m$

也即 $f^d A^m X = f^d A^m (I - A^d)^{-1} (Y_D + Y_E) = f^d A^m (I - A^d)^{-1} Y_d$

那么再出口的产品隐含碳排放为 $f^d A^m (I - A^d)^{-1} Y_E$。Lin 的算法为 $f^d A^m (I - A)^{-1} Y_E$,因为 $A = A^d + A^m$,因此,故 Lin 的算法存在一定不准确。

第三,使用技术同质假设。在进口隐含碳排放中该模型公式为 $EEI = \text{III} + \text{IV} = E^m X_m$,实际 E^m 同进口国家的计算水平紧密相关,这样在计算美日这种技术水平高的国家会高估进口隐含碳,而对于一些技术水平低的国家比如非洲、东南亚等国可能会低估进口隐含碳。由于竞争表中没有国家和国家之间的中间投入和最终消费,因此还需要假设 Y。

(二)非竞争型投入产出表的模型

部分学者利用 MRIO 建立了一个简单的计算对外贸易"隐含碳"模型,该模型为:

国内出口"隐含碳"

$$EEE = F^d (I - A_{ex}^D)^{-1} Y_E = E^d Y_E \quad (4-22)$$

国内进口"隐含碳"

$$EEI = F^{im} (I - A_{im}^D)^{-1} X_m = E^{im} X_m \quad (4-23)$$

F^d 是由国内各部门 CO_2 排放强度组成的对角阵,$(I-A_{ex}^D)^{-1}$ 是扣除中间进口的国内里昂惕夫逆矩阵,Y_E 是国内各部门向外国的出口组成的列向量。F^{im} 是由外国各部门 CO_2 排放强度组成的对角阵,$(I-A_{im}^D)^{-1}$ 是扣除中间进口的外国里昂惕夫逆矩阵,X^m 是由国内各部门从外国的进口组成的列向量。E^d、E^{im} 分别为国内和国外各部门 CO_2 完全碳排放强度组成的对角阵。

这种计算显然忽略掉了加工贸易的那部分碳排放。总进口产品 X^m 可以分解成两部分:一部分作为最终需求直接为国内消费,另一部分作为中间投入进入到国内生产中并最终出口。而上述办法显然没有计算这部分碳排放。也就是说它只计算了国内生产、国外消费的部分,这部分只是(Lin,2010)模型中的第Ⅱ部分,这使得出口贸易"隐含碳"被低估。同时,会造成生产碳排放和消费碳排放都不准确,低估了生产碳排放,高估了中国的消费碳排放。

表 4-2　　　　　　　　一个典型非竞争投入产出

			中间使用	最终使用		输入	总产出
			1　2　‥‥ j ‥‥ n	本地使用	输出		
中间投入	本地生产	1	$x_{11}^d\ x_{12}^d\ x_{13}^d\ \cdots\cdots\ x_{1j}^d\ \cdots\ x_{1n}^d$	y_{D1}^d	y_{E1}		$X1$
		2	$x_{21}^d\ x_{22}^d\ x_{23}^d\ \cdots\cdots\ x_{2j}^d\ \cdots\ x_{2n}^d$	y_{D2}^d	Y_{E2}		$X2$
		·	·	·	·		·
		I	$x_{i1}^d\ x_{i2}^d\ x_{i3}^d\ \cdots\cdots\ x_{ij}^d\ \cdots\ x_{in}^d$	y_{Di}^d	y_{Ei}		$X3$
		·	·	·	·		
		n	$x_{n1}^d\ x_{n2}^d\ x_{n3}^d\ \cdots\cdots\ x_{nj}^d\ \cdots\ x_{nn}^d$	y_{Dn}^d	y_{En}		$X4$
	外地生产	1	$x_{11}^m\ x_{12}^m\ x_{13}^m\ \cdots\cdots\ x_{1j}^m\ \cdots\ x_{1n}^m$	y_1^m		X_{M1}	
		2	$x_{21}^m\ x_{22}^m\ x_{23}^m\ \cdots\cdots\ x_{2j}^m\ \cdots\ x_{2n}^m$	y_2^m		X_{M2}	
		·	·	·		·	
		I	$x_{i1}^m\ x_{i2}^m\ x_{i3}^m\ \cdots\cdots\ x_{ij}^m\ \cdots\ x_{in}^m$	y_i^m		X_{MI}	
		·	·	·			
		n	$x_{n1}^m\ x_{n2}^m\ x_{n3}^m\ \cdots\cdots\ x_{nj}^m\ \cdots\ x_{nn}^m$	y_n^m		X_{Mn}	
增加值			G1　G2　G3…Gj…Gn				
总投入			X1　X2　X3…Xi…Xn				

资料来源:本书综合整理。

二 改进的投入产出模型

从现有贸易"隐含碳"的测算方法来看，普遍存在的缺陷主要体现在以下三个方面。

首先，技术同质。在计算全球或者多区域贸易"隐含碳"过程中，因数据复杂且难获取，很多研究采用技术同质的分析方法，但这极大高估了中国的进口"隐含碳"。

其次，基于进口系数调整 A^m。目前很多同类研究都存在处理进口产品的问题，主要做法是对所使用的投入产出表进行修改，将竞争性投入产出表变为非竞争性投入产出表。如果没有编制非竞争型投入产出表，这也是较好的办法，但该办法在简便的同时会造成数据的不准确。

最后，测算贸易"隐含碳"最为关键的地方在于合理处理好进口中间产品。赵玉焕（2013）认为，如果不能排除由中间产品带来的影响，则会导致计算结果被高估。但是，如果完全剔除进口中间产品，又会造成出口"隐含碳"的低估。进口产品一部分作为进口国的直接消费进入最终需求，另一部分作为中间产品使用，这部分中间产品经过加工后又作为产品出口到国外。这样，出口"隐含碳"就由两部分组成：一部分是国内生产，国外消费的部分，另一部分是国外进口产品进入到中间产品，又最终出口的那一部分（Lin，2010）。

基于以上特征，构建了改进的投入产出模型，将进口产品动态看待，明确进口"隐含碳"投入和产出形式的不同；区分进口产品中间投入和最终消费的直接和完全碳排放系数，进口产品的中间投入部分由于使用国内生产技术进行生产，所以它的产出形式应该采用国内生产技术，而直接消费的部分则使用国外生产技术，也就是国外完全碳排放系数。

因此，象限 I 为：

$$F^d = f^d (I - A^d)^{-1} Y_D = E^d Y_D \qquad (4-24)$$

象限 II 为：

$$F^d = f^d (I - A^d)^{-1} Y_E = E^d Y_E \qquad (4-25)$$

象限 III 为：

$$F^d = (E^m Y - E^m Y_E) + E^{im} Y_m \qquad (4-26)$$

象限 IV 为：

$$F^d = f^d A^m (I - A^d)^{-1} Y_E = E^m Y_E \qquad (4-27)$$

这样，出口"隐含碳"排放为：

$$EEE = \text{II} + \text{IV} = E^d Y_E + E^m Y_E \quad (4-28)$$

式中：F^d 为碳排放，f^d 为直接碳排放系数，E^d 为国内完全碳排放系数，E^m 为国内进口完全碳排放系数，E^{im} 为国外完全碳排放系数，X 为一国的总产出向量，Y_D 为最终本地使用向量，Y_E 为出口向量，Y_m 为进口本地使用向量。

进口"隐含碳"的算法：

进口"隐含碳"严格来说，不是简单的转入转出。对于其中的加工贸易，转口贸易，在国内造成了一定碳排放，因此，这部分也可以看作进口碳。

因此，进口碳可以看作三部分构成，第一部分是进口直接消费的 Y_m，第二部分是成为中间产品最终被国外消费的 $A^m (I - A^d)^{-1} Y_E$，第三部分是成为中间产品最终被国内消费的 $A^m (I - A^d)^{-1} Y_D$。

进口"隐含碳"排放为：

$$EEI = F^{im} (I - A^m)^{-1} Y_m + F^d A^m (I - A^d)^{-1} Y_E +$$
$$F^d A^m (I - A^d)^{-1} Y_D = E^{im} Y_m + E^m Y_E + E^m Y_D \quad (4-29)$$

出口"隐含碳"排放为：

$$EEE = F^d (I - A^d)^{-1} Y_E + F^d A^m (I - A^d)^{-1} Y_E = E^d Y_E + E^m Y_E$$
$$(4-30)$$

净贸易"隐含碳"为：

$$EEB = E^d Y_E - E^{im} Y_m - E^m Y_D \quad (4-31)$$

式中，E^{im} 为国外完全碳排放系数，E^m 为进口完全碳排放系数，E^d 为国内完全碳排放系数；Y_m 为进口直接消费向量，Y_E 为进口加工再出口向量，Y_D 为进口加工向量。

第三节 垂直专业化与投入产出模型的结合

一 垂直专业化率与碳排放路径分析

垂直专业化率最早由经济学家 Balassa（1967）提出，他把相应的贸易价值链切片式地分布在若干个生产环节中，以反映出口产品对进口产品的依赖程度。Hummels 等（2001）运用投入产出模型，将一国进口产品分为国内最终消费与用于出口产品的生产两部分，再把出口产品生产中的进口产品价值对出口额的比例来定义"产业内贸易"或"垂直专业化率"。Hummels 在定义垂直专业化率时，认为至少应该包括三个重要因素。第一，产品生产包括两个或者以上工序；第二，产品增加值涉及两个或以上的国家；第三，至少一个国家在生产阶段进口投入品，出口部分生产品，即中间品至少经过一次跨国流动。

根据 Hummels 对垂直专业化的定义，绘制了贸易过程中的碳排放四条转移路径（见图 4-1），以中日两国为例：第一条，日本进口中间品和中国中间品，资本、劳动力投入生产，得到的最终品出口到其他国家；第二条，日本的中间投入和中国的中间投入直接被中国消费；第三条，日本进口中间品和中国中间品，资本、劳动力投入生产，得到的最终品又出口到日本消费；第四条，日本进口中间品直接被中国消费。

根据 Hummels（2001）的方法，先计算中国对日本的垂直专业化率。

$$VS_i = \left(\frac{M_i^l}{X_i}\right) E_i = \left(\frac{E_i}{X_i}\right) M_i^l \quad (4-32)$$

式中，VS_i 为垂直专业化；$M_i^l = \sum_{j=1}^{n} M_{ji}^l$，$M_{ji}^l$ 表示 j 部门向 i 部门投入的中间品量。而通常统计年鉴或数据库提供的都是一国某部门进口总量，不能分清中间投入量，因此这也是选用投入产出表的优势所在。X_i 为一国某行业总产出；E_i 为某行业出口。

$$vss = \frac{VS}{E} = \frac{\sum_i VS_i}{\sum_i E_i} = \sum_i \left[\left(\frac{E_i}{E}\right)\left(\frac{VS_i}{X_i}\right)\right] \quad (4-33)$$

式中，E 为总出口。把式（4-32）代入式（4-33）得，

$$vss = \frac{\sum_i VS_i}{E} = \frac{1}{E}\sum_{i=1}^{n}\left(\frac{M_i^l}{X_i}\right) E_i = \frac{1}{E}\sum_{i=1}^{n}\sum_{j=1}^{n}\frac{E_i}{X_i}M_{ji}^l = \frac{1}{E}\sum_{j=1}^{n}\sum_{i=1}^{n}\frac{E_i}{X_i}M_{ij}^l \quad (4-34)$$

式中，$\frac{M_{ij}^l}{X_j}$ 为 i 部门向 j 部门投入的中间品量占 j 部门总产出量的比值，即相当于投入产出中的进口直接投入系数 a_{ij}。

把式（4-34）改写成矩阵的形式：

$$vss = \frac{1}{E}u\,A^m\,E_i \quad (4-35)$$

用完全消耗系数矩阵表示：

$$vss = \frac{1}{E} u A^m (I - A^d)^{-1} E_i \qquad (4-36)$$

式中，u 为单位矩阵，A^m 为进口中间品投入直接消耗系数向量，A^d 为国内直接消耗系数向量。

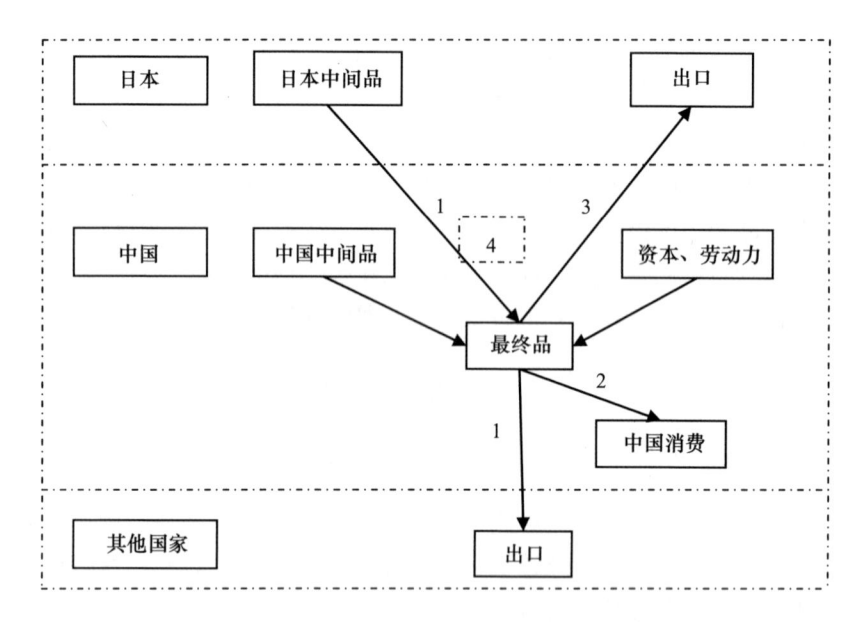

图 4-1 垂直专业化下的贸易"隐含碳"排放路径

资料来源：本书根据 Hummels（2001）的理论基础，结合碳排放特征综合整理。

二 垂直专业化率与投入产出的结合

在投入产出表中，可以得到平衡关系式（4-37），这里推导不再赘述。

$$X = (I - A^d)^{-1}(Y_D + Y_E) = (I - A^d)^{-1} Y_d \qquad (4-37)$$

根据垂直专业化下的碳排放路径，可以知道出口碳包括两部分。

国内生产的出口碳排放：

$$\sum_{j=1}^{n} E_j^d (E_j - VSS_j E_j) \qquad (4-38)$$

进口加工后出口的碳排放：

$$\sum_{j=1}^{n} E_j^d VSS_j E_j \qquad (4-39)$$

总出口碳排放：

$$F_{ex} = \sum_{j=1}^{n} E_j^d (E_j - VSS_j E_j) + \sum_{j=1}^{n} E_j^d VSS_j E_j \quad (4-40)$$

式中，E_j^d 为 j 行业的国内完全碳排放系数；E_j 为 j 行业的出口。值得说明的是，本研究在进口加工再出口部分采用的是中国的完全碳耗系数，部分研究采用了进口国的完全碳耗系数，如同种方法运用到中国与日本间，无形中会减少中国出口"隐含碳"量。

进口碳也可以分为两部分：

进口直接进入国内消费：

$$\sum_{j=1}^{n} E_j^m Y_j^m \quad (4-41)$$

进口参与国内生产：

$$\sum_{j=1}^{n} E_j^d A_m (I - Ad)^{-1} Y_d \quad (4-42)$$

总进口碳排放：

$$F_{im} = \sum_{j=1}^{n} E_j^m Y_j^m + \sum_{j=1}^{n} E_j^d A_m (I - Ad)^{-1} Y_d \quad (4-43)$$

式中，E_j^m 为 j 行业的进口完全碳排放系数；E_j^d 为 j 行业的国内完全碳排放系数；Y_j^m 为 j 行业的进口直接消费量；Y_d 为进口参与生产量。

三 改进的投入产出模型与垂直专业化下的投入产出模型对比分析

垂直专业化的投入产出模型最大特点在于，首先引入垂直专业化率，便于分析各行业用于生产出口产品的进口中间投入，更好反映中日贸易结构和生产结构，特别是对于中国从日本进口产品的碳排放去向（进口直接消费、进口加工、进口加工后再出口），测算更为精确。其次，可以动态观察产业的垂直专业化与贸易"隐含碳"的相互变化情况，便于检验出口贸易中碳排放的结构变动。

改进的投入产出法，考虑了技术异质性，区分出了进口产品再投入之后的出口及消费，这比把进口碳完全作为消费计算要精确许多。改进的投入产出模型适用于测算总碳量或国内生产提供国内及国外消费，国外生产供国内消费等过程中产生的碳。

总的来说，第一，垂直专业化与投入产出相结合的模型，更偏重考察加工贸易产生碳排放的结构性变化，即出口贸易中的国产内涵碳排放与进口内涵碳排放间的平衡关系。因此，在全球垂直分工不断深化的背景下，对于加工贸易占比大的国家，更适合用此类模型。第二，垂直专业化与投入产出相结合的模型比较新颖，因涉及垂直分工的一系列理论，二者结合有一定的复杂性，但模型设计的潜力较大、局部分析的效果更好；而改进的投入产出法是在传统投入产出理论上构建，比较成熟，对模型改进大多在于参数的修正及数据的选取。

第四节　数据来源及处理

各种研究方法都有不同的数据来源，不同数据来源往往对应着不同的方法，分析数据来源特点，对合理选择方法有重要意义。总结归纳，目前研究贸易"隐含碳"主要的数据使用来源有四种。

一　数据库选取与数据来源

（一）OECD 数据库

OECD（2010）版仅有中国三个年份的投入产出表（1995、2000、2005），数据的丰富度远小于 WIOD 数据库，因此缺失的年份仅能用 RAS 法调整。另外，最大的一个弊端在于仅有贸易总额，没有区分中间投入和最终消费，不能准确测算中间产品部分。往往采用的替代方法是"按比例假设"进口产品，不能准确反映产业链条上的溢出效应。

（二）GTAP 国际投入产出数据

数据完整，统一，但是数据滞后，现有数据是 GTAP7 的数据，集成了 2004 年的全球经济数据。数据滞后影响数据分析。

（三）AIIOT 数据

数据精度高，能够反映亚洲各国之间的投入产出关系。但是数据滞后，目前只到 2005 年的数据。

（四）竞争性投入产出表

用该方法计算中国对外贸易隐含碳，主要是利用中国自己编制的投入产出表，再结合中国对外贸易的贸易往来数据。中国投入产出数据起自 1990 年，逢 2、7 结尾的年份统计基本表，逢 0、5 的年份统计延长表。目前中国有 1990 年、1992 年、1995 年、1997 年、2000 年、2002 年、2005 年、2007 年、2010 年、2012 年（2012 年暂时未出，应该近期会出）

投入产出表。

(五) 基于非竞争性投入产出表及 WIOD 数据库

世界投入产出数据库(WIOD)主要包括了 4 大账户(世界表、国家表、社会经济账户、环境账户),覆盖了 27 个欧洲国家和 13 个其他主要国家 1995—2011 年的数据。对比 GTAP、OECD、IDE - JETRO 数据库的区域表,WIOD 中的世界表(WIOT)在构建过程中有两个最大特点。第一,依据国家的供给使用表而不是国家投入产出表作为数据基础;第二,为保证数据序列的准确性,在构建 WIOT 的时候,首先从国家账户的产出、最终消费,国家供给使用表和国际贸易数据入手。因为供给使用表提供的是产品和产业两个层面上的数据,原始数据获取性较强。同时,基于产品层面的国际贸易数据,基于产业层面的社会经济、环境账户,它们的联系又是建立供给使用表的基础。因此,以供给使用表为基础构建的 WIOT 更加系统、准确、标准统一,使用方便,不需过多地整理。相反,其他数据库的世界表是基于产品或者产业的国家表而来,需要更多假设条件。

同时,WIOD 有一个全球的运输成本数据。目前大多数关于贸易"隐含碳"的研究没有涉及国际贸易运输产生的碳排放。国际贸易需要将商品从生产国运输到消费国,运输量的增加促使了温室气体排放。世界运输业所使用的能源中,石油使用占 95%,这是温室气体排放的一个重要来源。根据 IEA 估计,2007 年世界上与能源有关温室气体排放的 23% 来自运输(闫云凤,2011)。因此,这部分数据对于计算对外贸易的隐含碳也是非常重要的。

基于 WIOD 数据库数据的时效性、规范性,本书选取 WIOD 数据库的世界表(WIOT)进行测算(1995—2011 年)。1995—2009 年 CO_2 排放量来源于 WIOD 中的环境账户,因为环境账户中的各国各行业 CO_2 排放量只到 2009 年,因此 2010—2011 年,中国分行业不同能源消耗量来源于《中国能源统计年鉴》(2010—2011),日本的能源消耗量来源于《日本统计年鉴》(2010—2011),各种能源的碳排放系数、燃烧氧化率和净热值根据 IPCC 的《国家温室气体清单指南》(2006)获得。中日双边贸易数据来源于 OECD STAN Bilateral Trade Database,各年的贸易数据以 1995 年为基期作了调整,剔除了价格影响。

二 数据处理

(一) 行业分类与整合

不同数据库提供的分类标准不同，故对于商品的分类也有差异。中国的《中国贸易外经统计年鉴》对中日进出口货物按照海关 HS 编码分为了 22 类 98 章。日本海关则把中日进出口产品分为 9 类。WIOD 数据库是目前最新、最全的数据库。它以各国的投入产出表为基础，通过 RAS 的方法形成了世界投入产出表和国家投入产出表，分为了 35 个行业，包括 1 个农业、16 个工业及 18 个服务业，但对废弃物处理分类较为笼统。中国和日本统计年鉴的分类中也没有明确划分出废弃物处理、回收的产业部门。OECD 的贸易数据比较齐全，分为 12 类 45 个行业，并把废弃物处理作为单独一个大类独立出来，但其劣势是没有将服务业、建筑业等其他生产活动独立出来。

本书在行业合并过程中主要分为两步，一是投入产出表的行业归并，二是贸易数据的调整。对于第一个步骤，本书主要依托世界投入产出数据库（World Input Output Database, WIOD）中的世界投入产出表，此投入产出表包括 35 个行业，为了使投入产出表的行业与贸易数据统计行业统一，参考了《中国统计年鉴》《中国贸易外经统计年鉴》《日本统计年鉴》，比较分析了中日进出口比重较大的产业部门，将 35 个行业归并为 18 个行业（见表 4-3）。对于第二个步骤，贸易数据的调整，本书最终选择 OECD 双边贸易数据库（OECD STAN Bilateral Trade Database），对应的贸易数据可以直接由对应的商品分类相加得到，为减少误差，中日两国的总产出换算为当年的美元计价（见附录Ⅰ）。

表 4-3　　　　　　　　行业合并结果

合并代码	合并后行业名称	WIOT 行业代码	海关进出口商品分类代码
1	农、林、牧、渔业	1. 农、林、牧、渔业	1. 活动物、动物产品；2. 植物产品；3. 动、植物油、脂及其分解产品等
2	采掘业	2. 采掘业	5. 矿产品
3	食品、饮料及烟草业	3. 食品、饮料及烟草业	4. 食品、饮料、酒及醋、烟草、烟草及烟草代用品的制品

续表

合并代码	合并后行业名称	WIOT 行业代码	海关进出口商品分类代码
4	纺织品、皮革及制鞋业	4. 纺织业；5. 皮革、制鞋业	8. 生皮、皮革、毛皮及其制品；11. 纺织原料及纺织制品；12. 鞋、帽、伞及零件
5	木材加工制造业	6. 木材加工制造业	9. 木及木制品、木炭、软木及制品；20. 家具、寝具
6	纸浆、纸、印刷及出版业	7. 纸浆、纸、印刷及出版业	10. 木浆及其他纤维素浆、纸及纸板废碎品
7	焦炭、精炼石油及核燃料业	8. 焦炭、精炼石油及核燃料业	5. 矿物燃料、矿物油及其蒸馏产品、沥青物质
8	化工、塑料及橡胶业	9. 化工业；10. 塑料及橡胶业	6. 化学工业及其相关工业品；7. 塑料、橡胶及其制品
9	主要金属及压延业	12. 主要金属及压延业	14. 贵金属、包贵金属及其制品；15. 贱金属及其制品
10	其他非金属、矿物制造业	11. 其他非金属、矿物制造业	13. 石料、云母及类似材料的制品
11	主要机械制造业	13. 主要机械制造业	16. 机器、机械器具、录音机及放声机、附件等
12	电气、光学设备制造业	14. 电气、光学设备制造业	16. 电气设备及零件；18. 光学、照相、医疗设备、精密仪器及设备
13	交通设备制造业	15. 交通设备制造业	17. 车辆、航空器、船舶及有关运输设备
14	其他制造及回收业	16. 其他制造及回收业	19. 武器、弹药及零件附件；20. 杂项制品；21. 艺术品等
15	电力、天然气、水供应业	17. 电力、天然气、水供应业	22. 特殊交易品及未分类商品
16	交通运输及其他辅助设备制造业	23—26. 陆、水、航运输、其他辅助运输及旅游代理活动	22. 特殊交易品及未分类商品
17	建筑业	18. 建筑业	22. 特殊交易品及未分类商品
18	其他服务业	27—35. 金融，公共管理，商业活动	——

注：1. 合并过程中与《中国贸易外经统计年鉴》《日本统计年鉴》、OECD、WIOD 数据库行业代码进行了对比见附录Ⅰ。

2. 海关进出口商品分类代码分为 22 个大类，99 章。基于篇幅限制本书按照大类来分，其中采掘业对应的矿产品属于 5 类的 25—26 章；焦炭、精炼石油及核燃料业对应的是 5 类 27 章；主要机械制造业对应的是 16 类的 84 章；电气、光学设备制造业对应的是 16 类的 85 章。

资料来源：本书综合整理。

在具体操作方法上，本书主要注意：第一，注重 IPCC 中规定的主要减排行业，保留了能源供应、工业、交通、建筑、农业、林业和废弃物处理。第二，通过贸易数据及以往研究，保留了贸易额较大，"隐含碳"产生较多的行业，比如：金属冶炼及压延工业、金属与非金属制品行业、化工业、石油加工、炼焦及核燃料加工业等。第三，OECD 的服务业贸易量统计尚不完全，因此将未找到数据的行业贸易量设置为 0。

(二) 碳耗系数确定

WIOD 数据库的环境账户提供的 CO_2 排放量仅到 2009 年，2010—2011 年的 CO_2 直接排放系数按以下方法得到。

首先，计算主要能源的 CO_2 直接排放系数 θ_k。《2012 年中国统计年鉴》的"按行业分能源消费量"所规定的能源分别是煤炭、焦炭、原油、煤油、柴油、汽油、燃料油、天然气及电力。因为电力属于二次能源，为避免重复给予剔除，各行业主要分为 8 种能源。根据 IPCC《国家温室气体清单指南》(2006) 给出的公式进行计算。

$$\theta_k = NCV_k \times CEF_k \times COF_k \times \left(\frac{44}{12}\right) \quad (k = 1, 2, \cdots, 8) \quad (4-44)$$

式中，θ_k 为各种能源的 CO_2 直接排放系数；NCV_k 为各种能源的平均低位发热量；CEF_k 为碳排放因子；COF_k 为碳氧化因子，缺省值 1；44/12 为 CO_2 和 C 的分子量。

其次，计算各行业各种能源消耗强度。

$$a_{ik} = C_{ik} / X_i \quad (4-45)$$

式中，a_{ik} 为 i 行业 k 种能源消耗强度；C_{ik} 为 i 行业 k 种能源消费量；X_i 为 i 行业总产值。

最后，计算各行业 CO_2 直接碳排放系数。

$$ECI_i = \frac{\sum_{k=1}^{m} C_{ik} \times NCV_k \times CEF_k \times \frac{44}{12}}{X_i} \quad (4-46)$$

式中，ECI_i 为 i 行业 CO_2 直接排放系数；其余字母含义如上。

(三) 相对购买力平价指数

相对购买力平价需要得到中国、日本两国的购买力平价指数及市场汇率。从国际货币基金组织获得美元对人民币及日元的汇率，再换算出日元对人民币汇率。同理，从世界银行得到日本对中国的购买力平价指数。

第五节 测算结果与分析

一 中日能源结构

能源是人类生存及社会发展的重要资源,既直接关系着国家的经济命脉,又影响着国家的可持续发展潜力。一个国家拥有的能源禀赋、能源生产与消费的能力又直接作用于环境。IPCC 发布的第五次评估报告指出,因人类的生产生活活动造成全球气候变暖的可能性达到 95% 以上,其中化石燃料燃烧产生的 CO_2 对全球气候变暖的贡献率极大。因此,研究中日两国贸易"隐含碳"问题的前提是弄清楚中日两国能源结构的特点,以便为后续的研究奠定一定的基础。

（一）中国的能源结构

中国改革开放以后,能源生产与消费迅速增长。从能源生产总量来看,从 1978 年的 627.7 百万吨碳当量增长到 2014 年的 3600 百万吨碳当量,增长了 5.74 倍。其中,原煤占能源生产总量的比例最大,从 1978 年的 70.3%（441.27 百万吨碳当量）增加到 2011 年的 77.8%（264.66 百万吨碳当量）,2014 年下降到 73.2%（263.52 百万吨碳当量）,呈先升高后降低的趋势;石油占能源生产总量的比例从 1978 年的 23.7%（148.76 百万吨碳当量）降低到 2014 年的 8.4%（302.40 百万吨碳当量）;天然气、一次电力及其他能源的生产也逐年升高,截至 2014 年分别占到能源生产总量的 4.8% 及 13.7%（见图 4-2）。以上数据表明,中国对能源的开采、加工、转换仍然是以原煤为主,平均占到能源总生产量的 74.26%,但随着中国煤炭资源的递减及国家政策减少和优化煤炭产能,煤炭的生产能力有所降低;相反,一次电力及其他能源、天然气、石油的生产能力都大幅度提高,2014 年分别是 1978 年的 4.42 倍、1.66 倍及 0.35 倍。

中国"十二五"规划提出,单位国内生产总值能耗下降 16%,年均计划降低 3.4%。而实际结果显示,2011 年、2012 年、2013 年、2014 年、2015 年实际分别降低 2.01%、3.6%、3.7%、4.8% 和 5.6%,实际累计完成节能降耗 19.71%,超额完成了目标。

从中国的能源消费来看,能源消费总量从 1978 年的 571.44 百万吨碳当量长到 2014 年的 4260.00 百万吨碳当量,增长了 7.45 倍。其中,原煤的消费占总能源消费的比例最大,但占比有所下降,从 1978 年的

70.7%（404.01 百万吨碳当量）下降到 2011 年的 66.0%（281.16 百万吨碳当量），消费占比减少了 4.7%；石油消费也从 1978 年的 22.7%（129.72 百万吨碳当量）降低到 2014 年的 17.1%（728.46 百万吨碳当量）；天然气、一次电力及其他能源的消费占比逐年升高，截至 2014 年分别占到能源消费总量的 5.7% 及 11.2%（见图 4-3）。以上数据表明，中国以煤炭作为第一消费能源的消费结构没有变，虽然消费占比有所减少，但中国对煤炭消费的刚性需求短期内减少较慢；而一次电力及其他能源、天然气消费增加较快，截至 2014 年分别增加了 457.69 百万吨碳当量和 224.53 百万吨碳当量，对清洁能源的需求逐步增大。

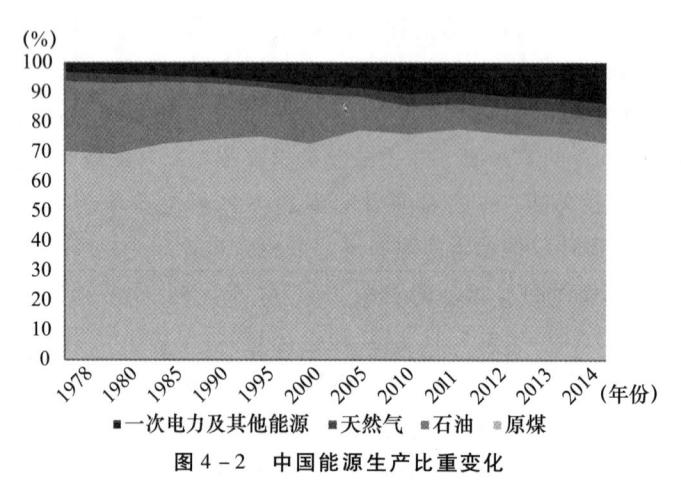

图 4-2 中国能源生产比重变化

资料来源：数据源自《中国统计年鉴》，本书综合整理。

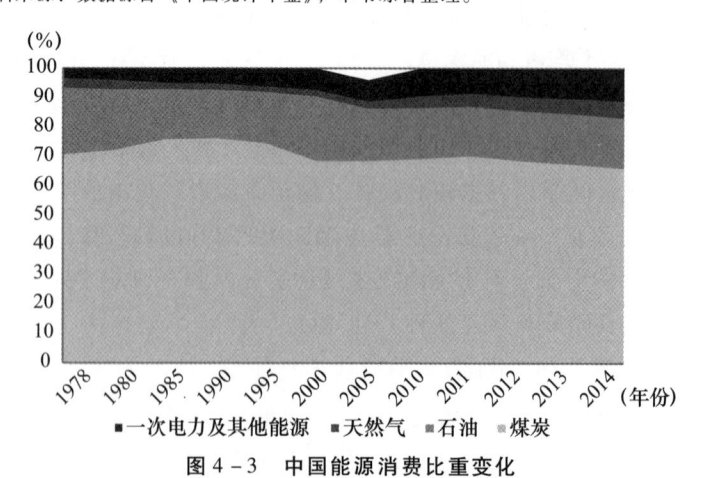

图 4-3 中国能源消费比重变化

资料来源：数据源自《中国统计年鉴》，本书综合整理。

(二) 日本的能源结构

日本的能源生产与中国存在一定区别，石油占能源生产总量的比例最大，煤炭次之。具体来看，石油占比从 1995 年的 53.61% 下降到 2013 年的 40.09%，可以反映出日本的石油资源极度匮乏，绝大部分需要依靠进口。第二次石油危机使得日本经济受到重创之后，日本加大技术创新力度，使用技术推动了石油石化业的升级换代，逐渐减少了石油的束缚。相反，煤炭及天然气占能源生产总量的比重分别从 1995 年的 17.02% 和 10.76% 上升至 2013 年的 26.67% 和 23.37%。而其他能源的生产波动剧烈，其他能源包括核能、太阳能、水能等，其生产占总能源生产的比例在 1995—2010 年处于升高阶段，达到 19.13%，2011—2013 年降低迅速，仅占到了 5.43%。出现这一变化的原因主要是 2011 年东日本大地震引起的海啸摧毁了福岛第一核电站的 4 台机组，导致发生重大核泄漏事故（陈海嵩，2009；吴宜灿，2011；Tokyo Electric Prower，2013），动摇了日本以核电作为基干产业的地位。至此，核能生产占能源生产的比例从 2010 年的 15.06% 迅速下降到 2013 年的 0.53%，日本的核电生产能力大幅度下降（见图 4-4）。

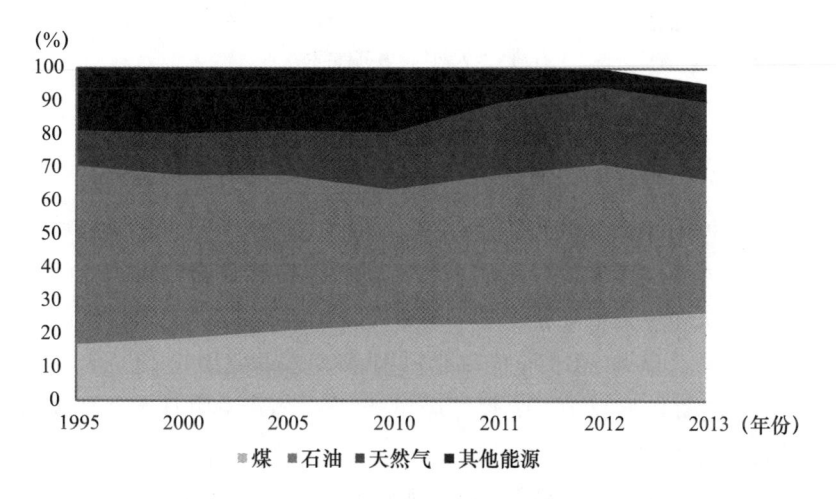

图 4-4 日本能源生产比重变化

资料来源：数据源自国际能源署（IEA）数据库，本书综合整理。

日本以石油消费占总能源消费的比重最大，其次是天然气。煤炭与其他能源的消费占总能源消费的比重较为稳定，分别在 8.25% 及 1.09% 左右。具体来看，石油占比虽大，但有逐渐递减趋势，从1995年的61.93%减少到56.06%；天然气消费增长迅速，从1995年的5.99%增长到2013年的9.32%；其他能源一直保持在1.09%左右，变幅不大。原因是IEA提供的能源消费指的是最终能源消费，生产的核能全部用于发电，因此在最终能源栏中的数值为0，因此核能的波动只能从核能生产方面看出（见图4-5）。

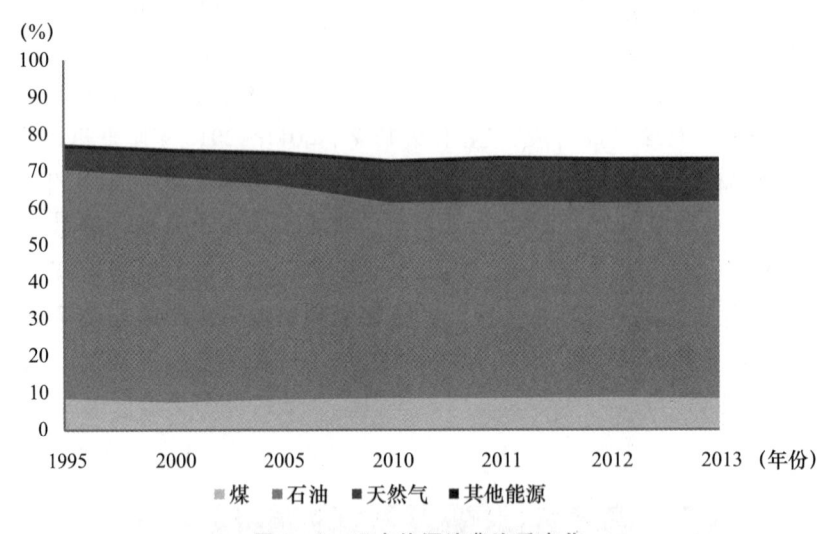

图4-5 日本能源消费比重变化

资料来源：数据来源于世界能源署（IEA）数据库，本书综合整理。

（三）中日能源结构对比

对比日本的能源生产与消费，发现两个主要特点：第一，石油的生产和消费有较大幅度的下降；煤炭、天然气及其他能源生产及消费的占比有了一定的提升，但是2013年能源生产及消费总量分别比1995年减少了39.77百万吨油当量及16.97百万吨油当量，充分说明日本在能源利用率、节能降耗等方面处于世界领先水平。第二，日本寻找的各种替代能源中，核能对于资源的依存度低，CO_2排放为零，清洁度高，成本低，因此20世纪70年代的日本大力发展核能，现已成为继美国、法国后的第三核电大国。虽然，地震对发展核能有所影响，但短期内，日本的新能源体系还没有完全实现，不会放弃核能的发展，而是提高核能的安全性，在中长期内逐渐降低核发电依存度（李冬，2014；盖兆军，2015）。

表 4-4　　　中日两国化石燃料能耗、可替代能源和核能　　　单位: %

年份	中国 化石燃料能耗	中国 可替代能源和核能	日本 化石燃料能耗	日本 可替代能源和核能
2006	86.5	3.0	81.3	17.4
2007	86.7	3.2	83.3	15.3
2008	86.6	3.7	83.0	15.6
2009	87.2	3.7	81.0	17.6
2010	87.8	3.8	80.9	17.2
2011	88.4	3.7	89.7	8.1
2012	88.2	4.3	94.6	3.2
2013	88.0	4.8	94.7	2.9

注: 化石燃料能耗单位是占总量的百分比; 可替代能源和核能单位是占能源使用总量的百分比。
资料来源: 世界能源署数据库 (IEA) 及国际货币基金组织 (IMF), 综合整理。

表 4-4 对比了中日两国化石燃料、可替代能源和核能的发展状况,可以看出, 中日两国对化石燃料的依赖度都很大, 2011 年后, 由于核泄漏, 致使日本的化石燃料升高到 94.6% 和 94.7%, 高出中国 6.4% 和 6.7%。而在可替代能源及核能方面, 日本一直是中国的 4.21—5.80 倍, 到 2011 年后, 可替代能源低于中国。

本书对比分析了中日两国能源使用量及 GDP 单位能耗情况, 由图 4-6 可知, 能源使用量方面: 日本从 4064.8 千克油当量下降到 3559.7 千克油当量, 下降了 14.19%; 而中国的能源使用量低于日本, 但使用量逐年增加, 截至 2012 年增加了 663.8 千克油当量。说明由于日本的能源利用率提高, 人均能源使用量减少, 中国的能源利用率提高幅度弱于总量效应, 故中国人均能源使用量有所增加。

通过对比中日两国的能源结构, 总体可以得出: 第一, 中日化石能源生产与消费在能源总量上都占据绝对比重, 两国新能源的生产与消费都呈现逐年升高趋势, 但日本对新能源的开发、利用、重视程度都高于中国。

第二, 日本由倒逼机制形成的"成本驱动型技术应用机制"和"风险驱动型技术进步机制"[1] (洪宇等, 2011; 梁毕明, 2015), 促进了日本

---

[1] "成本驱动型技术应用机制"指由于能源价格的上涨迫使非产油国通过技术进步的方式来提高能源使用效率、节约能源; "风险驱动型技术进步机制"指由于能源供给不稳定, 存在风险的情况下, 非产油国通过技术进步的方式来提高能源使用效率、节约能源。

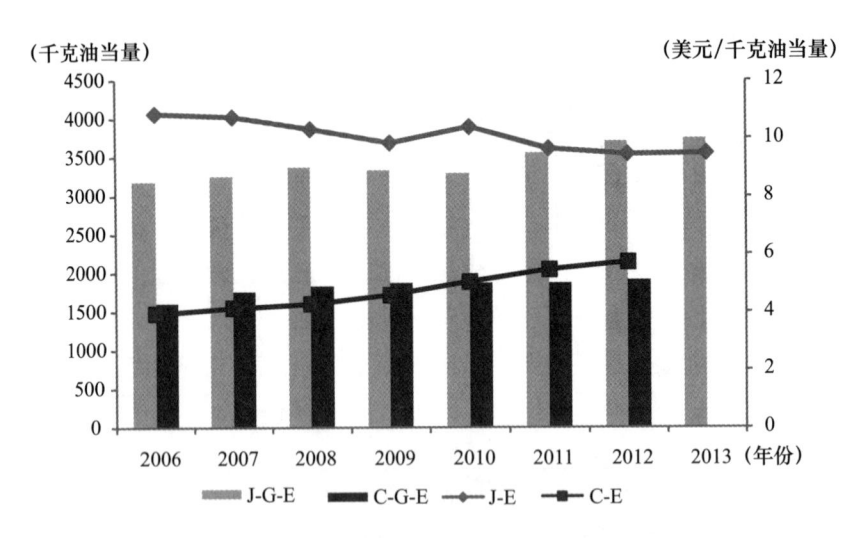

图 4-6 中日人均能源使用量及 GDP 单位能耗分析

注：J-E 代表日本人均能源使用量；C-E 代表中国人均能源使用量；J-G-E 代表日本 GDP 单位能耗；C-G-E 代表中国 GDP 单位能耗。能源使用量指初级能源转化为其他最终用途的燃料之前的使用量，等于国内产量加进口量和存量变化，再减去出口量和供给从事国际运输的船舶和飞机的燃料用量。GDP 单位能耗指平均每千克石油当量的能源消耗所产生的按购买力平价计算的 GDP，按 PPP 计算的 GDP 是指采用购买力平价汇率将国内生产总值换算为 2011 年不变价国际元。国际元对 GDP 的购买力相当于美元在美国的购买力。人均能源使用量（koe）= kg of oil equivalent per capita；GDP 单位能耗（U. S. /koe）= U. S. dollar/kg of oil equivalent。

资料来源：数据来源世界银行（World Bank Group），经本书综合整理。

能源结构的转型，带动了产业升级换代；中国已意识到高能耗的不可持续性，着力发展低碳、绿色经济，但基于中国目前正进入工业化的攻坚阶段，加之有较高的煤炭资源禀赋及煤炭消耗比重，依然存在"资源诅咒"的危险。

二 中日两国碳排放系数对比

从图 4-7 可以看出，1995—2011 年，中国 18 个行业的直接碳排放系数整体上都有减少，且呈现两个主要特征。第一，中国各部门的直接碳排放系数差距悬殊，排放最高的电力、天然气、水供应业（行业 15）直接碳排放系数是农业的 22.52 倍。第二，排放最高的前 5 个行业分别是电力、天然气、水供应业（行业 15），其他非金属、矿物制造业（行业 10），主要金属及压延业（行业 9），化工、塑料及橡胶业（行业 8），采掘业（行业2）。虽然这些行业的直接碳排放系数高，但16年中下降幅度较快，分别降低了52.17%、65.93%、77.89%、75.76%和74.55%，说明中国在这些行业的节能减排效果较好。

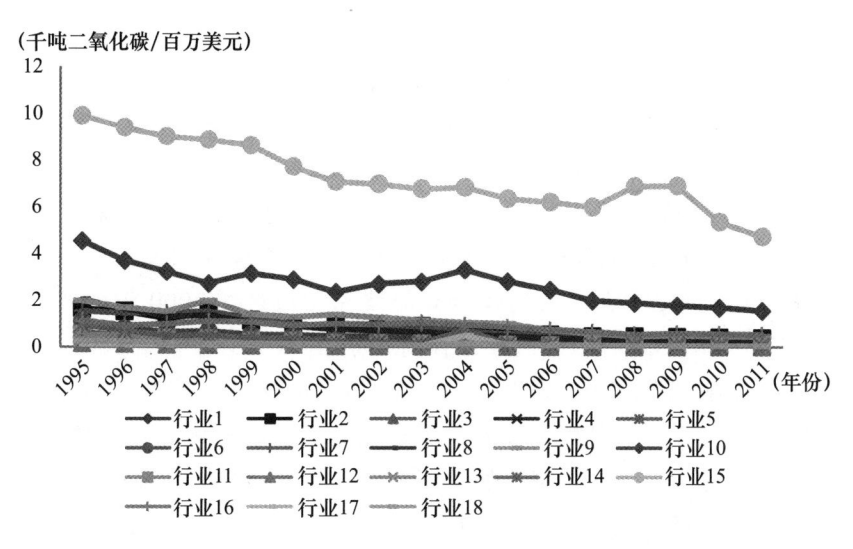

图4-7 1995—2011年中国18个行业直接碳排放系数动态变化

资料来源：本书综合整理。

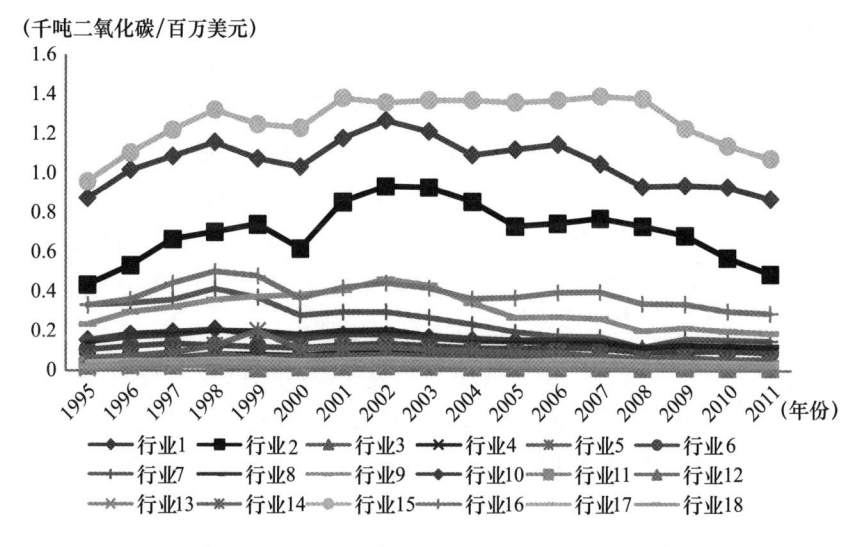

图4-8 1995—2011年日本18个行业直接碳排放系数动态变化

资料来源：本书综合整理。

从图4-8可以看出，1995—2011年，日本18个行业的直接碳排放系数整体下降，但下降趋势与中国明显不同，带有一定的波动性。首先，日本各部门的直接碳排放系数差距不大。虽然排放最高的电力、天然气、水供应业（行业15）直接碳排放系数是交通设备制造业（行业13）的73.85倍，但是碳排放基数小，行业15在1995年的直接碳排放系数仅为0.96千吨二氧化碳/百万美元，充分说明90年代的日本在低碳、节能方面已经处于世界领先水平。其次，16年间电力、天然气、水供应业（行业15），其他非金属、矿物制造业（行业10），采掘业（行业2），交通运输及其他辅助设备制造业（行业16），主要金属及压延业（行业9）属于日本直接碳排放系数最高的前五个行业。其中前三个具有明显的波动，均是在2000年的碳直接排放系数最小，之后缓慢回升，直到2004年又出现下降。

从中日两国的直接碳排放系数来看，有几个特点。第一，中国直接碳耗系数远大于日本，特别是1995年碳耗系数高于日本10倍以上的就有9个行业，分别是交通设备制造业（行业13，25.32倍），主要机械制造业（行业11，21.55倍），食品、饮料及烟草业（行业3，15.92倍），其他制造及回收业（行业14，15.10倍），化工、塑料及橡胶业（行业8，13.74倍），木材加工制造业（行业5，10.84倍），纸浆、纸、印刷及出版业（行业6，10.68倍），电力、天然气、水供应业（行业15，10.33倍）和纺织品、皮革及制鞋业（行业4，10.16倍）。第二，16年中，中国直接碳耗系数下降较快，截至2011年，碳耗系数较大的电力、天然气、水供应业（行业15），主要机械制造业（行业11），交通设备制造业（行业13），食品、饮料及烟草业（行业3），焦炭、精炼石油及核燃料业（行业7），主要金属及压延业（行业9），纸浆、纸、印刷及出版业（行业6）分别是日本的4.41倍、4.73倍、3.38倍、3.04倍、2.51倍、2.31倍、2.11倍。第三，中国碳耗系数下降幅度高于日本。中国18个行业的下降幅度在2.09—17.41倍，其中，其他制造及回收业（行业14），电气、光学设备制造业（行业12），主要机械制造业（行业11）下降最多，2011年分别是1995年的17.41倍、13.98倍及10.55倍。而日本18个行业的降幅仅在0.89—2.31倍，下降最多的分别是主要机械制造业（行业11，2.31倍），焦炭、精炼石油及核燃料业（行业7，2.23倍）和电气、光学设备制造业（行业12，1.79倍）。从碳耗系数的变化可以看出，中国各行业生产技术水平在不断提高，节能潜力较大；而日本技术水平一直较高，想要在纯技术手段上进一步节能较为困难，需要从新能源等方面寻求新的突破。

三 中国垂直专业化率分析

本书基于 Hummels 等（2001）提出的 VSS 方法，计算了 1995—2011 年中国出口中含有向日本进口的比率。从总量上看（见图 4-9），中国对日本的 VSS 在波动中上升，1995—2005 年，以年均 0.3% 的速度增长，2005 年达到峰值 7.2%，之后缓慢降低，2011 年达到 3.6%。中国对东亚地区和世界的 VSS 与中国对日本的 VSS 有相同的变化趋势，均在 2005 年达到峰值，之后开始下降。值得一提的是，中国对东亚地区的 VSS 占中国对世界 VSS 的 44.36%，而中国对日本的 VSS 占了中国对东亚地区 VSS 的 66.21%。这说明，从世界范围来看，中国对东亚地区的依赖程度很高，而在东亚地区中，依赖程度最高的就是日本。

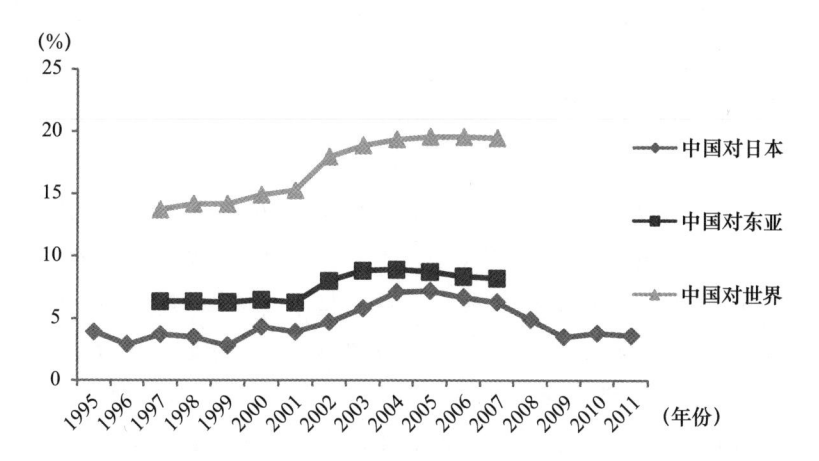

图 4-9 1995—2011 年中国对外垂直专业化率 VSS 变化趋势

注：中国对东亚、世界的 VSS 是 1997—2007 年，中国对日本的 VSS 是 1995—2011 年。

资料来源：中国对日本的 VSS 由本书综合整理；中国对东亚及世界的 VSS 来源于喻春娇《中国融入东亚生产网络的贸易利益——基于 20 个工业部门净附加值的分析》，《财贸经济》2010 年第 2 期，第 70—77 页。

进一步分析不同行业的垂直专业化程度①（见表4-5），可以明显看出，中国对日本垂直专业化率较高的行业主要集中在资本、技术密集型的行业。电气、光学设备制造业（行业12），主要机械制造业（行业11），其他制造及回收业（行业14），其他非金属、矿物制造业（行业10）4个行业的垂直专业化率分别增加了90.10%、13.89%、62.50%及30.00%，说明中国这4个行业对日本的依附性逐年增大。而交通设备制造业（行业13）、主要金属及压延业（行业9）虽然属于高中垂直专业化的行业，但VSS分别减少了50.0%及72.73%，对日本的依附性有所减弱。

表4-5 中国对日本高中垂直专业化率（VSS）分析 单位：%

行业 \ 年份	1995年	2000年	2005年	2011年
电气、光学设备制造业（行业12）	0.19	1.72	4.28	1.92
主要机械制造业（行业11）	0.31	0.12	0.37	0.36
其他制造及回收业（行业14）	0.06	0.15	0.28	0.16
其他非金属、矿物制造业（行业10）	0.07	0.04	0.14	0.10
交通设备制造业（行业13）	0.16	0.13	0.11	0.08
主要金属及压延业（行业9）	0.22	0.16	0.10	0.06

资料来源：本书综合整理。

在中低垂直专业化的行业中（见表4-6），化工、塑料及橡胶业（行业8），焦炭、精炼石油及核燃料业（行业7）的VSS分别增加了45.45%和50.00%。其余行业都出现减少，特别是采掘业（行业2），农、林、牧、渔业（行业1），纺织品、皮革及制鞋业（行业4）分别减少了84.20%、80.00%和75.65%，说明中国对日本的劳动密集型产品、技术水平不高的产品需求有所降低，从侧面反映出中国现有技术水平可以满足自身消费，或者转向其他国家和地区进口。

---

① 本书主要根据两个层面来定义高中、中低垂直专业化率（VSS）行业。第一，根据OECD Bilateral Trade Database by Industry and End-Use Category 中对高中技术行业、中低技术行业的分类来划分，一般高中、中低技术行业也属于高中、中低垂直专业化率（VSS）的行业；第二，对比了中国主要行业VSS相关文献，结合其划分类型，给予划分。在本书划分过程中，纺织品、皮革及制鞋业的VSS较高，但下降迅速，归为中低VSS；化工、塑料及橡胶业近年来VSS有所下降，且技术含量不高，也归为中低VSS行业。

表4-6　　　　中国对日本中低垂直专业化率（VSS）分析　　　　单位：%

行业 \ 年份	1995年	2000年	2005年	2011年
化工、塑料及橡胶业（行业8）	0.12	0.15	0.24	0.22
焦炭、精炼石油及核燃料业（行业7）	0.01	0.01	0.02	0.02
纺织品、皮革及制鞋业（行业4）	2.3	1.68	1.44	0.56
食品、饮料及烟草业（行业3）	0.16	0.11	0.09	0.05
木材加工制造业（行业5）	0.04	0.04	0.04	0.02
采掘业（行业2）	0.19	0.07	0.06	0.03
纸浆、纸、印刷及出版业（行业6）	0.08	0.01	0.02	0.02
农、林、牧、渔业（行业1）	0.05	0.02	0.02	0.01
交通运输及其他辅助设备制造业（行业16）	0.01	0.01	0.02	0.01

资料来源：本书综合整理。

结合中国对日本的VSS和碳耗系数分析，中国垂直专业化程度高的行业主要是资本密集型、技术密集型，但碳耗系数较高，对环境污染较严重。而资本密集型产业的产业链长，生产环节多，有利于一种产品在生产工序上的转移。加上20世纪90年代的中国并未重视环境问题，环境规制较弱，提供了污染型产业的转移。虽然近年来中国加强了环境管制力度，表面上并未形成污染产业的转移，但污染工序却无形中转移到了中国。因此，从垂直专业化的角度研究中日两国贸易中的碳排放，可以得到两国生产工序上的污染转移情况。

四　垂直专业化下中日贸易"隐含碳"总量分析

根据公式（4-39）至（4-43）得到中国对日本总出口、总进口及净出口"隐含碳"的动态变化，见表4-7。首先，研究期内，总出口"隐含碳"、总进口"隐含碳"、净出口"隐含碳"及国内直接出口"隐含碳"均表现为波动中上升。4个变量的波动周期基本一致，"隐含碳"量出现过两次大的降低，分别是受亚洲金融危机影响的1999年及全球次贷危机后的2009年，总出口"隐含碳"、国内直接出口"隐含碳"、净出口"隐含碳"同比上年分别下降6.66%、6.10%及9.08%，其余年份都稳步上升。截至2011年4个变量比1995年增加了52.21%、51.91%、83.22%和41.07%。其次，90%以上的出口"隐含碳"是由国内直接出口产生,可见出口量的增加一直是中国对日本出口"隐含碳"增加的主要因素。最后,在中国碳排放总量逐年递增的情况下,中日贸易"隐含碳"占中国总碳含量的比率呈先升高后降低趋势,说明中国贸易的调整对减少碳排放起到一定作用,但具体是由于贸易规模减小、结构调整还是技术水平提高所致,本书将在下一章进一步解释。

表4-7　　　　中国对日本进出口总体"隐含碳"分析

年份	出口产品中的总隐含碳(百万吨二氧化碳)	国内生产的出口隐含碳(百万吨二氧化碳)	进口产品中的总隐含碳(百万吨二氧化碳)	净出口隐含碳(百万吨二氧化碳)	贸易隐含碳占中国总CO_2的比例(%)
1995	105.27	101.98	9.77	95.50	6.97
1996	84.14	81.10	10.37	73.77	5.44
1997	85.71	82.42	11.87	73.85	7.53
1998	82.48	79.47	13.53	68.95	6.92
1999	76.99	74.62	14.29	62.69	6.74
2000	114.82	109.64	16.55	98.27	9.54
2001	127.92	122.89	19.34	108.58	9.59
2002	95.05	90.46	28.09	66.96	7.58
2003	124.79	117.30	32.20	92.58	8.59
2004	172.53	159.92	36.36	136.17	9.23
2005	226.73	209.04	36.87	189.86	10.45
2006	211.81	196.52	44.36	167.45	9.60
2007	228.30	212.81	48.95	179.35	8.78
2008	259.85	246.20	51.24	208.61	8.01
2009	181.70	174.89	44.41	137.29	5.35
2010	194.77	186.91	47.83	146.95	6.31
2011	220.28	212.08	58.22	162.07	5.54

资料来源:本书综合整理。

五　垂直专业化下中日贸易"隐含碳"行业分析

随着中国垂直专业化程度的不断深入,具体分析什么类型的产业受垂直专业化影响最大,进出口"隐含碳"的变化会受到什么影响,故转入产业层面进行分析。本书对照OECD对高中技术行业、中低技术行业的划分,得出中国高中垂直专业化程度的行业一般是高新技术行业、通用制造业等多层次,高附加值的行业以及部分资本密集型行业,如金属冶炼业等。中低垂直化程度的行业一般是轻工业及农业，这与 Dean 等研究的结论一致。

本研究中，中国高中垂直专业化行业除了电气、光学设备制造业（行业 12）外，其余行业对日出口"隐含碳"远高于进口"隐含碳"，且变化趋势逐年升高。2011 年行业 11、行业 9、行业 13、行业 14 的净出口"隐含碳"分别是 1995 年的 1.69 倍、88.5 倍、3.22 倍、2.67 倍。从这些行业的出口"隐含碳"占总出口"隐含碳"的比重来看，主要金属及压延业（行业 9）、交通设备制造业（行业 13）、其他制造及回收业（行业 14）从 1995 年的 1.50%、19.32%、4.41% 上升至 2011 年的 8.73%、33.76%、5.70%，出口比重高于进口比重，导致净出口"隐含碳"的增加。资本密集型的其他非金属、矿物制造业（行业 10）因为出口碳的比例下降幅度小于进口碳比率增加幅度，出现了净"隐含碳"逆差现象。主要机械制造业（行业 11）情况更为复杂，进口碳比率从 1995 年的 0.40% 上升到 2011 年的 5.07%，若仅考虑规模效应的话，应出现净出口"隐含碳"逆差，但得出结果恰恰相反。这除了日本的碳耗系数远低于中国外，进口加工再出口的部分又加剧了出口"隐含碳"的排放，而具体这部分"隐含碳"的含量及占比将在后面给予进一步分析（见表 4-8、图 4-10）。

表 4-8　高中垂直专业化下中日行业层面的贸易"隐含碳"分析

单位：百万吨二氧化碳

年份	行业 12			行业 11			行业 9		
	EEE	EEI	EEB	EEE	EEI	EEB	EEE	EEI	EEB
1995	3.71	3.25	0.47	13.31	0.04	13.28	1.58	1.44	0.14
2000	9.48	4.64	4.84	4.90	0.72	4.17	3.63	2.24	1.39
2005	8.08	7.18	0.89	23.62	1.68	21.94	11.84	4.48	7.36
2011	7.84	11.93	-4.09	25.47	2.95	22.52	19.23	6.84	12.39

年份	行业 13			行业 10			行业 14		
	EEE	EEI	EEB	EEE	EEI	EEB	EEE	EEI	EEB
1995	20.33	2.44	17.89	2.58	0.43	2.15	4.65	0.02	4.63
2000	29.13	4.36	24.77	0.85	0.72	0.12	5.76	0.09	5.66
2005	84.89	12.69	72.20	2.99	2.69	0.30	12.20	0.18	12.01
2011	74.37	16.70	57.68	3.22	7.70	-4.48	12.55	0.18	12.37

注：行业排列顺序是按照垂直专业化程度排列。
资料来源：本书综合整理。

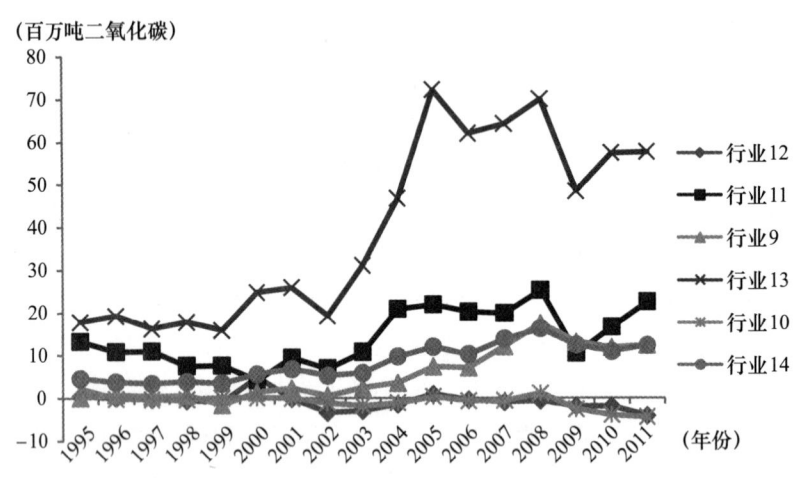

图4-10 1995—2011年高中垂直专业化下中国对日本行业层面的净出口"隐含碳"分析

资料来源：本书综合整理。

中国中低垂直专业化程度下的行业整体进出口"隐含碳"量显著小于高中垂直专业化程度下的行业。细分来看，焦炭、精炼石油及核燃料业（行业7），食品、饮料及烟草业（行业3），木材加工制造业（行业5），采掘业（行业2），农、林、牧、渔业（行业1）均出现净出口"隐含碳"减小。其中，能源密集型、资本密集型行业2、行业5、行业7是由于出口碳比重下降、进口碳比重上升，导致净出口"隐含碳"减少；而劳动密集型及资源型的行业1、行业2是由于出口碳比重下降幅度高于进口碳下降幅度所致。这说明两个方面问题：第一，中国有意减少能源密集型、部分资本密集型产业对日本的出口，转向从日本进口。第二，劳动密集型及资源型产品在中日两国贸易往来中的占比越来越小。

纸浆、纸、印刷及出版业（行业6），化工、塑料及橡胶业（行业8）、交通运输及其他辅助设备制造业（行业16）出现净出口"隐含碳"减小。其中，行业6、行业16由于出口碳比重上升、进口碳比重下降，导致净出口"隐含碳"增加；而中国减少了对日本化工塑料、橡胶这种高耗能产品的出口，增加其进口，但仍出现净出口碳的增加，从侧面说明很大一部分是在进口加工之后的产品出口部分产生。因此，本书下一步转向进口中间品碳排放的分析，以期解释各行业中间品部分碳转移的特点（见表4-9、图4-11）。

表4-9　中低垂直专业化下中日行业层面的贸易"隐含碳"分析

单位：百万吨二氧化碳

年份	行业8			行业7			行业4		
	EEE	EEI	EEB	EEE	EEI	EEB	EEE	EEI	EEB
1995	6.22	1.17	5.05	0.53	0.09	0.44	32.64	0.43	32.20
2000	7.74	2.42	5.32	1.40	0.19	1.21	34.93	0.67	34.26
2005	13.68	5.16	8.52	2.43	0.44	2.0	48.49	0.84	47.65
2011	21.04	8.91	12.12	0.10	0.77	0.23	39.91	0.62	39.30

年份	行业3			行业5			行业2		
	EEE	EEI	EEB	EEE	EEI	EEB	EEE	EEI	EEB
1995	7.00	0.04	6.96	2.01	0.02	1.99	8.17	0.02	8.15
2000	6.76	0.05	6.71	1.77	0.01	1.76	5.47	0.04	5.42
2005	6.88	0.11	6.77	2.16	0.06	2.11	5.14	0.24	4.90
2011	5.72	0.15	5.57	1.56	0.06	1.50	4.03	0.43	3.60

年份	行业6			行业1			行业16		
	EEE	EEI	EEB	EEE	EEI	EEB	EEE	EEI	EEB
1995	0.32	0.12	0.20	1.85	0.01	1.84	0.36	0.21	0.15
2000	0.52	0.18	0.35	1.45	0.01	1.45	0.10	0.15	0.85
2005	0.99	0.19	0.81	1.45	0.01	1.44	1.90	0.74	1.16
2011	1.65	0.20	1.45	0.88	0.02	0.86	1.81	0.53	1.28

注：行业排列顺序是按照垂直专业化程度排列。

资料来源：本书综合整理。

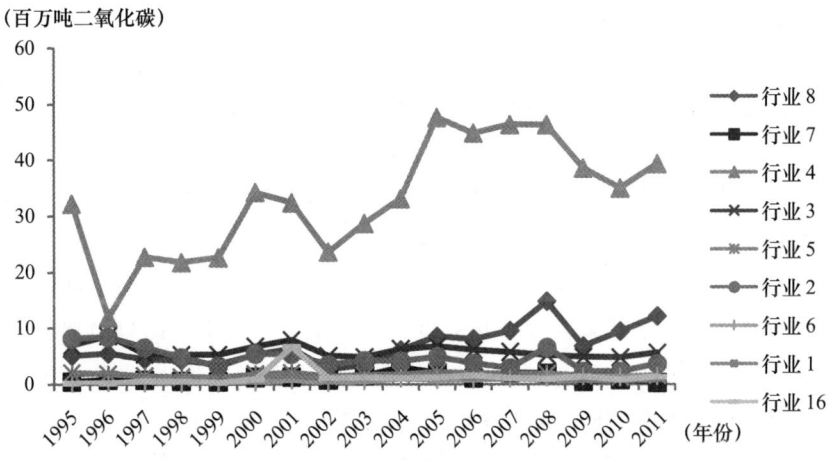

图4-11　1995—2011年中低垂直专业化下中国对日本行业层面的净出口"隐含碳"分析

资料来源：本书综合整理。

六　垂直专业化下中日贸易中间产品"隐含碳"分析

经本书第三章分析发现，中日双边贸易以中间产品为主，蒋庚华等（2014）也发现中日出口中各自的本国增加值比例不断增加。从全球产业链视角，有针对性地对中日双边贸易中的中间产品"隐含碳"进行动态研究，弥补了现有研究的不足，对今后中国行业层面的贸易结构调整具有现实意义。

（一）中国对日出口增加值分析

从增加值角度出发，一国的出口额包括本国增加值（Domestic Value Added）及外来增加值（Foreign Value Added）（李清如，2015），本书出口增加值指的是中国从日本进口中间品价值占中国对日本出口总价值的比率，因此研究出口增加值占比可以得到中国中间产品碳排放量与实际获得价值间的平衡关系。

1. 中国对日出口增加值与 VSS 分析

中国对日出口增加值占比及 VSS 均有相似的波动趋势。分阶段来看，出口增加值在 1995—2000 年先升高后降低，1999 年最低，仅占到 32.55%，而此时对应的 VSS 也最低，为 2.8，降低了 28.20%。原因可能是受 1998 年亚洲金融危机影响，使得中国对日本的需求萎靡。2000 年后，二者迅速增长，2006 年 VSS 出现缓慢的下降，2009 年受全球经济危机影响，仅为 3.5。出口增加值的下降滞后于 VSS，但 2009 年也降到最低，仅为 36.47%，之后二者都开始回升。由此可以看出，中国随着垂直专业化的深入，日本的进口投入品在不断提高（见图 4 - 12）。

2. 中国对日出口行业层面的出口增加值分析

传统理论认为，贸易自由度高和 FDI 流入多的经济体会含有更多的外来成分，其国内增加值占比会减少而进口增加值占比会增加。当然，当一个国家产业结构完备，发展较为成熟时，国内增加值占比也会增加。从上文划分的高中、中低垂直专业化程度行业入手，分析中国出口增加值的动态变化。1995—2011 年，高中垂直专业化行业除主要机械制造业（行业 11）外，其余行业出口增加值占比都有提高。2011 年交通设备制造业（行业 13），其他制造及回收业（行业 14），电气、光学设备制造业（行业 12），主要金属及压延业（行业 9），其他非金属、矿物制造业（行业 10）出口增加值分别是 1995 年的 25.57 倍、23.73 倍、12.52 倍、4.11 倍和 2.36 倍，仅有主要机械制造业（行业 11）减少了 41.69%，说明中国在交通设备，其他制造及回收，电气、光学设备等行业的价值链参与度不断提升（见图 4-13）。而中国在这些行业的碳耗系数相对较大，关注这部分进口产品的流动去向，可以追踪其碳排放的结构性变化。

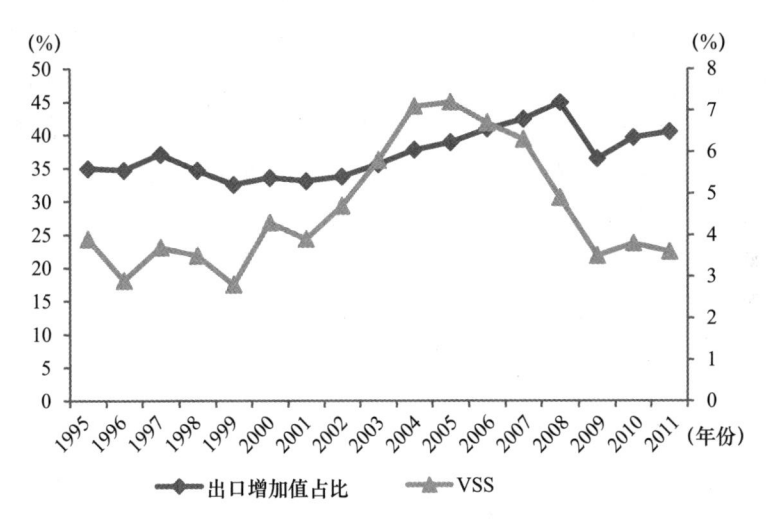

图 4-12 中国对日出口增加值占比及 VSS 变化趋势

资料来源：本书综合整理。

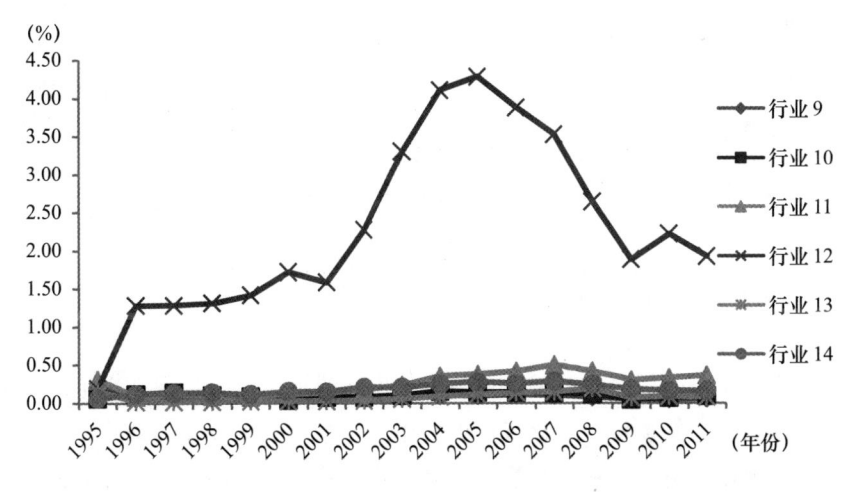

图 4-13 中国高中垂直专业化行业对日出口增加值分析

资料来源：本书综合整理。

中低垂直专业化行业中，仅有纸浆、纸、印刷及出版业（行业6）、化工、塑料及橡胶业（行业8）2011年的出口增加值占比是1995年的3.33倍和1.94倍，其余行业的增加值占比都有所下降，这与高中垂直专业化的行业不同。细分来看，并不是剩余行业的出口增加值占比一直减少，具有一定的阶段性。第一种类型：先升高后减少，诸如木材加工制造业（行业5）、焦炭、精炼石油及核燃料业（行业7）、交通运输及其他辅助设备制造业（行业16）这类资本密集型、高能耗行业1995—2007年都分别以年均1.33%、7.58%、0.96%的增速上涨，2008年全球金融危机后增加值占比有所下降，可见这类行业受外部冲击性很大；第二种类型：一直减少，诸如农、林、牧、渔业（行业1），食品、饮料及烟草业（行业3）等资源密集型、劳动密集型行业从1995年后就逐年降低，在中日价值链生产中的参与度不高（见图4-14）。

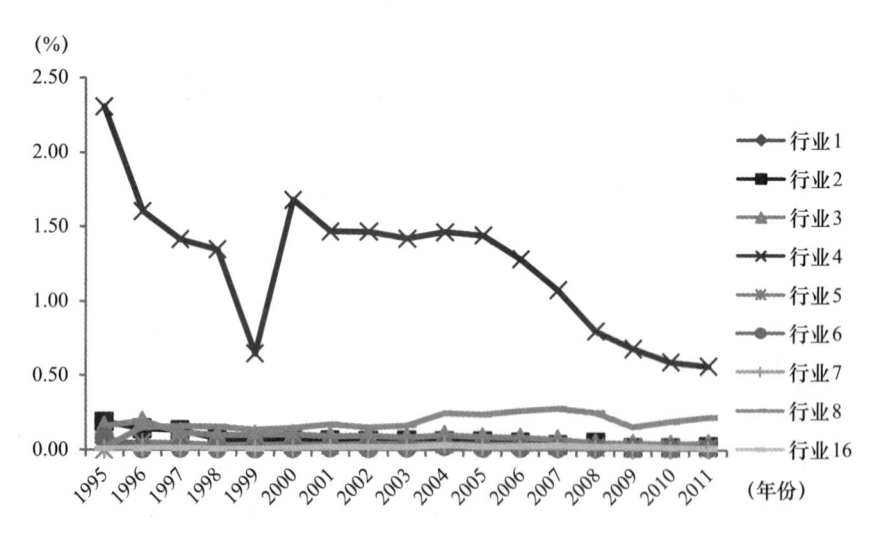

图4-14　中国中低垂直专业化行业对日出口增加值分析

资料来源：本书综合整理。

综合来看，日本向中国出口的本国增加值更多的是镶嵌在高中垂直专业化行业及中低垂直专业化行业中的化工、塑料及橡胶业，纸浆、纸、印刷及出版业，焦炭、精炼石油及核燃料业等的中间产品中，日本对其获得的创造性价值远高于中国。而这些行业的碳强度相对较高，重点关注这些行业进口碳排放的去向对中国与日本的碳责任分担谈判十分必要。

(二) 中国进口中间品"隐含碳"流向分析

进口中间产品产生的"隐含碳"主要由3个部分构成，直接用于消费、加工生产、加工后再出口。由图4-15可以看出，中日贸易中，3个部分的"隐含碳"在计算期内都有不同程度的增加。对于第一部分，中国从日本进口直接用于消费的"隐含碳"，从1995年的2.89百万吨二氧化碳增长到2011年的12.96百万吨二氧化碳，增长了4.49倍，这部分占比较小，平均占总进口和进口加工的19.31%和34.38%。对于第二部分，加工产生的"隐含碳"占比最大，平均在56.75%，除了受两次金融危机影响后的年份增加值有所减少外，其余年份均以4.99%的速度增长，截至2011年增长了84.78%。这部分碳排放因为在中国从事加工生产，故本书采用了中国的碳排放系数计算，而部分学者采用的是国外的进口碳排放系数，具有一定误差。计算期内，由日本出口到中国的中间品贸易额增加了62.21亿元，而由中国再加工产生的"隐含碳"并不算多，因此从侧面反映了中国节能减排技术有所提高。对于第三部分，进口"隐含碳"再出口的部分，是目前碳排放责任分担最引起争议的部分。这部分的年均占比在23.94%，从1995年的3.29百万吨二氧化碳增加到

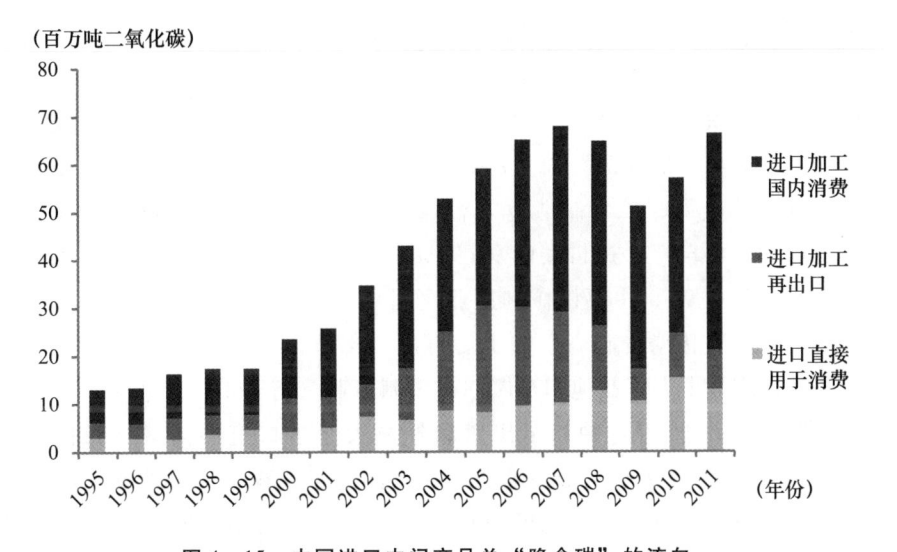

图 4-15 中国进口中间产品总"隐含碳"的流向

资料来源：本书综合整理。

2011年的8.21百万吨二氧化碳,年均增加了28.94%。2003—2008年,中国向日本出口的中间产品最多,贸易额达到521.62亿元,导致这段时期的再出口碳排放量迅速增加,2006年甚至达到20.71百万吨二氧化碳,占到所有进口"隐含碳"的50%。这部分中间产品经加工回流到日本进行消费,而现行的碳排放责任原则下,却由中国分担如此巨大的碳排放责任,显然有失公平。

日本从中国进口直接消费的"隐含碳"占中国对日总出口"隐含碳"的比重一直在92%以上,而中国出口产品增加值的比重平均为37%,碳排放责任与收益间存在极大的不平衡性,虽然近年来这种不平衡性有所下降,但是幅度很小。

(三) 中国从日本进口产品"隐含碳"结构变化及出口增加值分析

为清楚分析行业层面进口产品"隐含碳"的流动,本书仍区分高中、中低垂直专业化行业给予分析。

高中垂直专业化行业:首先从进口再生产、加工再出口及出口增加值占比3个层面的总体变化趋势看,进口再生产的碳排放除了其他制造及回收业(行业14),增加值占比除主要机械制造业(行业11),电气、光学设备制造业(行业12)外,其他行业均出现逐年增加。加工再出口的碳排放变化具有显著的阶段性特征,受2008—2009年全球金融风暴的影响,碳排放迅速减少,2010年随着两国经济的回暖,碳排放有所回升(见表4-10)。其次,高中垂直专业化的行业进口加工产生的碳排放量最大,平均占到进口"隐含碳"总量的53.04%,其中主要金属及压延业(行业9),其他非金属、矿物制造业(行业10)、交通设备制造业(行业13)甚至达到了各自行业进口碳的91.93%、76.20%、52.54%;主要金属及压延业(行业9)、主要机械制造业(行业11)、交通设备制造业(行业13)的进口直接消费碳高于加工后再出口部分,说明中国对这三类行业的产品最终需求大;其他非金属、矿物制造业(行业10),电气、光学设备制造业(行业12)的加工出口碳排放大于进口直接消费(见图4-16),加之为了满足日本最终消费而在中国加工过程中产生的碳,这部分碳含量会更大,说明日本无形中从生产工序层面向中国转移了一定的碳排放。

表4-10 高中垂直专业化下行业中间产品"隐含碳"含量及出口增加值情况

年份\行业	主要金属及压延业（行业9）			其他非金属、矿物制造业（行业10）		
	进口再生产（百万吨二氧化碳）	加工再出口（百万吨二氧化碳）	出口增加值占比	进口再生产（百万吨二氧化碳）	加工再出口（百万吨二氧化碳）	出口增加值占比
1995	2.93	0.31	1.59%	0.03	0.13	0.61%
2000	4.40	0.32	4.06%	0.69	0.11	1.69%
2005	6.88	0.30	5.89%	1.65	0.63	1.43%
2011	11.46	0.17	6.53%	12.87	0.43	1.44%

年份\行业	主要机械制造业（行业11）			电气、光学设备制造业（行业12）		
	进口再生产（百万吨二氧化碳）	加工再出口（百万吨二氧化碳）	出口增加值占比	进口再生产（百万吨二氧化碳）	加工再出口（百万吨二氧化碳）	出口增加值占比
1995	0.27	0.26	4.15%	1.57	0.21	0.95%
2000	0.52	0.14	1.42%	2.98	2.26	10.44%
2005	2.45	0.71	1.82%	8.97	11.20	12.83%
2011	4.15	0.72	2.42%	11.96	4.62	11.90%

年份\行业	交通设备制造业（行业13）			其他制造及回收业（行业14）		
	进口再生产（百万吨二氧化碳）	加工再出口（百万吨二氧化碳）	出口增加值占比	进口再生产（百万吨二氧化碳）	加工再出口（百万吨二氧化碳）	出口增加值占比
1995	0.22	0.12	0.07%	0.01	0.06	0.15%
2000	0.34	0.03	0.95%	0.04	0.23	1.41%
2005	1.57	0.18	1.72%	0.10	0.88	2.59%
2011	4.21	0.14	1.79%	0.09	0.39	3.56%

资料来源：本书综合整理。

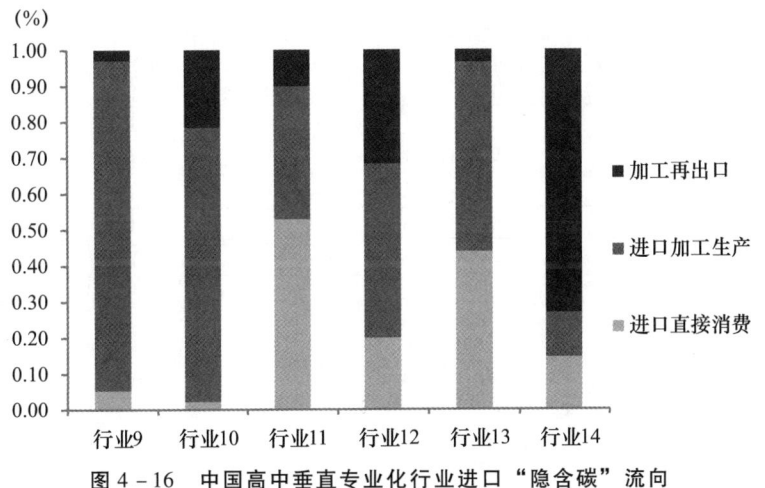

图4-16 中国高中垂直专业化行业进口"隐含碳"流向

资料来源：本书综合整理。

中低垂直专业化行业：首先，进口再生产的碳排放除农、林、牧、渔业（行业1），纺织品、皮革及制鞋业（行业4）有下降，其他行业的碳排放都有增加，加工再出口及出口增加值占比与高中垂直专业化行业不同，基本呈下降趋势，说明中日两国对劳动密集型产品需求减少，利润不大。而诸如化工类产品需求继续扩大，导致此类行业加工再出口碳排放增加了86.95%（见表4-11）。

表4-11 中低垂直专业化下行业中间产品"隐含碳"含量及出口增加值情况

行业 年份	农、林、牧、渔业（行业1）			采掘业（行业2）		
	进口再生产 （百万吨 二氧化碳）	加工再出口 （百万吨 二氧化碳）	出口增加值 占比	进口再生产 （百万吨 二氧化碳）	加工再出口 （百万吨 二氧化碳）	出口增加值 占比
1995	0.05	0.02	1.45%	0.02	0.18	7.35%
2000	0.05	0.01	0.93%	0.04	0.09	4.26%
2005	0.06	0.01	0.60%	0.19	0.12	2.70%
2011	0.02	0.01	0.36%	0.35	0.06	1.88%

行业 年份	食品、饮料及烟草业（行业3）			纺织品、皮革及制鞋业（行业4）		
	进口再生产 （百万吨 二氧化碳）	加工再出口 （百万吨 二氧化碳）	出口增加值 占比	进口再生产 （百万吨 二氧化碳）	加工再出口 （百万吨 二氧化碳）	出口增加值 占比
1995	0.01	0.09	0.85%	0.36	1.76	3.07%
2000	0.01	0.07	0.66%	0.63	1.59	2.03%
2005	0.02	0.08	0.67%	0.78	2.90	1.42%
2011	0.02	0.04	0.54%	0.55	1.05	1.33%

行业 年份	木材加工制造业（行业5）			纸浆、纸、印刷及出版业（行业6）		
	进口再生产 （百万吨 二氧化碳）	加工再出口 （百万吨 二氧化碳）	出口增加值 占比	进口再生产 （百万吨 二氧化碳）	加工再出口 （百万吨 二氧化碳）	出口增加值 占比
1995	0.02	0.05	1.21%	0.12	0.07	0.21%
2000	0.01	0.03	1.25%	0.17	0.01	0.40%
2005	0.05	0.05	1.13%	0.18	0.03	0.51%
2011	0.06	0.02	0.84%	0.18	0.03	0.69%

行业 年份	焦炭、精炼石油及核燃料业（行业7）			化工、塑料及橡胶业（行业8）		
	进口再生产 （百万吨 二氧化碳）	加工再出口 （百万吨 二氧化碳）	出口增加值 占比	进口再生产 （百万吨 二氧化碳）	加工再出口 （百万吨 二氧化碳）	出口增加值 占比
1995	0.09	0.01	0.45%	1.05	0.02	4.67%
2000	0.19	0.02	1.11%	2.19	0.24	5.22%
2005	0.42	0.04	1.41%	4.64	0.51	6.96%
2011	0.75	0.01	0.59%	7.97	0.50	9.08%

资料来源：本书综合整理。

其次，中低垂直专业化的行业进口加工产生的碳排放量依然最大，平均占到中低垂直专业化行业进口碳的57.57%，是加工再出口及进口直接消费碳排放的1.99倍和4.34倍。其中焦炭、精炼石油及核燃料业（行业7），纸浆、纸、印刷及出版业（行业6），化工、塑料及橡胶业（行业8），交通运输及其他辅助设备制造业（行业16），采掘业（行业2）分别占到各自行业进口碳的89.29%、84.29%、83.78%、80.67%、60.84%；而中国进口直接消费的碳排放最大的两个行业是食品、饮料及烟草业（行业3）和交通运输及其他辅助设备制造业（行业16），分别占到中低垂直专业化行业进口碳的46.55%和14.12%；加工再出口碳排放最大的行业分别是纺织品、皮革及制鞋业（行业4），农、林、牧、渔业（行业1），食品、饮料及烟草业（行业3）和木材加工制造业（行业5），分别占到各自行业进口碳的68.4%、47.05%、43.64%及47.05%，但增加值占比却分别下降了2.31倍、4.03倍、1.57倍及1.44倍。这除了日本需求减少外，中国国内生产品替代了进口投入品，从而扩大了国内碳的排放，但因为这类产品碳耗水平不高，国内增加的碳排放不多（见图4-17）。

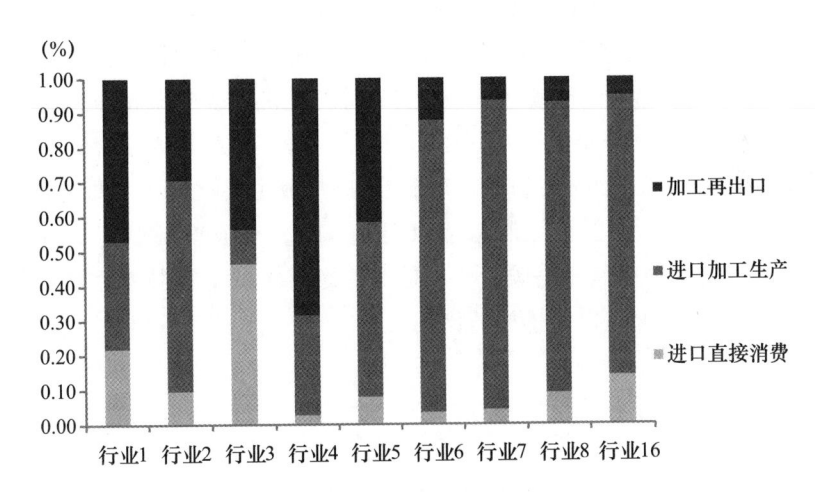

图4-17 中国中低垂直专业化行业进口"隐含碳"流向

资料来源：本书综合整理。

综合来看，（1）中日贸易中，中国一直是净"隐含碳"顺差国家，2011年比1995年增加了41.07%的碳排放，但2005年之后，中国与日本的贸易总"隐含碳"占中国碳排放总量的比例逐年减少。（2）中国高中垂直专业化下的行业贸易"隐含碳"量大于中低垂直专业化下的行业排放，平均占到中国贸易总"隐含碳"的62.11%。在高中垂直专业化行业里，大部分行业都呈现"隐含碳"顺差，交通设备制造业（行业13），主要金属及压延业（行业9），其他制造及回收业（行业14）的净出口"隐含碳"最大，是节能减排的主要行业。电气、光学设备制造业（行业12），其他非金属、矿物制造业（行业10）以贸易"隐含碳"逆差为主。虽然中国在这两个行业的出口增加值占比升高最快，但仅这两个行业的贸易碳排放就占中国高中垂直专业化行业对日本贸易碳排放总量的40.80%，有必要对这两个行业的碳减排措施进行探讨。中低垂直专业化行业全部表现为净出口碳排放顺差，其中化工、塑料及橡胶业（行业8），纸浆、纸、印刷及出版业（行业6），交通运输及其他辅助设备制造业（行业16）的碳排放顺差程度较大。（3）中国进口"隐含碳"分为3个部分，加工生产碳、加工出口碳和进口直接消费的碳，其中加工生产碳占总进口碳的57.44%，是加工出口碳（23.97%）、直接消费碳（18.58%）的2.40倍和3.09倍。中国加工生产及再出口的行业集中在主要金属及压延业（行业9），其他制造及回收业（行业14），交通设备制造业（行业13），其他非金属、矿物制造业（行业10），电气、光学设备制造业（行业12），化工、塑料及橡胶业（行业8）等行业。此类行业的碳排放系数相对较高，而两部分都是由中国的技术水平产生，成了"隐含碳"最大的贡献部门。相反，中国进口直接消费的碳排放主要集中在主要金属及压延业（行业9），主要机械制造业（行业11），交通设备制造业（行业13）。虽然这部分也属于高碳行业，但用的是日本的低碳技术生产，故产生的碳排放占中国进口碳排放的比例较小。

第六节 小结

投入产出法是贸易"隐含碳"核算的主流方法，随着全球垂直专业化的深入，把垂直专业化与投入产出法相结合，可以更好反映生产工序上碳排放的转移，特别对进口中间产品部分测算更为准确。本章首先评述了现行投入产出法测算贸易"隐含碳"存在的缺陷，提出了改进的投入产出模型及垂直专业化与投入产出相结合的模型，对比了二者的适用范围。其次在上一章分析中日贸易发展程度的基础上，分析了两国的能源结构变化,并采用构建的垂直专业化投入产出模型,测算了 1995—2011 年中日贸易"隐含碳"的动态变化情况,得出的主要结论如下。

第一,中国对能源的开采、加工、转换仍然是以原煤为主,平均占到能源总生产量的 74.26%,但随着中国煤炭资源的递减及国家政策减少和优化煤炭产能,煤炭的生产能力有所降低;相反,一次电力及其他能源、天然气、石油的生产能力都大幅度提高。消费方面,以煤炭作为第一消费能源的消费结构没有变,虽然消费占比有所减少,但中国对煤炭消费的刚性需求短期内减少较慢;而一次电力及其他能源、天然气消费增加较快。日本的能源结构与中国存在一定区别,以石油占能源生产总量的比例最大,煤炭次之,天然气及其他能源生产及消费的占比有了一定的提升。日本对新能源的开发、利用、重视程度都高于中国,在寻找各种替代能源中,核能对于资源的依存度低,CO_2 排放为零,清洁度高,成本低,使用广泛。虽然经福岛核泄漏事故对发展核电有所影响,但短期不会放弃核能替代的研究。

第二,中日双边贸易中,中国属于"隐含碳"的净输出国,90%以上的出口"隐含碳"是由中国直接生产而出口。其中高中垂直专业化行业的进出口"隐含碳"量显著高于中低垂直专业化的行业,且高中垂直专业化的行业基本呈现出口"隐含碳"远高于进口"隐含碳"的现象,变化趋势逐年升高。

第三,从出口增加值占比及 VSS 不断提高,说明中国向日本进口产品的中间投入在不断提高。中国从日本获得的出口增加值主要镶嵌在高中垂直专业化行业及中低垂直专业化行业中的化工、塑料及橡胶业,纸浆、纸、印刷及出版业,焦炭、精炼石油及核燃料业等行业的中间产品中。中国从日本进口再生产过程中产生的"隐含碳"占进口碳的 56.75%,加工再出口产生 23.94%,直接消费产生 19.31%。日本直接消费从中国进口"隐含碳"占中国总出口"隐含碳"的比重一直在 92%以上,而中国出口产品增加值的比重平均为 37%,说明中国在碳排放责任分担与利润间存在不平衡现象。

第四,中国高中垂直专业化下的行业贸易"隐含碳"量大于中低垂直专业化下的行业排放,平均占到中国对日本贸易总"隐含碳"的 62.11%。中国加工生产及再出口的行业集中在主要金属及压延业(行业9),其他制造及回收业(行业14),交通设备制造业(行业13),其他非金属、矿物制造业（行业10），电气、光学设备制造业（行业12），化工、塑料及橡胶业（行业8）等行业。此类行业的碳耗系数相对较高，而这两部分都是由中国的技术水平产生，成了"隐含碳"贡献最大的行业。相反，中国进口直接消费的碳排放主要集中在主要金属及压延业（行业9），主要机械制造业（行业11），交通设备制造业（行业13）。虽然这部分也属于高碳行业，但用的是日本的低碳技术生产，故产生的碳排放占中国进口碳排放的比例较小。

第五，进料加工逐渐改变着中日间贸易"隐含碳"的结构性排放，增加了制造中间品的碳排放和国内的碳排放，但是这种进料加工主要集中于主要金属及压延业、焦炭、精炼石油及核燃料业、纸浆、纸、印刷及出版业等部分资本密集型产业和初级制品行业当中。对于电气、光学设备等技术密集型产业仍然以来料加工为主。另外，在进口再出口部分，本研究发现，中国不断出现进口产品替代现象，这种替代主要发生在初级加工、日用品及部分资本密集型产业中，如：主要金属及压延业，对于技术密集型产业的替代并不多。

总的来看，由于国际贸易使得生产与消费分离，促进了垂直专业化发展。中日贸易的进口中间产品集中于电气、光学设备制造业，主要机械制造业，主要金属及压延业，化工、塑料及橡胶业等行业。中国在这些行业的加工程度不高，科技创新性不强，大部分是加工零部件、半成品，平均出口增加值占比仅为2.94%，但是却承担了90%以上的出口碳，在生产碳排放核算下无疑加重了中国的减排负担。同时，促成这些行业出口碳排放增加的主要因素是贸易量的增加、贸易结构的调整，还是垂直专业化程度的深入？这些都是值得深入探究的问题。

第五章

中日贸易"隐含碳"影响因素分析及"污染产业""污染产品"的转移

本章在使用垂直专业化投入产出模型计算进出口贸易"隐含碳"的基础上,分两个不同的层面,进一步对中日贸易"隐含碳"进行分析。第一,采用结构分析法(SDA),将中国出口到日本的"隐含碳"排放影响因素分解为碳强度效应、投入产出中间技术效应、规模效应和结构效应,并对这四种效应分别从整体和行业层面进行分析,探究促进与减少碳排放的主要因素。第二,根据"污染产业"转移理论,利用净出口消费指数(NETXC)实证研究了中日两国"污染产业"的转移情况。为避免单个产业污染单向流动产生的"污染转移"失真现象,本书加入了垂直化生产链条中污染转移的新机制,从中间产品、最终产品层面研究了碳排放转移特征。

第一节 结构分解模型的构建

结构分解模型(Structural Decomposition Analysis,SDA)是一种可以和投入产出法结合起来的比较静态分析方法,核心是将经济系统里因变量的变动分解为各独立自变量的和,以测度各自变量对因变量贡献的大小(李艳梅,2010),是计量经济的一种重要替代方法(见表5-1)。

表5-1　　　　　　　SDA 表现形式及特点

形式	特点
保留交叉项	无法说明某自变量对因变量的全部影响
不保留交叉项	存在权重不匹配

续表

形式	特点
加权平均	计算量大
两级分解	是加权平均法的近似解，相对简单、直观

资料来源：Li, J., "A Weighted Average Decomposition Method of SDA Model and Its Application in Chinese Tertiary Industry Development", *Systems Engineering*, 2004, Vol. 22, No. 9, pp. 69 – 73, 并综合整理。

一 结构分解模型理论及与其他分解模型的对比

在分析"隐含碳"的驱动因素方面，学者们主要采用结构分解模型（Structural Decomposition Analysis，SDA）、指数分解模型（Index Decomposition Analysis，IDA）和对数平均迪式指数（LMDI）三种方法。三种方法各有优劣，IDA 法操作简便，但是与投入产出法结合不太好，不能把碳排放的贡献分解到最终需求结构、中间投入技术、碳强度等方面；LMDI 属于 IDA 的一种，具有完全分解、无残差、数据要求相对较低的优点。SDA 可以基于投入产出表来进行分解，数据要求较高，比较精确，但存在分解方式非唯一的问题（见表5－2）（张华初，2008）。

表5－2　　　　　　　　因素分解的方法对比

名称	优点	缺点
SDA	精确度高	数据要求高、分解方式非唯一
IDA	操作简单	不能分解到最终需求、中间技术、能源强度等
LMDI	完全分解、比较精确、数据要求相对较低	结果偏差

资料来源：根据文献整理而来。

二 结构分解（SDA）的构建

结构分解模型（SDA）会分解出多个解，因为一个变量常有 n 个因素共同决定，这样就存在 n! 个分解方程，非常复杂，也没有必要。因此，本书采用两级分解法来解决，即分别从基期与计算期分解各自变量变化对因变量的影响，再取算术平均值，得到各自变量对因变量的影响。

将贸易"隐含碳"的影响因素分解为结构效应、规模效应和技术效应、碳强度效应四个方面,其中结构效应是出口结构变化的影响,规模效应是出口规模变化的影响,技术效应则是投入产出结构变化的影响,碳强度效应是行业碳耗系数变化的影响。上一章中得到了中国出口到日本的"隐含碳"为:

$$EEE = f^d(I-A^d)^{-1}Y_E + f^d A^m (I-A^d)^{-1} Y_E$$
$$= f^d[(I-A^d)^{-1} + A^m(I-A^d)^{-1}] Y_E \quad (5-1)$$

继续整理得到:

$$f^d(I+A^m)[(I-A^d)^{-1} Y_E] = f^d[(I+A^m)(I-A^d)^{-1}] Y_E$$
$$(5-2)$$

式中,f^d 为直接碳排放系数,A^m 为进口中间品投入直接消耗系数,A^d 为国内直接消耗系数,Y_E 为出口向量。

将 Y_E 分解为 Q_E 和 S_E,其中 Q_E 表示贸易总量向量,S_E 表示贸易结构向量。

$$EEE = f^d[(I+A^m)(I-A^d)^{-1}] S_E Q_E \quad (5-3)$$

用下标 0 和 1 分别表示基期(1995 年)和计算期(2011 年),对上式用两极分解法进行结构分解,首先从基期开始分解。

$$\Delta EEE = \Delta f^d[(I+A_0^m)(I-A_0^d)^{-1}] S_{E0} Q_{E0} +$$
$$f_1^d \Delta[(I+A^m)(I-A^d)^{-1}] S_{E0} Q_{E0} +$$
$$f_1^d[(I+A_1^m)(I-A_1^d)^{-1}] \Delta S_E Q_{E0} +$$
$$f_1^d[(I+A_1^m)(I-A_1^d)^{-1}] S_{E1} \Delta Q_E \quad (5-4)$$

对 EEE 从测算期分解,有

$$\Delta EEE = \Delta f^d[(I+A_1^m)(I-A_0^d)^{-1}] S_{E1} Q_{E1} +$$
$$f_0^d \Delta[(I+A^m)(I-A^d)^{-1}] S_{E1} Q_{E1} +$$
$$f_0^d[(I+A_0^m)(I-A_0^d)^{-1}] \Delta S_E Q_{E1} +$$
$$f_0^d[(I+A_0^m)(I-A_0^d)^{-1}] S_{E0} \Delta Q_E \quad (5-5)$$

对上两式取算术平均值后,碳排放强度的影响为:

$$\frac{1}{2}\{\Delta fd[(I+A_0^m)(I-A_0^d)^{-1}] S_{E0} Q_{E0} +$$
$$\Delta fd[(I+A_1^m)(I-A_0^d)^{-1}] S_{E1} Q_{E1}\} \quad (5-6)$$

技术影响为:

$$\frac{1}{2}\{f_1^d \Delta[(I+A^m)(I-A^d)^{-1}] S_{E0} Q_{E0} +$$

$$f_0^d \Delta[(I+A^m)(I-A^d)^{-1}] S_{E1} Q_{E1}\} \quad (5-7)$$

出口结构影响：

$$\frac{1}{2}\{f_1^d[(I+A_1^m)(I-A_1^d)^{-1}] \Delta S_E Q_{E0} +$$

$$f_0^d[(I+A_0^m)(I-A_0^d)^{-1}] \Delta S_E Q_{E1}\} \quad (5-8)$$

出口规模影响：

$$\frac{1}{2}\{f_1^d[(I+A_1^m)(I-A_1^d)^{-1}] S_{E1} \Delta Q_E +$$

$$f_0^d[(I+A_0^m)(I-A_0^d)^{-1}] S_{E0} \Delta Q_E\} \quad (5-9)$$

第二节 中日贸易"隐含碳"影响因素分析

为了进一步弄清中国对日本出口"隐含碳"不断增加的原因，利用构建的 SDA 模型，从总体与行业分析。

一 中日贸易"隐含碳"影响因素的总体分析

以 1995 年为基期（即 0 期），2011 年为计算期（即 1 期），将中国对日本的出口贸易"隐含碳"进行结构分解，得出总体趋势见表 5－3。4 个因素中，能源使用效应最为明显，共计减少"隐含碳" 20371.6 万吨，贡献率为 －170.12%；其次是技术效应，贡献率为 －6.37%。相反，规模效应是促进"隐含碳"增加的主要原因，贡献率达到 158.06%，结构效应次之，为 39.54%。取各效应的绝对值（见图 5－1），得到规模效应 ＞ 碳强度效应 ＞ 结构效应 ＞ 技术效应，也就是说贸易量的增加是促进中国对日本出口"隐含碳"增加最主要的原因；碳强度减少了出口碳排放，但是减少的比重小于规模效应的比重，说明即使碳耗水平的下降也抵不过出口量增加速度带来的碳排放增加；结构效应占 10%，这部分由贸易结构引起，比较具有调整弹性；技术效应占 2%，意味着单位产出所耗费的投入虽然减少了碳排放，但是减少量很少。

第五章　中日贸易"隐含碳"影响因素分析及"污染产业""污染产品"的转移

表 5-3　　　　　　　　中日贸易"隐含碳" SDA 分析

影响因素	贡献值（万吨）	贡献率（%） 公式	贡献率（%） 结果
碳强度效应	-20371.6	$F\dfrac{(\Delta f)}{\Delta C}$	-170.12
技术效应	-763.23	$F\dfrac{\Delta[(I+Am)(I-Ad)^{-1}]}{\Delta C}$	-6.37
结构效应	4735.49	$F\dfrac{\Delta S}{\Delta C}$	39.54
规模效应	23152.09	$F\dfrac{\Delta Q}{\Delta C}$	158.06

资料来源：本书综合整理。

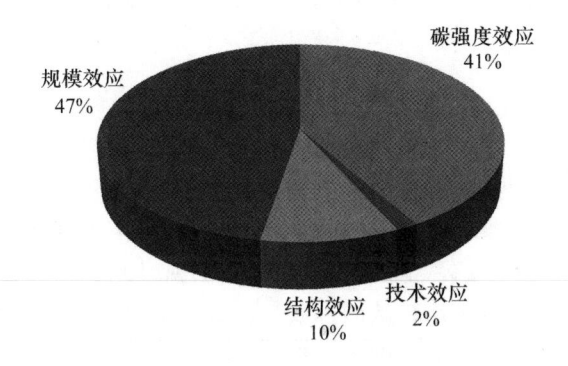

图 5-1　各效应占总效应比例

资料来源：本书综合整理。

二　中日贸易"隐含碳"影响因素的行业分析

取各行业总效应的绝对值，分析 1995—2011 年各行业碳排放的驱动因素特征，发现碳排放贡献最大的前 5 位分别是电气、光学设备制造业（行业 12，32%），电力、天然气、水供应业（行业 15，15%），化工、塑料及橡胶业（行业 8，12%），其他非金属、矿物制造业（行业 10，9%），交通设备制造业（行业 13，6%）（见图 5-2），占到所有碳排放贡献率的 74%，是节能减排的重点部门。但仅从总效应的贡献率分析，不好判断哪种驱动因素促进碳排放增加，哪种因素减少碳排放，因此从正效应与负效应入手分析。

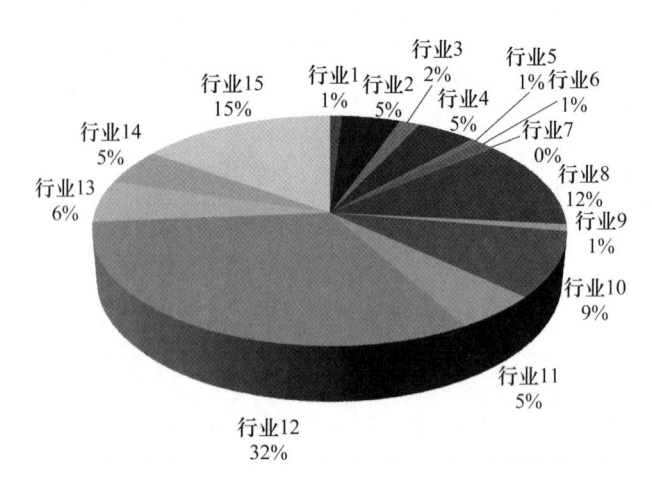

图 5-2 1995—2011 年各行业总效应占总效应比例

资料来源：本书综合整理。

负效应排名：电力、天然气、水供应业（行业15），交通设备制造业（行业13），采掘业（行业2），纺织品、皮革及制鞋业（行业4），食品、饮料及烟草业（行业3），纸浆、纸、印刷及出版业（行业6），主要金属及压延业（行业9），农、林、牧、渔业（行业1）的总效应呈负，说明这些行业最终可以减少出口碳的排放。从行业类型上看，这些行业大多属于资源、劳动密集型产业，资本密集型产业仅有主要金属及压延业，而且仅减少了2.1百万吨二氧化碳排放，减少程度很小。

正效应排名：电气、光学设备制造业（行业12），化工、塑料及橡胶业（行业8），其他非金属、矿物制造业（行业10），其他制造及回收业（行业14），主要机械制造业（行业11），木材加工制造业（行业5），焦炭、精炼石油及核燃料业（行业7）是中国对日本出口碳排放最多的行业，且全部属于资本密集型产业。碳排放最高的电气、光学设备制造业排放了71.84百万吨二氧化碳，正效应作用完全大于负效应。

细分来看，碳强度效应和投入产出技术效应构成了总生产技术效应，它们都减少了出口碳排放。两种效应作用下，碳排放减少最多的前5个行业是电气、光学设备制造业（行业12），纺织品、皮革及制鞋业（行业4），主要机械制造业（行业11），化工、塑料及橡胶业（行业8）、其他非金属、矿物制造业（行业10）。其中，电气、光学设备制造业（行业

12),纺织品、皮革及制鞋业(行业4)的投入产出技术效应分别高于碳强度效应33.93%和4.54%,其余都是碳强度下降的贡献率大于投入产出技术的贡献率,说明减少碳强度的技术手段相比减少单位产出所耗费的投入使得减排效果更好(见图5-3)。这是因为中国碳强度的降低,特别是其他制造及回收业,电气、光学设备制造业及主要机械制造业的碳强度在1995—2011年年均下降了90%以上,但与日本相比较,在电力、天然气、水供应业,交通设备制造业,主要金属及压延业,其他非金属、矿物制造业等的差距依然较大。中间生产技术的提高也减少了中国出口"隐含碳"的排放,但减少幅度不大。这与部分学者认为投入产出结构促进了"隐含碳"排放的研究结论有所不同(王菲,2012;赵玉焕等,2014),原因主要在于测算年份及出口"隐含碳"部分的计算方法不同所致。

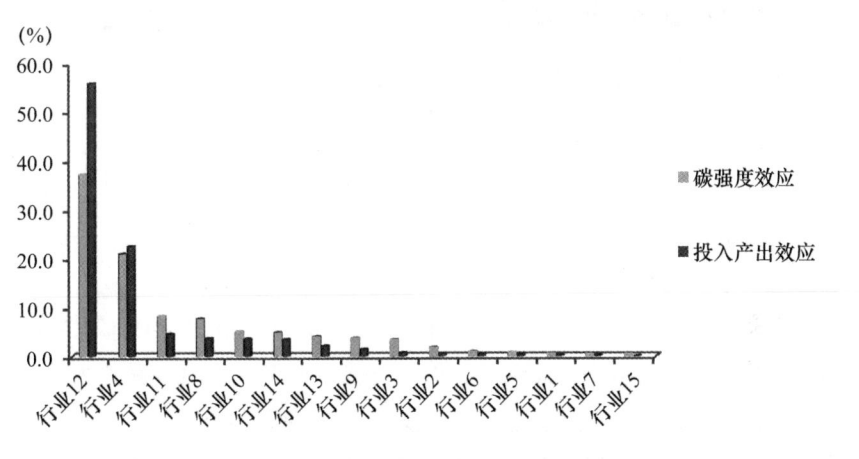

图5-3 主要行业的碳强度效应与投入产出效应

资料来源:本书综合整理。

规模效应是增加出口碳排放的最主要因素,电气、光学设备制造业(行业12),纺织、皮革及制鞋业(行业4),主要机械制造业(行业11),化工、塑料及橡胶业的贡献最大,分别为18.30%、18.11%、13.96%、9.58%。结构效应与产业结构、贸易结构调整有关,对碳排放的增加与减弱效果不定。电气、光学设备制造业(行业12),纺织、皮革及制鞋业(行业4),主要机械制造业(行业11),化工、塑料及橡胶业(行业8),其他非金属、矿物制造业(行业10),其他制造及回收业(行业14),交通设备制造业(行业13)的结构效应为正,电气、光学设备制造业（行业12）的结构效应是规模效应的1.83倍，其余各行业的结构效应为负，减少了碳排放。其中主要金属及压延业（行业9），食品、饮料及烟草业（行业3）的结构效应为 -11.81%、-10.77%，减少了9.68百万吨二氧化碳和8.23百万吨二氧化碳的碳排放（见图5-4）。

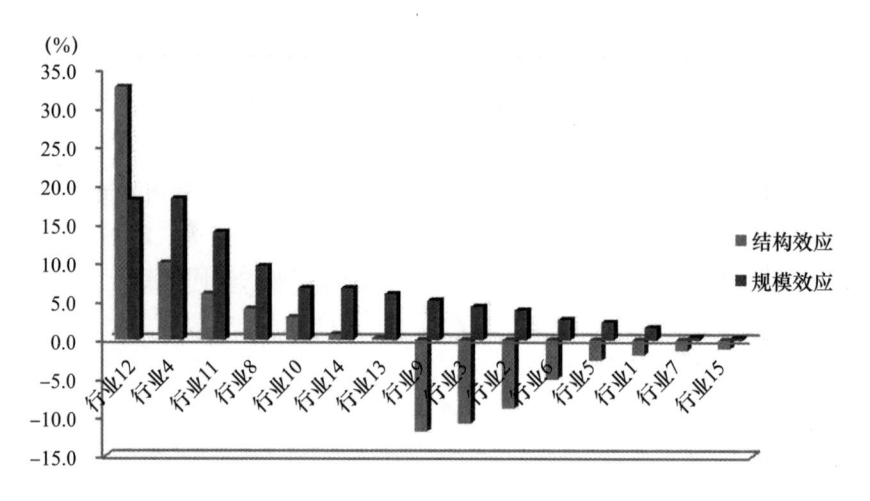

图 5-4 主要行业的结构效应与规模效应

资料来源：本书综合整理。

总的来说，碳强度效应及中间技术效应减少了中国对日本出口"隐含碳"的排放，贡献率分别为 -170.12% 及 -6.37%；规模效应及结构效应促进了"隐含碳"排放，贡献率分别为158.06% 及39.54%。四个影响因素中，对碳排放影响最大的两个因素是碳强度效应和规模效应，最具有调整能力的是结构效应，中间技术效应可以抑制碳排放的产生，但是效果相对较差。

第三节 中日"污染产业"的转移

国际贸易使得"污染产业"转移的原理主要来自一国环境政策与要素禀赋这对组合间的博弈。当环境政策主导了比较优势时，发达国家会把污染转移至发展中国家；若要素禀赋主导了比较优势时，发达与发展中国家的污染程度都会递减。但是有一种情形例外，就是拥有低劳动技术与密集使用自然资源的污染型产业会转移到自然资源丰富、环境政策较为宽松的国家(张志辉,2006)。中国与日本的资源禀赋与环境政策差异较大,这样的情况下是否存在日本转移"污染产业"至中国,使其成为"污染者的天堂",下面给予研究。

一 中日"污染产业"转移的计算

"污染产业"转移一般采用净出口消费指数(NETXC)来衡量(李小平等,2010;Cole,2004;Mongelli, et al.,2006),通过本国污染产业对其他国家或地区的净出口相对于该产业的本国消费比重,可以得出一个国家是否存在着"污染天堂"假说。

$$NETXC_{kt}^{j} = \frac{X_{kt}^{j} - M_{kt}^{j}}{C_{kt}} \quad (5-10)$$

$$C_{kt} = P_{kt} - (X_{kt}^{w} - M_{kt}^{w}) \quad (5-11)$$

其中,X 为一国出口,M 为一国进口,C 为一国消费,P 为行业总产值,K 代表行业,t 代表时间,j 代表日本,W 代表世界。

若 k 产业对于日本的净出口消费指数呈上升趋势,则说明日本向中国转移了该产业;相反,若呈下降趋势,则说明中国向日本转移了其产业。

二 中日"污染产业"转移的分析

根据 WIOD 数据库提供的环境账户中碳排放总量及第四章合并的行业,测算出不同行业的碳强度,类比 Cole(2004)划分的不同污染强度行业,划分出本研究的高、中、低碳行业。其中,高碳行业主要包括电力、天然气、水供应业,主要金属及压延业,其他非金属、矿物制造业,化工、塑料及橡胶业,采掘业,焦炭、精炼石油及核燃料业,交通运输及其他辅助设备制造业;中碳强度产业包括机械制造业,交通设备制造业,木材加工制造业,其他制造及回收业,纸浆、纸、印刷及出版业,电气、光学设备制造业;低碳强度产业包括农、林、牧、渔业,食品、饮料及烟草业,纺织品、皮革及制鞋业。

从图 5-5 可看出,采掘业(行业 2),其他非金属、矿物制造业(行业 10),化工、塑料及橡胶业(行业 8)的净出口消费曲线呈上升趋势,且回归方程的 R^2 达到 0.868、0.793 和 0.789,说明日本显著向中国转移了这三种高碳产业。电力、天然气、水供应业,主要金属及压延业等高碳产业的进出口消费指数长期为 0,说明日本并未向中国转移。

图 5-5 高碳强度的产业转移

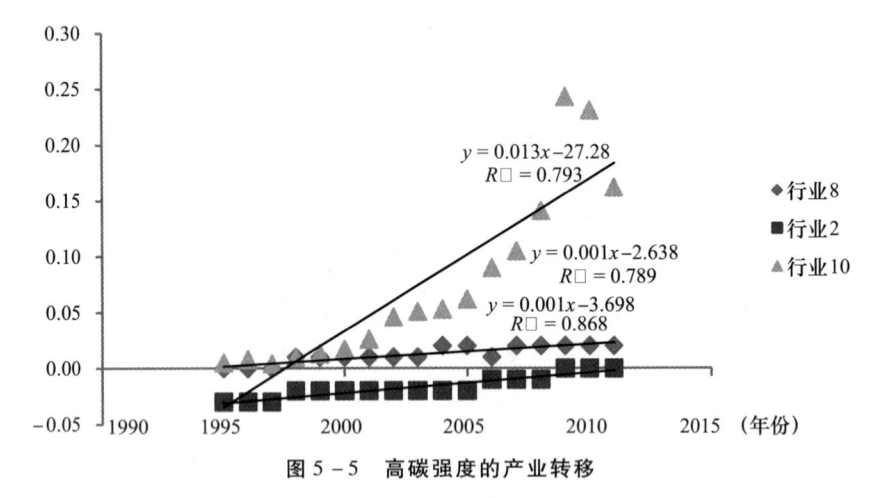

资料来源：本书综合整理。

中碳强度产业：交通设备制造业（行业 13），主要机械制造业（行业 11），纸浆、纸、印刷及出版业（行业 6）的净出口消费曲线呈上升趋势，说明日本向中国转移了这些产业，但因为行业 13、行业 11 及行业 6 的回归方程的 R^2 较小，转移并不明显。相反，木材加工制造业（行业 5），电气、光学设备制造业（行业 12），其他制造及回收业（行业 14）净出口消费曲线呈下降趋势，回归方程的 R^2 也达到 0.849、0.635 和 0.757，说明中国向日本转移了这些污染产业（见图 5-6）。

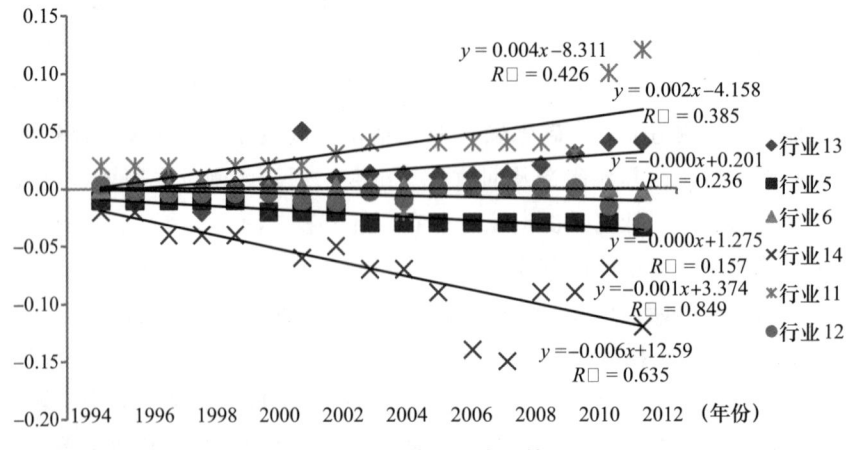

图 5-6 中碳强度产业转移

资料来源：本书综合整理。

低碳强度产业：食品、饮料及烟草业（行业3），纺织品、皮革及制鞋业（行业4）的净出口消费曲线呈下降趋势，说明中国向日本转移了这两个产业。而农、林、牧、渔业的净出口消费指数减少并不明显，故转移特征也不明显（见图5-7）。

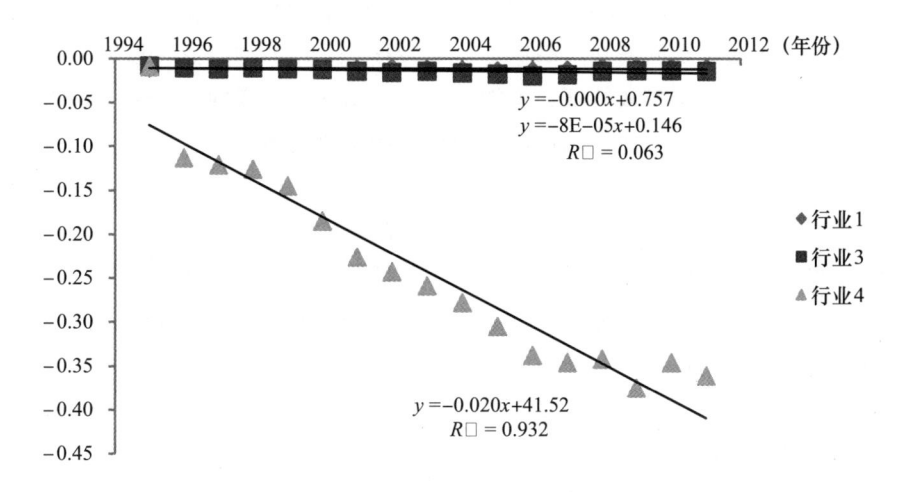

图5-7 低碳强度产业转移

资料来源：本书综合整理。

从污染产业转移特征来看：（1）中国并未成为"污染者的天堂"，日本向中国转移的高碳强度产业有：化工、塑料及橡胶业，采掘业，其他非金属、矿物制造业。而焦炭、精炼石油及核燃料业，交通运输及其他辅助设备制造业等高碳产业却未表现转移的特征；日本向中国转移的中碳强度产业主要是交通设备制造业，主要机械制造业，纸浆、纸、印刷及出版业，但转移的特征不明显。（2）中国向日本转移的中碳强度产业有：木材加工制造业，电气、光学设备制造业，其他制造及回收业等中碳产业；转移的低碳强度产业主要是：食品、饮料及烟草业，纺织品、皮革及制鞋业，农、林、牧、渔业。因此，可以得出，日本转移至中国的产业大部分为高、中碳强度产业，而中国转移至日本的主要是中、低碳强度产业。

结合上一章计算的行业垂直专业化率（VSS），得出日本向中国转移的高、中碳强度产业同时也属于高、中垂直专业化率的产业。而以上分析仅单纯从产业的角度来判断污染转移问题，会掩盖生产工序上的碳排放特征。

第四节 中日"污染产品"的转移

通过中日"污染产业"转移的研究,得到中国并未成为日本"污染天堂",但是上述仅仅是从产业层面进行的分析,随着垂直专业化分工的深入,很多污染是附着在产品内进行的转移,从单纯的产业转移层面会掩盖生产工序上的碳排放特征,不能够完全说明其碳转移的真实性,因此从中日间最终产品、中间进口产品层面讨论碳排放的转移。

一 垂直专业化下最终产品、中间产品特征

当一个国家的资本存量少、技术水平低、产品附加值低的时候,只能进口高附加值及本国稀缺的产品。当一个国家的资源禀赋和劳动力充裕时,可以进行简单的组装生产。当资本和技术有了一定积累,具有竞争力时,可以生产和出口中间产品及最终产品。当技术水平较高时,可以出口中间产品而进口最终产品。

图 5-8 描述了贸易模式的象限示意图。

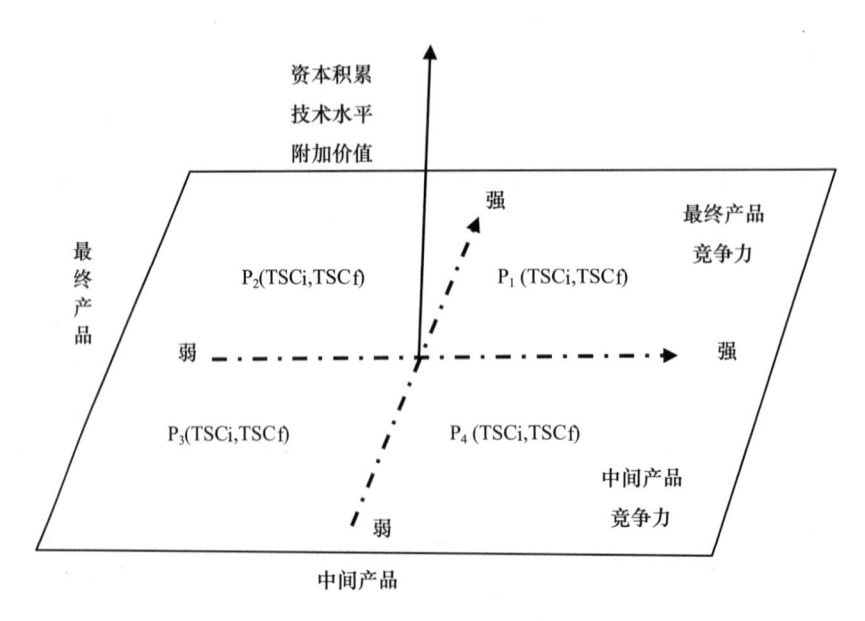

图 5-8 贸易模式的象限示意图

资料来源:日本产业省:《通商白书 2005》,东京:大藏省印刷局 2006 年版,第 160 页。

设：X_f = 最终产品出口值，M_f = 最终产品进口值，X_i = 中间产品出口值，M_i = 中间产品进口值。

中间产品特化系数为

$$TSC_i = \frac{X_i - M_i}{X_i + M_i} \qquad (5-12)$$

最终产品特化系数为

$$TSC_f = \frac{X_f - M_f}{X_f + M_f} \qquad (5-13)$$

假设贸易模式仅由最终产品与中间产品构成，点 $P = (TSC_i, TSC_f)$ 的位置代表了贸易现存的模式，而贸易发展的过程是从Ⅲ象限→Ⅱ象限→Ⅰ象限→Ⅳ象限。

当 P 点处于Ⅰ象限时：$X_i > M_i$，$X_f > M_f$，中间产品与最终产品均具有国际竞争力，此时生产并出口中间产品与最终产品，为一体化生产型。

当 P 点处于Ⅱ象限时，$X_i < M_i$，$X_f > M_f$，中间产品不具有国际竞争力，最终产品具有国际竞争力。此时进口中间产品，出口组装生产的最终产品，为组装生产型。

当 P 点处于Ⅲ象限时，$X_i < M_i$，$X_f < M_f$，中间产品与最终产品都不具有国际竞争力，为进口依存型。

当 P 点处于Ⅳ象限时，$X_i > M_i$，$X_f < M_f$，中间产品具有国际竞争力，最终产品不具国际竞争力。此时，出口中间产品，进口最终产品，为中间产品特化型生产（王虎，2013）。

二　垂直专业化下中日最终产品、中间产品碳排放转移

碳排放是附着在产品工序的生产过程当中，因此，根据产品路径的转移过程，可以得到相应产品碳排放的转移。

（一）垂直专业化下中日最终产品、中间产品特征

基于 OECD 数据的可得性，中日双边最终产品和中间产品分为三大类[①]：资源密集型产品：农、林、牧、渔业产品；劳动、资本密集型产

[①] 划分依据：根据 OECD STAN Bilateral Trade Database 的数据可得性划分，数据库中未单独列出食品、饮料及烟草业，纺织品、皮革及制鞋业，纸浆、纸、印刷及出版业，焦炭、精炼石油及核燃料业，主要金属及压延业，其他非金属、矿物制造业的中间产品及最终产品，因此仅使用现有划分行业及高、中、低技术型产业的产品进行研究。

品：采掘业产品，化工、塑料及橡胶制品；资本、技术密集型产品：主要机械制造产品，电气、光学设备制造产品，交通设备制造产品，交通运输及其他辅助设备制造产品，其他制造及回收产品。

由图 5-9 可知农、林、牧、渔业的中间产品净出口值远大于最终产品净出口值，且从 1997 年后，$X_i > M_i$，$X_f < M_f$，点 P 落入第Ⅳ象限，说明资源型产品的中间产品对日本具有一定竞争力，最终产品无竞争力，此时出口中间产品，进口最终产品。

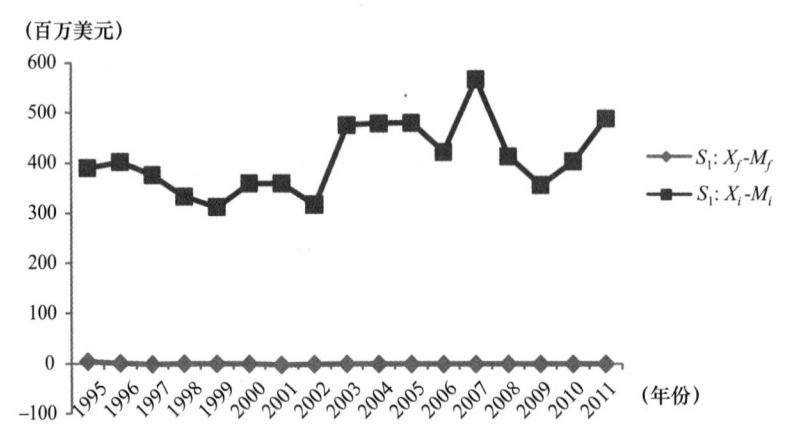

图 5-9 中国对日本资源型产品的最终产品及中间产品净出口值分析

注：S_1 代表农、林、牧、渔业产品；$X_f - M_f$ = 最终产品出口值 - 最终产品进口值，$X_i - M_i$ = 中间产品出口值 - 中间产品进口值。

资料来源：OECD STAN Bilateral Trade Database。

采掘业的 $X_i > M_i$，中间产品具有竞争力，最终产品除了 1997 年、2003 年、2004 年三年中具有竞争力外，其余年份都表现出 $X_f < M_f$，P 点大部分时间落于第Ⅳ象限。化工、塑料、橡胶产品在计算期内，$X_i < M_i$，$X_f < M_f$，P 点落入第Ⅲ象限，最终产品和中间产品对日都不具备竞争力，属于进口依存型，也暗含了从工序层面上，将会引入大量的碳排放（见图 5-10）。

主要机械制造业，电气、光学设备制造业，其他制造及回收业的 $X_f > M_f$，$X_i < M_i$，P 点落入第Ⅱ象限，最终产品具有竞争力，中间产品不具有竞争力，需要进口中间产品，出口组装的成品，属于典型的组装生产型。交通设备制造业，交通运输及其他辅助设备制造业的 $X_f > M_f$，$X_i > M_i$，P 点落入第Ⅰ象限，中间产品和最终产品都具有竞争力，属于一体化生产型（见图 5-11）。

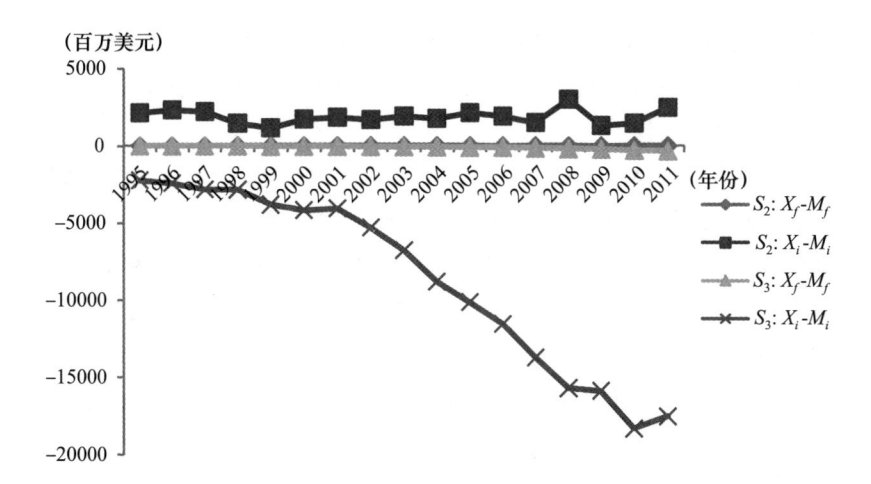

图 5 - 10 中国对日本劳动、资本型产品的最终产品及中间产品净出口值分析

注：S_2 代表采掘业产品，S_3 代表化工、塑料及橡胶产品。$X_f - M_f$ = 最终产品出口值 - 最终产品进口值，$X_i - M_i$ = 中间产品出口值 - 中间产品进口值。

资料来源：OECD STAN Bilateral Trade Database。

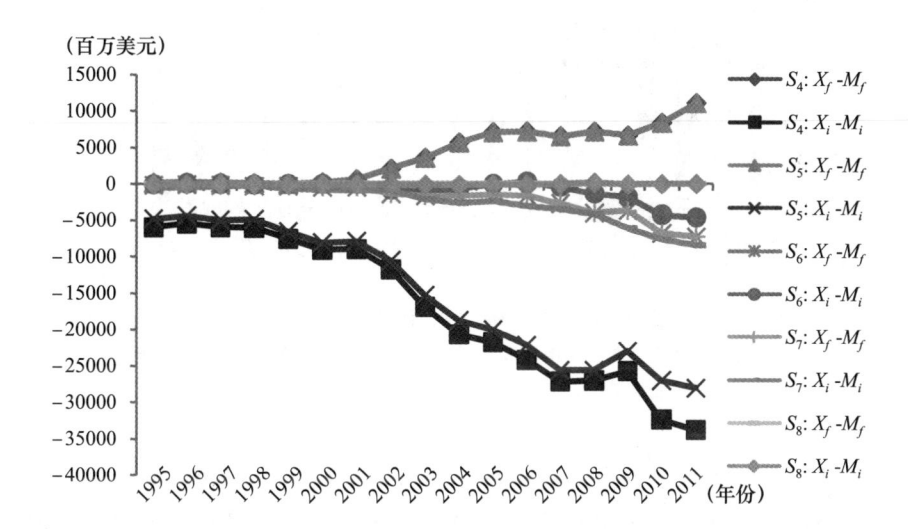

图 5 - 11 中国对日本资本、技术型产品的最终产品及中间产品净出口值分析

注：S_4 代表主要机械制造产品，S_5 代表电气、光学设备制造产品，S_6 代表交通设备制造产品，S_7 代表交通运输及其他辅助设备制造产品，S_8 代表其他制造及回收产品。$X_f - M_f$ = 最终产品出口值 - 最终产品进口值，$X_i - M_i$ = 中间产品出口值 - 中间产品进口值。

资料来源：OECD STAN Bilateral Trade Database。

（二）垂直专业化下中日最终产品、中间产品碳排放转移分析

根据上述产品落入象限的不同，分别得到这些产品附着在生产工序上的碳排放转移特征。

资源密集型产品：中国向日本转移的农、林、牧、渔业产品的碳排放多于日本向中国的转移，且中国向日本转移的碳排放占比[①]由1995年的75.20%减少到2011年的39.94%，日本向中国的碳排放转移开始增加（见图5-12）。由资源型产品落入第Ⅳ象限可知，最终产品对日本无竞争力，更多的是出口中间品，因此中国在此行业向日本转移的碳排放大部分来源于农、林、牧、渔业的中间产品，而日本向中国转移的碳排放主要来源于最终产品。

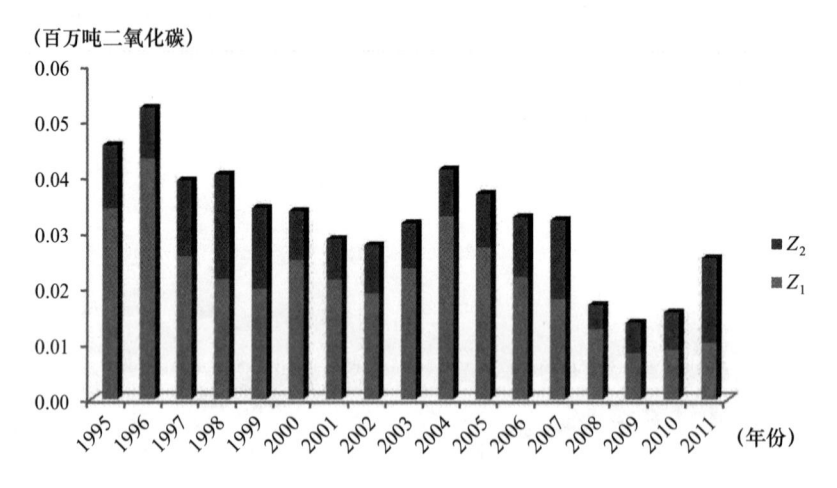

图 5-12　农、林、牧、渔业产品碳转移

注：Z_1表示该产品的碳排放是中国转移到日本；Z_2表示该产品的碳排放是日本转移至中国。
资料来源：本书综合整理。

劳动、资本密集型产品：1995—2008年中国向日本转移的采掘业产品碳排放多于日本向中国的转移，2009年出现逆转，日本向中国转移的碳排放占比上升到66.79%（见图5-13）。

[①] 中国向日本转移的碳排放占比 = 中国向日本转移的碳排放/中国向日本转移碳排放 + 日本向中国转移碳排放。下同。

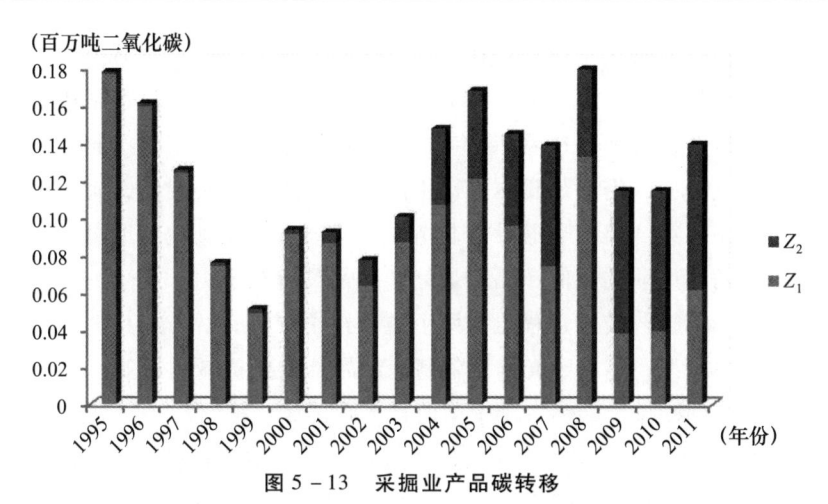

第五章 中日贸易"隐含碳"影响因素分析及"污染产业""污染产品"的转移

图 5-13 采掘业产品碳转移

注：Z_1 表示该产品的碳排放是中国转移到日本；Z_2 表示该产品的碳排放是日本转移至中国。
资料来源：本书综合整理。

由中国采掘业的 P 点落入第Ⅳ象限可知，最终产品对日本无竞争力，因此中国在采掘业上向日本转移的碳排放大部分来源于中间产品，而日本向中国转移的碳排放主要集中在最终产品。中国化工、塑料及橡胶业的 P 点落入第Ⅲ象限，其中间产品及最终产品对日本都不具备竞争力，属于典型的进口依赖型产业。因此，从图 5-14 可以明显看出，研究期内，年均 4.37 百万吨二氧化碳的碳排放是由日本转移至中国，而中国年均仅向日本转移了 0.34 百万吨二氧化碳排放，是日本碳排放转移量的 7.76%。

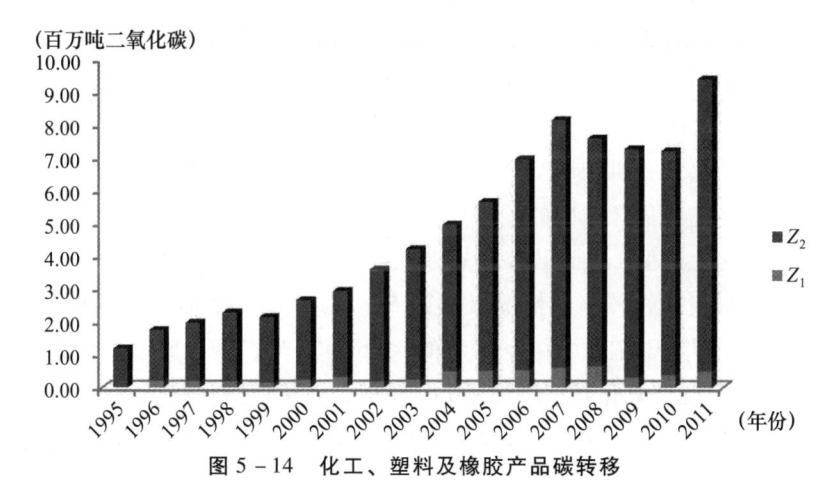

图 5-14 化工、塑料及橡胶产品碳转移

注：Z_1 表示该产品的碳排放是中国转移到日本；Z_2 表示该产品的碳排放是日本转移至中国。
资料来源：本书综合整理。

资本、技术密集型产品：在上一节研究中，发现中日贸易中，中国资本、技术密集型产品可以分为两类。第一类由电气、光学设备制造业，主要机械制造业，其他制造及回收业这三类产业组成。这三个产业的中间产品不具有竞争力，需要从日本进口中间产品，出口组装成品，属于典型的组装生产型；第二类由交通设备制造业，交通运输及其他辅助设备制造业组成。这两个产业的中间产品和最终产品都具有竞争力，属于一体化生产型。因此，碳排放转移过程也分两个类型给予分析。

组装生产型：电气、光学设备制造产品及主要机械制造业产品一直呈现日本向中国碳排放转移大于中国向日本碳排放转移的情况（见图5－15、图5－16）。其中，日本向中国的碳排放转移主要附着在最终产品和中间产品中，而中国向日本的碳排放转移主要附着在加工组装成品再出口的过程中，这类中间品大多属于高、新技术类，并且很大一部分具有不可替代性，加剧了中国组装生产过程产生的碳排放。对于电气、光学设备制造产品的碳排放，日本转移至中国的碳排放占比从92.00%减少到78.34%，为16.70百万吨二氧化碳；而中国转移至日本的碳排放占比由8.00%增加到21.66%，为4.62百万吨二氧化碳。可见，电气、光学设备产品是资本、技术密集型产品中碳排放最多的行业，虽然该行业仍然呈现出日本转移至中国的碳排放大于中国转移至日本的碳排放，但碳排放转移量的差距逐渐缩小。而该行业的碳耗水平下降较快，造成中国转移至日本碳排放升高的原因主要是贸易量的增加及贸易结构的改变。对于主要机械制造产品，日本转移至中国的碳排放占比从84.87%增加到90.51%，为6.84百万吨二氧化碳，中国转移至日本的碳排放增加到0.72百万吨二氧化碳，二者差距悬殊。组装生产型中的其他制造及废物回收产品碳排放转移与电气、光学设备产品及主要机械制造产品呈相反趋势，表现为中国转移至日本的碳排放大于日本转移至中国的碳排放（见图5－17）。

一体化生产型：交通设备制造业产品呈现日本向中国碳排放转移大于中国向日本碳排放转移的情况（见图5－18），且日本向中国的碳排放转移在17年间增长迅速，从1995年的0.55百万吨二氧化碳增加到2011年的7.84百万吨二氧化碳，增加了14.30倍；而从中国转移至日本的碳排放从1995年的2.58百万吨二氧化碳增加到2011年的3.22百万吨二氧化碳，增加了1.25倍，增加速度并不明显，可见中国对日本交通设备的中间产品及最终产品的需求都很大，导致转移至中国的碳排放逐年升高。交通运输及其他辅助设备制造业呈现中国向日本碳排放转移大于日本向中国碳排放转移的情况（见图5-19）。其中，中国转移至日本的碳排放占比从62.82%上升到76.44%，日本转移至中国的碳排放占比从37.18%下降到23.56%。而中国的交通运输及辅助设备产品属于一体化生产型，因此在碳排放转移至日本的过程中，最终产品的贡献度不容忽视。

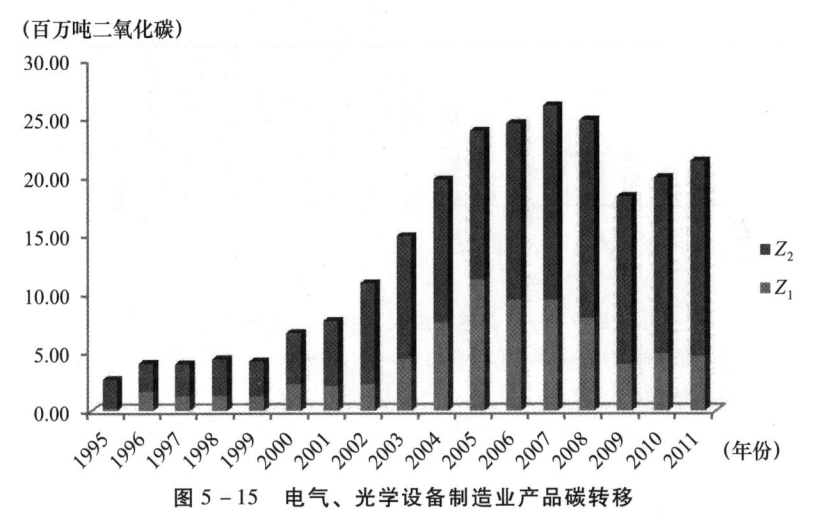

图5-15 电气、光学设备制造业产品碳转移

注：Z_1表示该产品的碳排放是中国转移到日本；Z_2表示该产品的碳排放是日本转移至中国。
资料来源：本书综合整理。

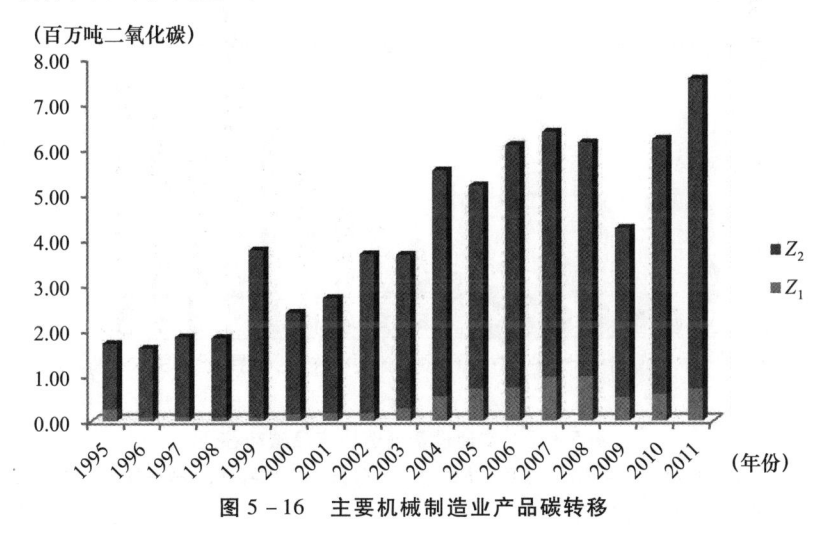

图5-16 主要机械制造业产品碳转移

注：Z_1表示该产品的碳排放是中国转移到日本；Z_2表示该产品的碳排放是日本转移至中国。
资料来源：本书综合整理。

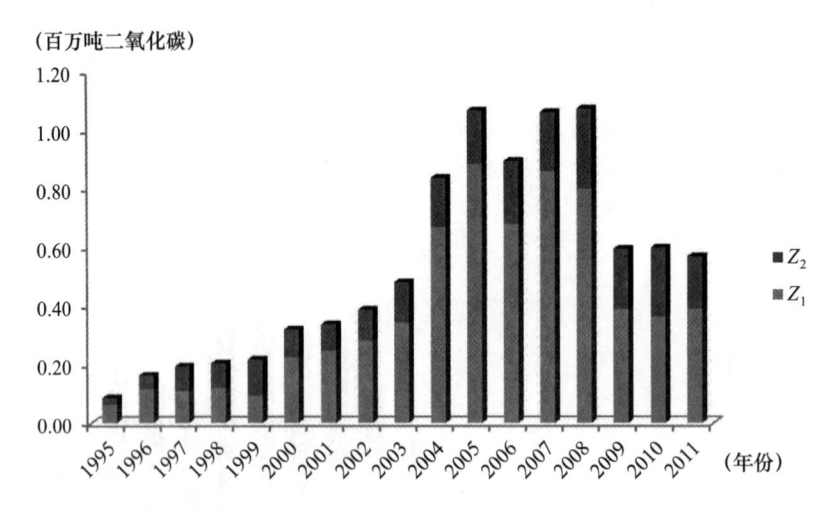

图 5-17 其他制造及回收业产品碳转移

注：Z_1 表示该产品的碳排放是中国转移到日本；Z_2 表示该产品的碳排放是日本转移至中国。
资料来源：本书综合整理。

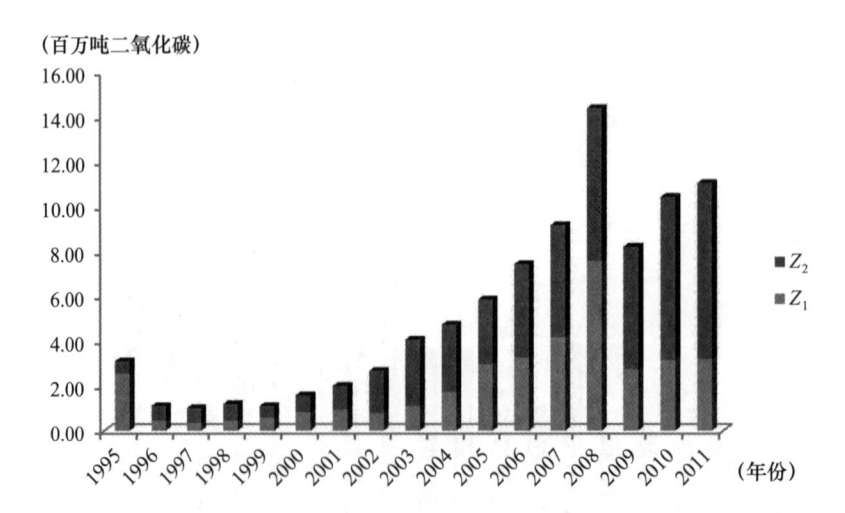

图 5-18 交通设备制造业产品碳转移

注：Z_1 表示该产品的碳排放是中国转移到日本；Z_2 表示该产品的碳排放是日本转移至中国。
资料来源：本书综合整理。

(百万吨二氧化碳)

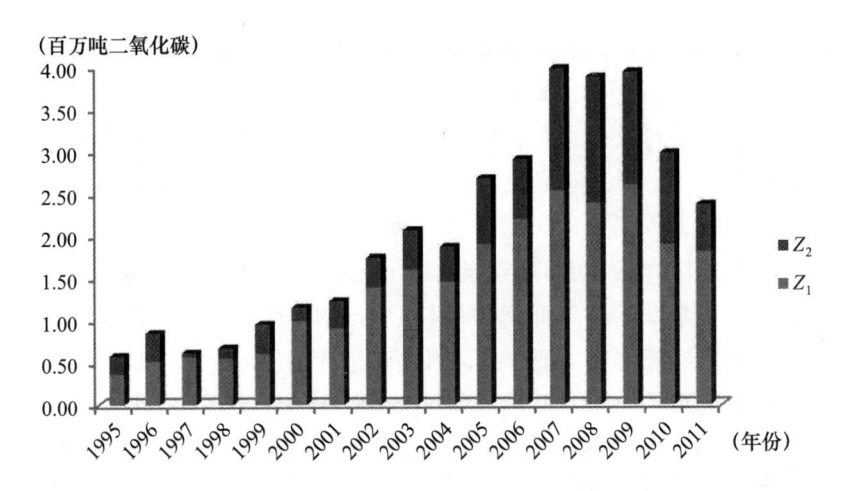

图 5-19 交通运输及其他辅助设备制造业产品碳转移

注：Z_1 表示该产品的碳排放是中国转移到日本；Z_2 表示该产品的碳排放是日本转移至中国。

资料来源：本书综合整理。

总的来看，（1）中国资源密集型产品属于第Ⅳ象限，其中间产品对日本具有一定竞争力，最终产品无竞争力。中国劳动力、资本密集型产品中，采掘业产品属于第Ⅳ象限，中间产品对日本具有一定竞争力；化工、塑料及橡胶业产品属于第Ⅲ象限，最终产品及中间产品对日本均无明显竞争力。中国资本、技术密集型产品中，主要机械制造业，电气、光学设备制造业，其他制造及回收业产品属于典型的组装生产型，最终产品具有竞争力，中间产品不具有竞争力，需要进口中间产品，出口组装的成品；交通设备制造，交通运输及其他辅助设备制造业属于一体化生产型，中间产品和最终产品都具有竞争力。

（2）中国附着在产品上的碳排放转移到日本，按碳排放转移量多少排序，前五位产品依次为电气、光学设备制造业产品＞交通运输及其他辅助设备制造业产品＞主要机械制造业产品＞化工、塑料及橡胶业制品＞其他制造及回收业产品。日本附着在产品上的碳排放转移到中国，按碳排放转移量多少排序，前五位产品依次为电气、光学设备制造业产品＞化工、塑料及橡胶业产品＞交通设备制造业产品＞主要机械制造业产品＞交通运输及其他辅助设备制造业产品。由此可见，电气、光学设备制造业产品是两国碳排放转移最多的产品。

（3）从碳排放转移占比来看，中国向日本转移的碳排放占比最大的产品是采掘业产品，交通运输及其他辅助设备制造业产品，其他制造及回收业产品，农、林、牧、渔业产品；日本向中国转移的碳排放占比最大的产品是化工、塑料及橡胶业制品，主要机械制造业产品，交通设备制造业产品，电气、光学设备制造业产品。这表明，中日两国都彼此向对方国家转移了碳排放，否定了中国成为"污染者天堂"这一假说。但从产品类型上看，中国转移至日本的产品包含了资源密集型，劳动、资本密集型，技术、资本密集型产品；而日本转移至中国的产品主要集中在劳动、资本密集型，技术、资本密集型产品，因此基于产品层面上看，日本转移至中国的碳排放更多。

（4）虽然中日两国均向对方国家转移了碳排放，但产品工序层面的碳排放转移量不同。中国主要是靠中间产品向日本转移碳排放，仅有交通运输及其他辅助设备存在中间产品和最终产品的碳转移，但占比很小。相反，日本转移至中国的最终产品及中间产品碳排放均很大，体现了两国在垂直化分工中所处的位置不同导致了碳排放的异化现象。

第五节　中日污染产业转移与污染产品转移的比较

选取产业与产品污染转移情况变动较大的行业给予分析（见表5-4），（1）运用净出口消费指数（NETXC）来分析"污染产业"的转移仅能表现出单个产业的污染单向流动，隐藏了双边贸易中污染的双向流动。（2）采掘业（行业2）及电气、光学设备制造业（行业12）得出的"污染产业"转移特征与"污染产品"转移特征相反。从产业层面上，行业2表现为日本"污染产业"转移至中国，而从生产工序上看，大部分是由中国加工出口的碳排放转移到日本；行业12从产业层面上表现为中国转移至日本，而从工序上是日本转移了中间产品及直接消费的最终产品到中国。之所以得到相反的结论，主要原因是净出口消费指数（NETXC）仅仅关注了进出口量及消费量，忽略了中间产品蕴藏的碳排放，导致计算结果存在失真现象。（3）不论是中国转移至日本的"污染产业"还是日本转移至中国的"污染产业"，均有一定程度中国中间产品的转移及日本最终产品的转移。其中，劳动、资本密集型产业，技术、资本密集型产业均是日本转移至中国的中间产品及最终产品碳排放更多，这种中间产品主要供中国加工生产，最终产品供中国直接消费，因此由日本产生的碳更多。而中国制造业大部分从事加工、组装，很大程度是转移加工出口的碳，仅交通设备制造业（行业 13）、交通运输及其他辅助设备制造业（行业 16）存在中国对日本最终产品碳排放的转移。这说明，中国在交通设备制造及交通运输方面具备了一定的竞争力，出口量在不断增加，而由此也造成了碳排放的增加。

表 5-4　　　　中日主要污染产业、污染产品转移比较

行业	污染产业转移	污染产品转移	
		中间产品转移	最终产品转移
行业 1	**C→J**	**C→J**	J→C
行业 2	J→C	**C→J**	J→C
行业 8	J→C	C→J **J→C**	J→C
行业 12	**C→J**	C→J **J→C**	J→C
行业 14	J→C	C→J **J→C**	J→C
行业 11	J→C	C→J **J→C**	J→C
行业 13	J→C	C→J **J→C**	C→J **J→C**
行业 16	J→C	C→J **J→C**	C→J **J→C**

注：C：中国；J：日本；C→J：中国转移至日本；J→C：日本转移至中国；深色表示：转移量较大。行业 1：农、林、牧、渔业；行业 2：采掘业；行业 8：化工、塑料及橡胶业；行业 12：电气、光学设备制造业；行业 14：其他制造及回收业；行业 11：主要机械制造业；行业 13：交通设备制造业；行业 16：交通运输及其他辅助设备制造业。

资料来源：本书综合整理。

第六节　小结

本章通过中国对日本出口"隐含碳"影响因素的 SDA 分解，"污染产业"及"污染产品"碳转移特征分析，得到以下主要结论。

一是通过中国对日本出口"隐含碳"增长的影响因素分解发现，能源使用效率及中间技术效应减少了"隐含碳"的排放，贡献率分别为 -170.12% 及 -6.37%；规模效应及结构效应促进了"隐含碳"排放，贡献率分别为 158.06% 及 39.54%。四个因素对碳排放的影响程度为：规模效应＞碳强度效应＞结构效应＞技术效应。其中，对碳排放量的增减影响最直接的是碳强度效应及规模效应，最具有弹性调节能力的是结构效

应,中间技术效应可以抑制碳排放的产生,但是效果相对较差。

二是从行业层面上看,电气、光学设备制造业,电力、天然气及水供应业,化工、塑料及橡胶业,其他非金属、矿物制造业,交通设备制造业的效应占总效应的75%,是节能减排的重点行业。其中,电气、光学设备制造业,纺织品、皮革及制鞋业,主要机械制造业的碳强度效应贡献率最大,分别为 -37.24%、-20.93%和 -8.23%。电气、光学设备制造业,纺织品、皮革及制鞋业,交通设备制造业、主要机械制造业等的规模效应贡献最大,分别为18.30%、18.11%、13.96%及9.58%。结构效应总体上促进了"隐含碳"排放,但各行业出口额的变化会导致出口额比重的变化,使得行业贡献率有正有负。

三是中国没有成为"污染者天堂"。日本并未全部转移"污染"型产业至中国,而是以转移高、中碳强度产业为主;中国主要转移中、低碳强度产业为主。

四是随着垂直专业化分工的深入,从产业层面进行的污染转移仅能表现出单个产业的污染单向流动,隐藏了双边贸易中污染的双向流动,不能完全反应生产工序层面碳排放转移的真实性。中国附着在产品上的碳排放转移到日本,按碳排放转移量多少排序,前五位产品依次为电气、光学设备制造业产品 > 交通运输及其他辅助设备制造业产品 > 主要机械制造业产品 > 化工、塑料及橡胶业产品 > 其他制造及回收业产品。日本附着在产品上的碳排放转移到中国,按碳排放转移量多少排序,前五位产品依次为电气、光学设备制造业产品 > 化工、塑料及橡胶业产品 > 交通设备制造业产品 > 主要机械制造业产品 > 交通运输及其他辅助设备制造业产品。由此可见,电气、光学设备制造业产品是两国碳排放转移最多的产品。从碳排放转移占比来看,中国转移至日本的产品包含了资源密集型,劳动—资本密集型,技术—资本密集型产品;而日本转移至中国的产品主要集中在劳动、资本密集型,技术、资本密集型产品,因此基于产品内贸易角度分析,日本转移至中国的碳排放更多。

五是中国主要靠中间产品向日本转移碳排放,仅有交通运输及其他辅助设备制造业存在中间产品和最终产品的碳转移,但占比很小。相反,日本转移至中国的最终产品及中间产品碳排放均很大,体现了两国在垂直化分工中所处的位置不同导致了碳排放的异化现象。

第六章

公平视角下的中日两国碳排放责任分担

在碳排放责任研究中，越来越多的人提倡"共同责任"原则的实施，但理论分析较多，实证分析较少；对碳排放权的分析侧重宏观层面，区域、产业层面的分析较少，且计算方法较为粗糙，常忽略中间产品部分或对这部分计算不精确。基于此，本章从时间序列上，首先按照"生产者"责任、"消费者"责任及"共同责任"原则，突出贸易"隐含碳"产生的影响，对比分析了中日两国的碳排放量，采用了垂直专业化与投入产出相结合的方法进行分析计算，提高了结果的准确性。其次，基于贸易调整后的"相对剥夺"理论，分别计算并对比了三种责任下，中国对日本的相对剥夺系数及日本对中国的相对剥夺系数，得出"共同责任"原则对中日两国来说较为公平，也便于操作的结论。最后，本章利用投入产出法细化了"共同责任"分担模型，得出了两国应为对方的生产、消费过程分担的碳量，并把含碳量分摊到了具体行业层面。

第一节 研究方法与数据处理

一 研究方法

（一）基于投入产出的"共同责任"原则下的碳排放责任模型构建

投入产出法最先在20世纪30年代由美国经济学家里昂惕夫提出，之后广泛运用于国民经济各产业间、生产环节间、区域间的复杂关系。

投入产出的基本表达式为：

$$AX + Y = X \qquad (6-1)$$

对式（6-1）变形得到：

$$X = (I - A)^{-1} Y \quad (6-2)$$

式中，X 为一国总产出向量，Y 为一国最终需求向量，A 为直接消耗系数矩阵，$(I-A)^{-1}$ 为里昂惕夫逆矩阵，即完全需求系数矩阵。

"生产者"原则下的碳排放责任分担是政府间气候变化专门委员会（IPCC）等官方机构采用的方法，该方法不涉及"消费者"的碳排放及贸易过程中的碳排放，计算起来最为简单。

"生产者"责任原则下的碳排放：

$$F^d = f^d X = f^d (I-A)^{-1} Y = E^i Y \quad (6-3)$$

式中，F^d 为行业直接碳排放量，f^d 为直接碳排放系数，E^i 为国内完全碳排放系数。

"消费者"责任原则把碳排放分担归结于消费者，考虑了贸易中的碳排放带来的影响，但计算相对简单，即"消费者"责任原则下的碳排放 = 生产碳 − 净出口碳。此处计算的净出口碳采用的是垂直专业化下的计算方法。

$$\text{出口中 VS 的比重} = \frac{VS}{N} = \frac{1}{N} \sum_{i=1}^{n} \left(\frac{M_i^I}{X_i}\right) N_i = \frac{1}{N} \sum_{i=1}^{n} \frac{N_i}{X_i} \left(\sum_{i=1}^{n} M_{ji}^I\right) = \frac{1}{N} \sum_{j=1}^{n} \sum_{i=1}^{n} \frac{N_i}{X_i} M_{ij}^I \quad (6-4)$$

式中，M_i^I 为 i 部门进口的中间产品，X_i 为 i 部门的总产出，N_i 为 i 部门的出口，N 为总的部门出口，VS 为出口垂直专门化程度。

把公式写成矩阵形式后，得到：

$$VSS = \frac{1}{N} q A^m (I - A^d)^{-1} N_i \quad (6-5)$$

式中，VSS 为出口中垂直专门化比重，q 为单位矩阵，A^d 为国内消耗系数，A^m 为国内进口中间品消耗系数。

国内出口"隐含碳"为：

$$\sum E_i (X - VSS \times N_i) + \sum E_j \times VSS \times N_i \quad (6-6)$$

国内进口"隐含碳"为：

$$\sum E_j \times Y_m + \sum E_i \times A^m \times (I - A^d)^{-1} Y_d \quad (6-7)$$

Y_m 为国内进口直接消费，Y_d 为国内直接消费，A^d 为国内直接消耗系数，A^m 为进口国中间品消耗系数，X 为一国总产出，N_i 为 i 部门的总出口，E_i 为国内完全碳耗系数，E_j 为国外完全碳耗系数。

净出口"隐含碳"为：

$$\sum E_i(X - VSS \times N_i) + \sum E_j \times VSS \times N_i -$$
$$\sum E_j \times Y_m - \sum E_i \times A^m \times (I - A^d)^{-1} Y_d \qquad (6-8)$$

"消费者"责任下的碳排放为：

$$E_i Y - [\sum E_i(X - VSS \times N_i) + \sum E_j \times VSS \times N_i -$$
$$\sum E_j \times Y_m - \sum E_i \times A^m \times (I - A^d)^{-1} Y_d] \qquad (6-9)$$

式中，VSS 为出口中的垂直专门化比重，Y_m 为国内进口直接消费，Y_d 为国内直接消费，E_i 为国内完全碳耗系数，E_j 为国外完全碳耗系数。

在"共同责任"分担原则下，"共同责任"分担的碳＝生产国（出口国）责任＋消费国（进口国）责任。在此基础上，借鉴了徐盈之的方法，细化了"共同责任"模型。

首先，在开放的经济系统中，投入产出的理论认为，总需求和总产出存在一定的关系，即：

$$C = AX + F + E \qquad (6-10)$$
$$D = X + M \qquad (6-11)$$
$$A = B \qquad (6-12)$$

式中，C 为总需求向量，D 为总产出向量，X 为国内总产出向量，A 为中间投入系数 a_{ij} 组成的直接消耗系数矩阵，F 为最终需求向量，E 为出口需求向量，M 为进口需求向量。

考虑进出口的影响后，一国的总产出变为：

$$X = AX + F + E - M \qquad (6-13)$$

在非竞争性投入产出表中，可以把进口区分为中间投入和直接消费，对进口 M 进行分解得到：

$$M = k_1 AX + k_2 F \qquad (6-14)$$

其中，k_1 为对角矩阵，主对角线的元素表示每一个行业进口的中间投入占总中间投入的比重；k_2 为对角矩阵，主对角线元素表示每一行业进口中间品作为直接消费品占总最终需求的比重，把式（6-14）代入公式（6-13）得到：

$$X = (I - K_1)AX + (I - k_2)F + E \qquad (6-15)$$

总碳排放：

$$F = f^d[(I - k_1)AX + (I - k_2)F + E] \quad (6-16)$$

在"共同责任"分担模型中,一个行业的碳排放责任除了考虑本行业的碳排放外,还需要考虑上下游行业的碳排放。根据投入产出理论,上游行业投入中间产品给下游产业,下游行业及最终消费者获得收益,因此,上游行业的碳排放责任需要由自身、下游行业及最终消费者共同分担。Manfred设定了一个碳排放的比例系数z,将某一行业生产过程中的碳排放按照一定比例在自身、下游及其最终消费者中进行分担。按照Manfred的比例系数的方法,把公式(6-15)变形得到:

$$X = (1-z)[(I-k_1)AX + (I-k_2)F + E] + z(I-k_1)AX + z[(I-k_2)F + E] \quad (6-17)$$

其中,z为对角矩阵,主对角线元素为从其他行业的非要素的中间投入占此行业总的中间要素投入。把每个行业的碳耗系数代入公式(6-17),细化后的共同承担责任模型为:

$$F = f[I - z(I-k_1)A]^{-1}\{(1-z)[(I-k_1)AX + (I-k_2)F + E]\} + f[I - z(I-k_1)A]^{-1}[z(I-k_2)F] + f[I - z(I-k_1)A]^{-1}zE$$
$$(6-18)$$

公式(6-17)可以分为3大部分:总碳责任 = 生产碳(R_1) + 国内最终消费碳(R_2) + 国外最终消费碳(R_3),其中:

$$R_1 = f[I - z(I-k_1)A]^{-1}\{(1-z)[(I-k_1)AX + (I-k_2)F + E]\}$$
$$(6-19)$$

$$R_2 = f[I - z(I-k_1)A]^{-1}[z(I-k_2)F] \quad (6-20)$$

$$R_3 = f[I - z(I-k_1)A]^{-1}zE \quad (6-21)$$

把生产碳(R_1)进行细分,得到三部分:国内中间投入的生产碳量、满足国内消费的生产碳、满足国外消费的生产碳,即:

$$Q_1 = f[I - z(I-k_1)A]^{-1}[(1-z)(I-k_1)AX] \quad (6-22)$$

$$Q_2 = f[I - z(I-k_1)A]^{-1}[(1-z)(I-k_2)F] \quad (6-23)$$

$$Q_3 = f[I - z(I-k_1)A]^{-1}[(1-z)E] \quad (6-24)$$

$$Q_4 = R_2 \quad (6-25)$$

$$Q_5 = R_3 \quad (6-26)$$

(二)基于"相对剥夺"理论的碳排放公平性模型

基尼系数是经济学家基尼于20世纪初根据罗伦茨曲线提出来判断居

民收入的经济学指标,后被引入到 CO_2 排放公平性的研究中来。很多研究把基尼系数设置为 <0.2 表示环境资源利用公平;0.2—0.3 表示比较公平;0.3—0.4 表示相对公平;0.4—0.5 表示不公平;0.6 以上表示非常不公平(邱俊永等,2011)。但是在使用基尼系数进行群组分解时存在弊端,因此国外学者,诸如 Sen(1973,1997)、Nanak(1984)等就把"相对剥夺"理论引入基尼系数的子群分解。近年来,以"相对剥夺"理论为主的基尼系数已经用到了 CO_2 排放的分配方面,但是研究文献相对较少。

本书主要借鉴了任国强(2011)对基尼系数的分解方法,运用到碳排放责任分担的公平性研究中。

设一国的碳排放为 $X = [x_1, x_2, x_3, \cdots, x_n]$, i 国跟 j 国相比得到的"相对剥夺",即 j 国对 i 国的"相对剥夺"为式(6-27):

$$F(X_i, X_j) = \begin{cases} X_j - X_i & if \quad X_j > X_i \\ 0 & if \quad X_j > X_i \end{cases} \quad (6-27)$$

$F(X_i, X_j)$ 的取值范围是 [0,1]。为了计算方便,采用绝对值的比率化处理,即用单个国家的"相对剥夺"绝对值除以本国相对应的碳排放指标。当一个国家分配到的碳排放限额小于其他国家时,该国就会感受到不公平或相对剥夺。

王文举等(2013)用此方法研究了 19 个国家国际上各种碳排放核算的公平性问题,并在此基础上加入了贸易过程碳排放对公平性的影响,认为两国存在碳排放的差异,两国就存在贸易关系。若一国出口隐含碳 > 进口隐含碳,则该国必然替他国承担了碳排放,称为存在他国对该国的碳排放净移入,反之为该国对他国的碳排放净移出。本书借鉴了此研究中的公式(9)和公式(10)[①],对中日两国三种碳责任的"相对剥夺"情况作了实证分析。

二 数据来源及处理

投入产出表、中日双边贸易数据、碳耗系数及行业合并都按照本研究

[①] 情形 1,若 j 国存在对 i 国碳排放的净移出 Δt,则对国际贸易影响调整后的 j 国对 i 国碳排放的相对剥夺系数为:$d_{ij} = [(x_j + \Delta t) - (x_i - \Delta t)] / (x_i - \Delta t)$。情形 2,若 j 国存在对 i 国碳排放净移入 Δt,则对国际贸易影响调整后的 j 国对 i 国碳排放的相对剥夺系数为:$d_{ij} = [(x_j - \Delta t) - (x_i + \Delta t)] / (x_i + \Delta t)$。

第四章的方法处理，此处不再赘述。中国及日本碳排放总量数据来源于美国橡树岭国家实验室二氧化碳信息分析中心（数据来源：http://cdiac.ornl.gov/）。

第二节　中日三种碳排放责任分担研究

通过对"生产者"原则、"消费者"原则、"共同责任"原则下碳排放责任分担模型的对比，本节以中国和日本为对象，动态地从整体及行业层面对中日碳排放责任进行实证研究。

一　中日三种碳排放责任分担整体对比

从横向上看，中国三种碳排放责任下的碳排放量均高于日本，且随着时间推移，这种差距越来越大。首先，1995年中国"生产者"责任下的碳排放、"消费者"责任下的碳排放以及"共同责任"下的碳排放分别是日本的4.77倍、2.61倍、3.48倍，而到了2011年三种责任下的碳排放分别是日本的9.59倍、5.67倍和7.07倍。其次，中国以"生产者"责任下的碳排放量更多，"消费者"责任下的碳排放量最少；而日本以"消费者"责任下的碳排放更多，"共同责任"下的碳排放相对较小，这也是日本不赞同以"消费者"责任为原则的碳排放核算与减排责任分担的原因之一。最后，中国"生产者"责任与"消费者"责任及"共同责任"下的碳排放相差巨大，日本却相差甚小。1995年中国"生产者"责任与"消费者"责任及"共同责任"下的碳排放相差590.38百万吨二氧化碳和513.12百万吨二氧化碳，截至2011年二者相差906.78百万吨二氧化碳和642.91百万吨二氧化碳；而日本1995年相差5.74百万吨二氧化碳和2.56百万吨二氧化碳，截至2011年二者相差 -28.29百万吨二氧化碳和2.12百万吨二氧化碳。从两国经济实力看，1995年，中国GDP为7279.5亿美元，是日本的0.14倍，2011年中国GDP上升为72981.5亿美元，虽然是日本的1.24倍，但日本人均GDP却是中国的8.47倍。可见，现行"生产者"责任原则下，中国的经济实力与碳排放责任间具有不平衡性。中国凭借自身资源禀赋的优势，成了产品生产及加工的集聚地，向日本输入了大量消费品，而自身分担了原本不该分担的生产责任。中国要走"绿色"发展的道路，既要对自身发展所排放的污染承担责任，又不能失其公平性，阻碍发展，因此，中国选取何种"碳责任"分担模式至关重要。

从纵向上看：中国和日本差距也很大。首先，2011年，中国"生产者"责任、"消费者"责任及"共同分担"责任下的碳排放量分别是1995年的2.06倍、2.51倍及2.61倍；而日本在这17年中增长很少，分别是1995年的1.02倍、1.15倍及1.28倍，此过程中甚至出现过负增长情况，加之日本的碳排放基数很小，故碳排放责任分担具有相对优势。其次，中国在2004年、2007年、2008年碳排放迅速增加，而日本却出现相反的趋势，为了深入了解出现这种情况的原因，需要转向产业层面给予分析（见表6-1）。

表6-1 1995—2011年三种碳排放责任下的碳排放量对比

单位：百万吨二氧化碳

年份	中国			日本		
	生产者责任	消费者责任	共同分担责任	生产者责任	消费者责任	共同分担责任
1995	1269.224	678.845	756.106	265.913	260.176	217.614
1996	1316.751	815.302	960.668	281.043	293.328	282.495
1997	1361.612	853.905	986.100	258.376	270.661	259.832
1998	1403.499	906.666	1015.906	280.091	291.065	278.709
1999	1404.499	979.788	1003.401	277.13	286.865	260.511
2000	1349.805	973.213	1050.335	283.861	297.79	289.418
2001	1433.264	1121.314	1152.284	294.678	278.723	287.086
2002	1450.935	948.606	992.705	291.686	296.218	257.911
2003	1563.349	1020.111	1136.079	295.385	299.473	297.166
2004	1706.225	1446.866	1181.465	289.509	310.013	295.391
2005	1748.986	1036.699	1267.528	282.575	315.371	288.741
2006	1874.028	1103.593	1332.666	281.742	310.704	286.665
2007	2078.365	1224.662	1533.798	279.54	308.181	278.591
2008	2180.533	1311.599	1676.779	267.08	296.657	279.088
2009	2288.767	1467.107	1800.167	251.775	275.857	259.203
2010	2483.899	1649.456	1895.453	274.319	297.421	291.691
2011	2613.099	1706.321	1970.186	272.439	300.728	278.786

资料来源：本书综合整理。

二 中日分行业三种碳排放责任对比

本书探讨三种责任原则下,中日高中、中低垂直专业化率行业①的碳排放动态变化情况。中国的三种责任原则下的碳排放差距悬殊,且无论哪一种分担方式,对于两种类型下的行业都表现出中国的碳排放远高于日本,并有逐年升高趋势。而日本在研究期内,三种责任原则下的分担方式差距不大。因此,选择何种碳排放责任,对中国节能减排的公平性、可行性及对经济的冲击能力都要高于日本。

"生产者"责任原则没有考虑消费及贸易部分的碳排放,最不具有客观性;"消费者"责任原则虽然考虑了贸易中隐含的碳排放,但最常规的计算仍是用生产碳减去净出口碳,并且此原则把责任全部归于消费者,这会把大量的碳排放转移到日本,具有武断性。

(一)高中垂直专业化(VSS)行业

高中垂直专业化率的行业中,中国"生产者"责任分别与"消费者"责任、"共同责任"原则下的碳排放在1995年有222.170百万吨二氧化碳和201.493百万吨二氧化碳存在争议,占到中国碳排放量②的7.35%和6.67%,2011年有383.450百万吨二氧化碳和302.428百万吨二氧化碳存在争议,占到中国碳排放量的4.82%和3.80%,占比虽然有所减少,但碳排放量基数较大,中间差额不容小觑。相反,日本"生产者"责任分别与"消费者"责任、"共同责任"原则下的碳排放在1995年有2.228百万吨二氧化碳和13.843百万吨二氧化碳存在争议,占日本碳排放总量的1.96%和1.22%,2011年变为有14.313百万吨二氧化碳和26.258百万吨二氧化碳存在争议③,占到日本碳排放总量的1.21%和2.22%。之所以会出现负数,是因为日本的生产碳<消费碳。

三种责任原则下,中国的碳排放都大于日本的碳排放。"生产者"责任下中国的主要机械制造业碳排放是日本的66.02倍,排名第1位;电气、光学设备制造业是日本的59.83倍,排名第2位;其他制造及回收业

---

① 高中、中低垂直专业化率(VSS)的行业划分同第四章。
② 中国、日本碳排放量来源于IEA。
③ "生产者"责任原则下碳排放量分别减去"消费者"责任、"共同责任"原则下的碳排放,结果会出现负数情况,但并不表示产生的碳排放为负值,仅代表责任间存在的差异情况,故用绝对值来表示。

是日本的 9.24 倍,排名最后。"消费者"责任原则下,交通设备制造业是日本的 84.67 倍,排名第 1 位;电气、光学设备制造业是日本的 90%,排名最后,这从侧面说明日本对此行业产品需求很大。"共同责任"下中国其他非金属、矿物制造业是日本的 39.79 倍,排名第 1 位,其他制造及回收业是日本的 4.13 倍,排名最后(见图 6-1 至图 6-6、表 6-2)。综合分析可以看出,(1)中国在"共同责任"原则下的碳排放与日本的差距不是最小,最为适中,比较容易实行。(2)不论哪一种排名,中国在交通设备制造业、主要机械制造业上的碳排放均很多,这两个行业排放多的原因在于满足国内中间投入而产生?满足国内消费而产生?或是满足日本消费而产生?中国和日本实际应该分担多少碳排放?一系列问题都需要从后续的"共同责任"模型中继续探究。(3)主要金属及压延业,其他非金属、矿物制造业,主要机械制造业都出现中国出口大于进口的现象,中国这三个行业单位 GDP 碳强度分别是日本的 5.59 倍、3.63 倍及 15.5 倍,如果把所有的碳排放责任归结于中国,显然不合理。电气、光学设备制造业、交通设备制造业近年来双边需求量大,中国从日本大量进口其零部件进行加工再出口,然后日本出口这类产品的最终消费品给中国。随着垂直专业化的深入,双边贸易形式也会越来越多样化,仅仅按照生产方或消费方来分担碳排放责任不甚合理,共同责任原则自然成为研究的焦点。

表 6-2　　相比于日本,中国高中 VSS 行业碳排放责任排名

行业	生产者责任	消费者责任	共同责任
主要金属及压延业	5	3	3
其他非金属、矿物制造业	4	4	1
主要机械制造业	1	2	5
电气、光学设备制造业	2	6	4
交通设备制造业	3	1	2
其他制造及回收业	6	5	6

注:(1)排名是按照 2011 年的碳排放量核算;(2)排名的计算方法:"生产者"责任排名,"生产者"责任下中国的碳排放/"生产者"责任下日本的碳排放,用得出的比值与各行业对比,按从高到低顺序依次排序。"消费者"责任、"共同"责任方法亦同。

资料来源:本书综合整理。

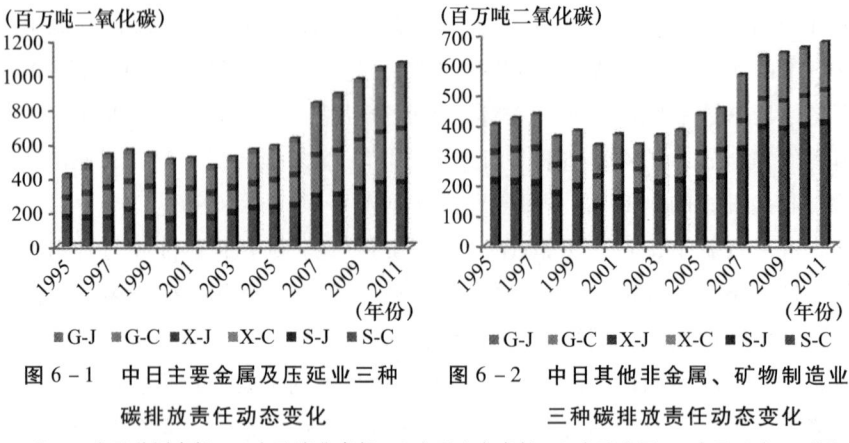

图 6-1 中日主要金属及压延业三种碳排放责任动态变化

图 6-2 中日其他非金属、矿物制造业三种碳排放责任动态变化

注：G 表示共同责任，X 表示消费责任，S 表示生产责任，C 表示中国，J 表示日本。下同。
资料来源：本书综合整理。

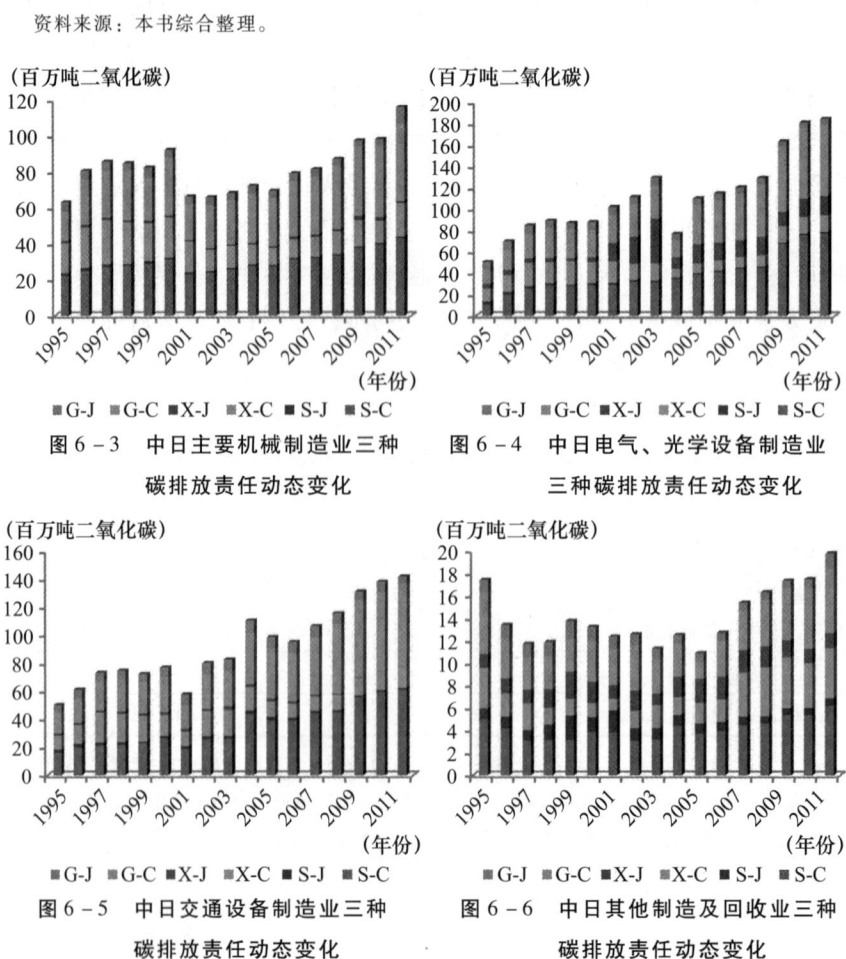

图 6-3 中日主要机械制造业三种碳排放责任动态变化

图 6-4 中日电气、光学设备制造业三种碳排放责任动态变化

图 6-5 中日交通设备制造业三种碳排放责任动态变化

图 6-6 中日其他制造及回收业三种碳排放责任动态变化

（二）中低垂直专业化（VSS）行业

在中低垂直专业化率（VSS）的行业中，中国"生产者"责任分别与"消费者"责任、"共同责任"原则下的碳排放在1995年有111.969百万吨二氧化碳和129.592百万吨二氧化碳存在争议，占到中国碳排放量[①]的3.71%和4.29%，2011年上升到有327.143百万吨二氧化碳和197.243百万吨二氧化碳存在争议，占到中国碳排放量的4.11%和2.48%，相反，日本"生产者"责任分别与"消费者"责任、"共同责任"原则下的碳排放在1995年有9.151百万吨二氧化碳和18.557百万吨二氧化碳存在争议，占日本碳排放总量的8.05%和1.57%，2011年变为13.470百万吨二氧化碳和37.933百万吨二氧化碳存在争议，占到日本碳排放总量的1.14%和3.21%。

与高中VSS的行业相似，三种责任原则下，中国的碳排放都大于日本的碳排放。"生产者"责任原则下，中国的纺织、皮革及制鞋业碳排放是日本的45.72倍，排名第1位；农、林、牧、渔业是日本的22.31倍，排名第2位；焦炭、精炼石油及核燃料业是日本的6.26倍，排名最后。"消费者"责任原则下，农、林、牧、渔业是日本的17.75倍，排名第1位；纺织、皮革及制鞋业是日本的60%，排名最后。"共同责任"原则下中国的纸浆、纸、印刷及出版业是日本的50.87倍，排名第1位，采掘业是日本的7.37倍，排名最后（见图6-7至图6-15、表6-3）。

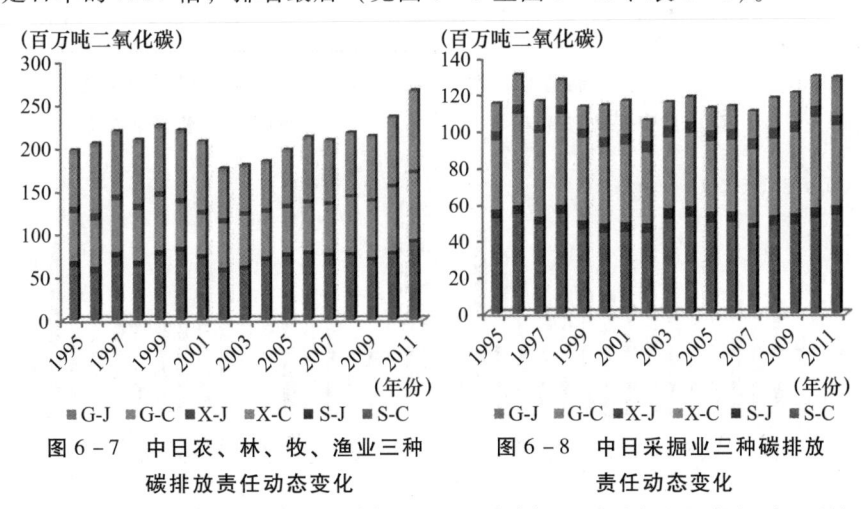

图6-7 中日农、林、牧、渔业三种碳排放责任动态变化

图6-8 中日采掘业三种碳排放责任动态变化

注：G表示共同责任，X表示消费责任，S表示生产责任，C表示中国，J表示日本。下同。
资料来源：本书综合整理。

---

① 中国、日本碳排放量来源于IEA。

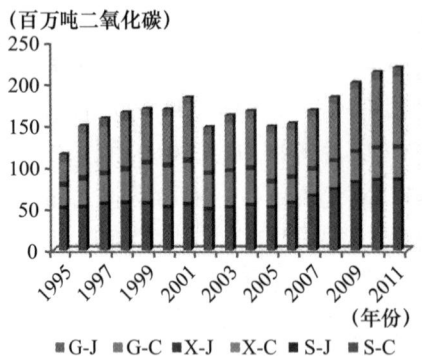

图6-9 中日食品、饮料及烟草业三种碳排放责任动态变化

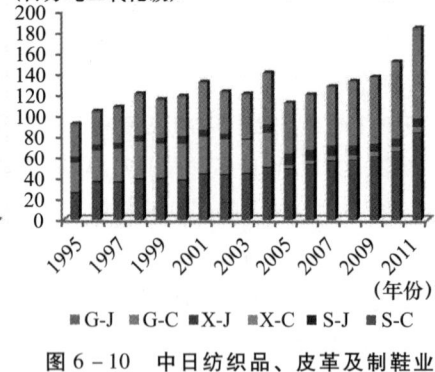

图6-10 中日纺织品、皮革及制鞋业三种碳排放责任动态变化

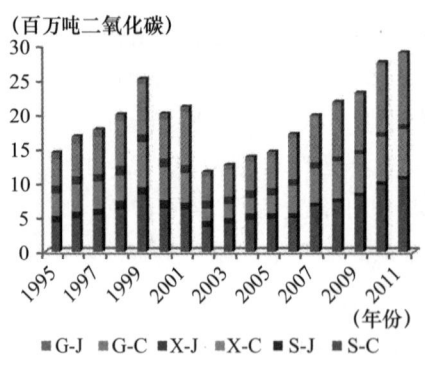

图6-11 中日木材加工制造业三种碳排放责任动态变化

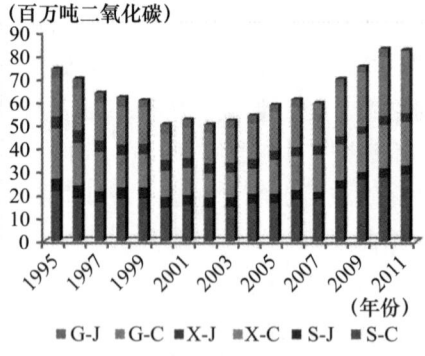

图6-12 中日纸浆、纸、印刷及出版业三种碳排放责任动态变化

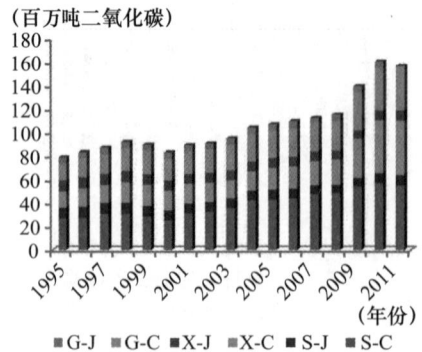

图6-13 中日焦炭、精炼石油及核燃料业三种碳排放责任动态变化

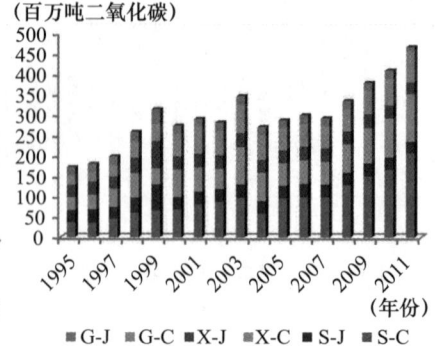

图6-14 中日交通运输及其他辅助设备制造业三种碳排放责任动态变化

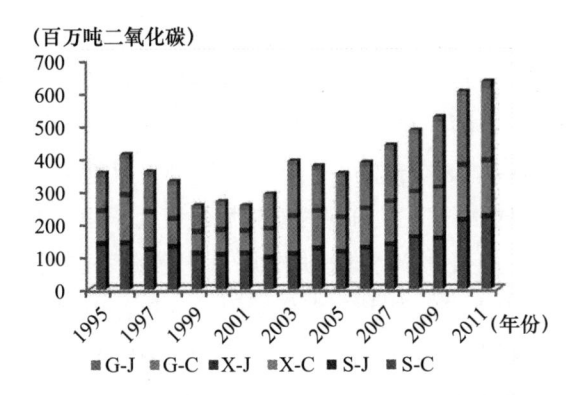

图 6-15 中日化工、塑料及橡胶业三种碳排放责任动态变化

表 6-3 相比于日本，中国中低 VSS 行业碳排放责任排名

行业	生产者责任	消费者责任	共同责任
农、林、牧、渔业	2	1	4
采掘业	6	4	9
食品、饮料及烟草业	3	5	8
纺织品、皮革及制鞋业	1	9	5
木材加工制造业	4	3	2
纸浆、纸、印刷及出版业	8	7	1
焦炭、精炼石油及核燃料业	9	6	3
化工、塑料及橡胶业	5	8	7
交通运输及其他辅助设备制造业	7	2	6

资料来源：本书综合整理。

这些行业中，农、林、牧、渔业及木材加工制造业不论何种责任下的排名都靠前，但随着双边贸易量的逐年递减，碳排放会继续减少。采掘业的出口远大于进口，且这个行业的碳排放强度是日本的 1.31 倍，让中国分担全部碳排放责任，有失公平。化工、塑料及橡胶业，焦炭、精炼石油及核燃料业中国的碳排放强度是日本的 5.25 倍及 3.68 倍，这两个行业近年来中国的贸易量出现逆差，如何分配碳排放责任也需要从"共同责任"模型中进一步细分。

(三) 高中、中低垂直专业化 (VSS) 行业三种碳排放责任比较

在三种责任原则下,两种类型的行业碳排放主要有两个方面的不同。第一,高中 VSS 行业的碳排放明显高于中低 VSS 的碳排放,且有逐年升高趋势。第二,高中 VSS 行业在"生产者"责任原则下的碳排放与"消费者"责任、"共同责任"原则下的碳排放缺口大于中低 VSS 行业。把高中 VSS、中低 VSS 行业的碳排放缺口加总,存在争议的碳排放量很大(见表6-4)。若选择"消费者"责任原则,意味着2011年中国存在争议的碳排放量增加到710.590百万吨二氧化碳,是1995年的2.13倍;而日本截至2011年则表现出碳排放减少到27.780百万吨二氧化碳,减少了4.01倍。两国的占比都出现减少,说明在全球碳减排的大环境下,中日两国的节能减排效果取得了一定进展。若选择"共同责任"原则,意味着2011年中国存在争议的碳排放量增加到499.671百万吨二氧化碳,是1995年的1.51倍,但比以"消费者"责任下的缺口减少了210.919百万吨二氧化碳,有利于中国完成节能减排。相反,日本增加了31.791百万吨二氧化碳,也就是说以"共同责任"会增加日本的碳排放,但是增加的部分是否公平,日本有无能力分担这部分碳,需要进一步分析。

表6-4　　　　中日"生产者"责任与"消费者"责任、
"共同"责任下碳排放缺口分析　　单位:百万吨二氧化碳

国家	年份	S-C	占比	S-G	占比
中国	1995	334.140	11.058%	331.085	10.957%
中国	2011	710.590	8.932%	499.671	6.281%
日本	1995	-6.923	-0.609%	32.400	2.850%
日本	2011	-27.780	-2.34%	64.191	5.424%

注:S-C:"生产者"责任与"消费者"责任原则下碳排放缺口;S-G:"生产者"责任原则与"共同责任"原则下碳排放缺口;占比:缺口值/当年国内碳排放总量。

资料来源:本书综合整理。

第三节　三种碳排放责任的公平性分析

如前面所述,"相对剥夺"系数越大,表明受到的不公平程度越多,其碳排放责任排名越低越公平。日本对中国的"相对剥夺"系数中,以

"生产者"责任原则下的"相对剥夺"系数最高,平均为0.792;以"消费者"责任原则下的剥夺系数最小,平均为0.660,因此日本若以"消费者"责任核算,其碳排放责任的承担就是第1位,从公平的角度出发,日本是极力排斥"消费者"责任原则。中国对日本的"相对剥夺"与日本刚好相反,以"生产者"责任原则下的剥夺系数最小,碳排放责任为第1位。从"相对剥夺"系数的动态变化上来看,除1997—1998年、2008年受经济危机的影响,两国碳排放责任排序有所变动之外,其余年份均保持原有规律(见表6-5)。

表6-5 贸易调整后的三种责任下中日两国相对剥夺系数分析

| 年份 | 日本对中国的相对剥夺 |||||| 中国对日本的相对剥夺 ||||||
| | 生产者责任 || 消费者责任 || 共同责任 || 生产者责任 || 消费者责任 || 共同责任 ||
	责任排名	系数	责任排名	系数	责任排名	系数	责任排名	系数	责任排名	系数	责任排名	系数
1995	3	0.743	1	0.621	2	0.698	1	0.683	3	0.732	2	0.718
1996	3	0.857	1	0.733	2	0.765	1	0.733	3	0.820	2	0.775
1997	3	0.772	2	0.615	1	0.579	1	0.743	2	0.774	3	0.802
1998	3	0.767	2	0.701	1	0.676	1	0.765	2	0.794	3	0.815
1999	3	0.771	1	0.658	2	0.726	1	0.798	3	0.832	2	0.813
2000	3	0.743	1	0.623	2	0.699	1	0.773	3	0.813	2	0.782
2001	3	0.744	1	0.556	2	0.686	1	0.799	3	0.818	2	0.810
2002	3	0.769	1	0.636	2	0.679	1	0.802	3	0.823	2	0.782
2003	2	0.789	1	0.670	3	0.807	1	0.798	3	0.846	2	0.771
2004	3	0.779	2	0.722	1	0.695	1	0.759	3	0.873	2	0.781
2005	3	0.757	1	0.533	2	0.674	1	0.782	3	0.864	2	0.832
2006	3	0.784	1	0.589	2	0.707	1	0.797	3	0.873	2	0.823
2007	3	0.813	1	0.646	2	0.756	1	0.769	3	0.866	2	0.813
2008	3	0.820	1	0.665	2	0.775	1	0.782	2	0.821	3	0.835
2009	3	0.846	1	0.737	2	0.815	1	0.790	3	0.866	2	0.832
2010	3	0.853	1	0.760	2	0.817	1	0.813	3	0.868	2	0.842
2011	3	0.852	1	0.751	2	0.803	1	0.825	3	0.886	2	0.864
均值		0.792		0.660		0.727		0.777		0.833		0.805
标准差		0.041		0.067		0.065		0.034		0.041		0.035
变异系数		0.052		0.102		0.089		0.044		0.049		0.043

资料来源:本书综合整理。

如果日本以"生产者"责任核算，1995—2011年累计排放4727.14百万吨二氧化碳，"消费者"责任下累计排放4989.23百万吨二氧化碳，"共同责任"下累计排放4503百万吨二氧化碳；中国以"生产者"责任核算，1995—2011年累计排放29526.70百万吨二氧化碳，"消费者"责任下累计排放19244.05百万吨二氧化碳，"共同责任"下累计排放21711.63百万吨二氧化碳。通过比较发现，从两国经济稳定性发展、中国现行能源结构、产业结构及节能减排水平来看，采用共同责任分担原则是公平且可行的。

值得一提的是，加入贸易后，"相对剥夺"系数有所下降，日本对中国的"相对剥夺"中，以"生产者""消费者""共同责任"原则核算的"相对剥夺系数"分别减少4.94%、8.82%和6.85%。中国对日本的"相对剥夺"中，以"生产者""消费者""共同责任"原则核算的"相对剥夺系数"分别减少7.33%、5.02%和6.12%。可见，对国际贸易引起的碳转移进行调整，可以增加中日两国碳排放责任的公平性。也说明在今后的减排路线设计当中，应注重贸易"隐含碳"带来的影响，建立一套完善的历史贸易基础数据、提高不同种类及服务碳强度的获取性，保证各类碳核算方法和减排方案的合理性与公平性。

第四节 "共同责任"原则下中日碳排放对比

在上一小节对三种责任原则的"相对剥夺"进行分析的基础上，筛选出"共同责任"原则最具合理与公平性。因此进一步细化"共同责任"原则的分担模型，并把碳责任分担落实到国家与行业层面上。

一 中日生产责任、国内消费及国外消费责任整体对比

"共同分担"原则包括三个部分：生产责任（R_1）、国内消费责任（$R_2 = Q_4$）及国外消费责任（$R_3 = Q_5$）；生产责任（R_1）又可以细分为中间投入的生产责任（C_1, J_1）[1]，为满足国内最终需求的生产责任（C_2, J_2），为满足国外需求的生产责任（C_3, J_3）。[2] 从表7-3可以看出，中国

---

[1] C_1, C_2, …, C_5; J_1, J_2, …, J_5与计算方法中的Q_1, Q_2, …, Q_5内涵一致，此处为了表述方便，用C代表中国，J代表日本。

[2] 文中7.4标题下的生产责任指的是"共同责任"原则下细分出的生产责任与满足消费的生产责任，不同于"生产者"原则与"消费者"原则的碳排放责任。下同。

的共同责任明显大于日本的共同责任。其中，中国的平均生产责任、国内消费责任、国外消费责任分别是日本的 5.68 倍、2.87 倍、17.29 倍，因为中国至今仍然以煤炭作为第一消费能源，在短期内减排压力沉重。同时，国外消费（即日本消费）部分主要由贸易作为载体进行转移，这部分碳排放由哪个国家分担的争论结果对中国影响也较大。

对表 6-6 进行细分可以看出，中日两国均存在生产责任（$C_1 + C_2 + C_3$，$J_1 + J_2 + J_3$）> 国内最终消费责任（C_4，J_4）> 国外直接消费责任（C_5，J_5）；中间投入的生产责任（C_1，J_1）> 为满足国内最终需求的生产责任（C_2，J_2）> 为满足国外需求生产责任（C_3，J_3）的特点。也就是两国的中间投入生产部分和供本国最终消费的碳含量比为满足国外消费的生产碳排放大得多。虽然两国的国外消费部分从 1995—2011 年均增长了 1.52 倍和 2.28 倍，但是日本整体碳排放基数小，日本通过贸易消费的碳是中国的 17.59 倍，这部分碳由中国承担显然有失公平。

在"共同责任"原则下的生产碳排放责任中，为满足国外需求而产生的碳（C_3，J_3）也应由对方国分担，即中国碳排放中：中国分担的碳排放责任是 $C_1 + C_2 + C_4$，日本分担 $C_3 + C_5$；日本的碳排放中：日本分担的碳排放责任是 $J_1 + J_2 + J_4$，中国分担 $J_3 + J_5$。从图 6-16 看出 1995—2011 年的变化过程，日本消费碳占总消费碳的比例[①]从 1995 年的 15.8% 增长到了 2011 年的 21.46%，年均增长 0.836 百万吨二氧化碳，而中国消费碳占总消费碳的比例从 1995 年的 1.03% 增长到 2011 年的 4.00%，年均增长 0.078 百万吨二氧化碳。这样大的碳排放差距充分说明日本无形中累计直接消费了中国的 424.429 百万吨二氧化碳，这部分碳是隐含在中日双边贸易当中的直接消费碳，加上间接消费部分，日本实际消费的碳更多。从对方国分担的碳占本国共同分担原则下的碳排放比重[②]来看，日本从 1995 年的 4.90% 增长到 2011 年的 7.84%，2011 年比 1995 年累计增加了 1403.660 百万吨二氧化碳，其中 493.130 百万吨二氧化碳是通过贸易转移，而 910.530 百万吨二氧化碳则是通过中国加工生产日本的需求而产生。截至 2011 年，中国为日本的需求投入生产而产生的碳是 1995 年的 10.93 倍，除了说明中国投入了大量的原材料外，也说明对这部分进行技

---

① 消费碳占总消费碳比例 = $R_3 / (R_2 + R_3)$。

② 碳排放占比的公式为：$(Q_3 + Q_5) / (R_1 + R_2 + R_3)$。

术提升来节能减排的潜力巨大。相反,中国从 1995 年的 0.66% 增长到 2011 年的 2.07%,增长了 50.960 百万吨二氧化碳,其中 24.555 百万吨二氧化碳通过贸易直接消费,26.415 百万吨二氧化碳是日本为满足中国需求的生产投入。可见,日本一直属于低碳型国家,其技术水平及产业结构都比较完善,想要节能减排,需要从新能源、新技术等方面入手。

表 6-6　　基于共担责任原则的中日生产、消费碳排放责任

单位:百万吨二氧化碳

年份	中国					日本				
	生产碳责任			国内消费	日本消费	生产碳责任			国内消费	中国消费
	G_1	G_2	G_3	G_4	G_5	J_1	J_2	J_3	J_4	J_5
1995	400.578	129.771	9.750	187.220	27.272	71.679	47.874	0.398	96.630	1.033
1996	520.209	157.650	12.074	250.187	20.550	93.049	62.148	0.517	125.440	1.341
1997	497.159	164.034	7.949	246.306	17.179	85.584	57.162	0.475	115.377	1.234
1998	514.450	213.108	20.189	252.940	15.219	89.255	63.757	0.615	123.759	1.323
1999	506.456	234.791	11.288	236.238	14.628	83.427	59.594	0.575	115.678	1.237
2000	536.748	221.650	13.901	258.630	19.405	92.684	66.207	0.639	128.514	1.374
2001	688.051	214.317	29.445	200.825	19.645	91.937	65.673	0.634	127.479	1.363
2002	530.172	143.290	42.987	259.516	16.740	105.592	43.996	1.319	105.621	1.383
2003	645.025	152.113	34.080	285.376	19.486	108.097	78.176	1.350	108.127	1.416
2004	691.581	135.402	56.263	297.182	28.739	107.451	77.709	1.342	107.481	1.408
2005	729.255	128.309	55.567	323.510	25.561	104.841	75.330	2.133	105.061	1.376
2006	779.212	152.733	66.444	329.355	29.053	103.701	74.510	2.110	103.919	2.425
2007	888.227	132.031	82.031	448.012	32.604	104.234	68.946	2.715	101.368	1.328
2008	969.610	155.501	71.052	399.436	31.795	91.161	60.300	2.375	123.927	1.325
2009	1018.023	202.592	78.050	473.297	28.206	84.666	56.004	2.205	115.098	1.230
2010	1090.779	168.734	87.128	511.951	36.860	115.439	65.135	3.592	106.135	1.390
2011	1154.050	141.627	106.571	526.451	41.487	109.922	62.022	3.421	101.062	2.359

资料来源:本书综合整理。

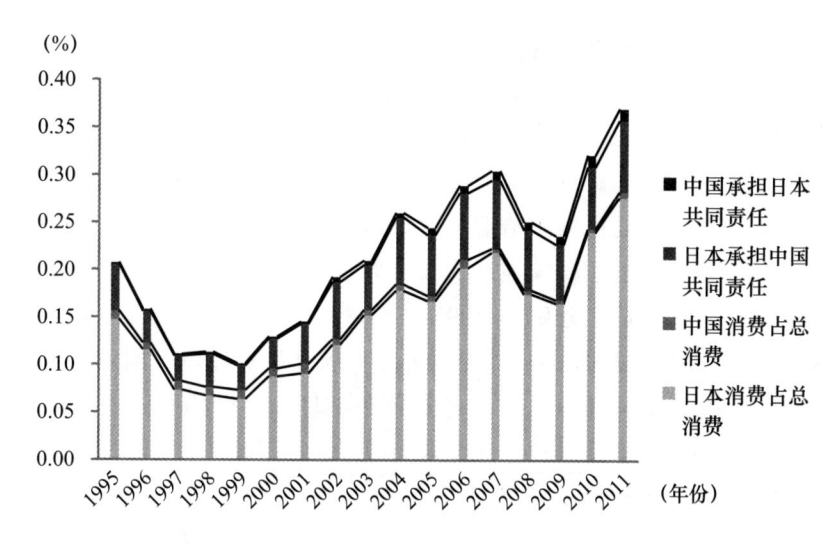

第六章 公平视角下的中日两国碳排放责任分担

图 6-16 两国消费责任及承担责任的占比

注：消费占总消费占比指的是在共同责任分担原则下的国外消费占总消费部分；承担占共同责任占比指的是对方应承担的责任占本国共同分担责任。

资料来源：本书综合整理。

在"共同责任"原则下，对比中日两国分别分担的本国生产碳责任和消费碳责任时，还发现，中国的生产责任明显高于消费责任，而日本的生产责任与消费责任间的差距并不是很大。研究期内，中国的生产责任都是消费责任的 2.46 倍以上，2001 年甚至达到 4.49 倍，生产与消费的不平衡使得中国的生产责任占到总责任的 81.80%。日本的生产者责任占总责任的 54%—62%。造成中日间这种不平衡的原因主要有三，第一，中国处于工业化与城市化快速发展时期，需要投入大量资源、能源进行基础设施建设，加之中国的资源禀赋特点，短期内对以煤炭为主的能源结构不可能改变；第二，中国的经济发展迅速，但是仍处于发展中国家行列，对消费的需求不如日本，故出现国内消费碳低的情况；第三，中国主要向日本出口资源密集型及劳动密集型的最终产品，资本密集型和技术密集型产品作为中间产品的出口比例虽然有所提升，但是低于日本向中国出口的资本密集型最终产品和中间产品（蒋庚华等，2014），这种贸易模式加大了二者差距。

二 中日生产责任、国内消费及国外消费责任的行业对比

按照高中 VSS 行业、中低 VSS 行业来分析中日两国各行业分担的生

产责任、国内及国外消费责任以及为对方分担的碳排放责任。

(一) 中日高中 VSS 行业生产责任、国内及国外消费责任对比

首先，在对方分担的碳排放责任方面，可以明显看出日本需要分担的责任远高于中国，且碳排放责任逐年升高。日本分担中国的碳排放责任较大的行业依次是主要机械制造业，主要金属及压延业，交通设备制造业，电气、光学设备制造业，其他制造及回收业，其他非金属、矿物制造业，2011 年的碳排放责任分别是 1995 年的 15.83 倍、13.13 倍、6.02 倍、3.88 倍、3.13 倍、3.09 倍。因为对方分担碳排放责任由供国外需求的生产及国外直接消费两部分组成，通过中国向日本出口的国外直接消费部分消耗的碳更多，特别是电气、光学设备制造业到 2011 年已经累计消耗了 83.170 百万吨二氧化碳，成了众行业之首，这也和近年来电气、光学设备制造业产品贸易量急剧升高有关。这些行业多属于高碳行业，日本尽量避免了这些产品的国内生产，对其需求主要靠向中国进口而得以满足，从而将污染转移至中国。而这些行业在中国的直接碳耗系数更高，无形加重了传统生产责任下中国碳排放责任的分担量。中国分担日本"共同责任"的碳排放中，化工、塑料及橡胶业，主要金属及压延业有降低趋势，其他重工业碳排放责任分担都是升高，特别对于电气、光学设备制造业分担责任更是提高了 30.7 倍，2011 年达到 2.763 百万吨二氧化碳，其他制造及回收业升高了 16.88 倍，达到 0.405 百万吨二氧化碳。值得一提的是，虽然中国分担的这部分碳比例上升较快，但是因为日本的碳排放基数较小，所以相对来说，中国分担的碳排放并不算大。

其次，在中间投入及供本国需求生产碳部分，中国的分担责任远高于日本。这一部分主要考察中国投入产生的碳，在主要重化工业中，中国除了其他制造及回收业外，全部呈现生产碳增加趋势，电气、光学设备制造业，主要金属及压延业，交通设备制造业分别增长了 4.15 倍、3.84 倍及 3.58 倍，更是同年日本的 3.70 倍、10.19 倍、45.46 倍。而日本不但碳排放基数小，而且在主要金属及压延业，其他非金属、矿物制造业，交通设备业，其他制造及回收业上都出现了生产碳的负增长。日本属于资源匮乏的岛屿国家，在 1970 年左右和中国一样对化石燃料的需求占比巨大（1970 年中国化石能源占比为 97.28%，日本为 93.77%），经过十多年发展却能成为一个实力强劲的经济体，且节能减排成效显著，其主要原因在于：第二次石油危机爆发之后，日本为了降低对外依存度，成功实行了

"成本驱动型技术应用机制"和"风险驱动型技术进步机制",促进了日本的产业结构升级和能源结构转型,大大提高了日本产品的竞争优势。而中国虽然近年来化石能源占比有所下降,主要是中国由计划经济向市场经济转型过程中由无危机意识转变为危机意识,并非是在非能源领域取得了技术上的突破或者实际意义上的节能减排成功。杨子晖(2011)研究发现,经济发展→能源消费→CO_2的排放,同样 CO_2 的约束也会反作用于经济的增长。短期,中国在对以煤炭为主的能源结构无法改变的情况下,在强大的 CO_2 排放减排目标约束下,必定会对中国的经济产生巨大的冲击,同时也很容易陷入"资源诅咒"的困境。因此,以技术手段来提高中国能源利用效率,逐步调整产业结构,积极参与地区间的能源战略是减少生产过程中碳排放的关键手段。

在国内消费碳部分,中国仍然表现出高于日本的现象,但是碳排放与国内需求的生产碳相比减少很多。中国对电气、光学设备制造业,交通运输及其他辅助设备制造业,主要机械制造业的国内消费碳增长迅速,分别增长了 11.68 倍、4.98 倍、2.26 倍,其他重化工业的国内消费碳增长不大,主要金属及压延业,其他非金属、矿物制造业等甚至出现负增长。说明对这类产品的需求减弱外,碳排放强度的降低也起到一定的作用。日本除了主要机械制造业的国内消费碳减少,其余均有增加,与中国一样,电气、光学设备制造业的消费碳增加了 24.88 倍,这也间接说明日本对电气、光学设备制造业产品的需求之大,促使中国向日本出口大量此类商品,其中很大一部分是从日本进口的中间商品再出口(见表6-7)。

表6-7　共同责任下中日两国高中VSS行业的碳排放责任对比

单位:百万吨二氧化碳

		对方分担的碳		中间投入及供本国需求的生产碳		国内消费碳	
		中国	日本	中国	日本	中国	日本
主要金属及压延业	1995年	0.059	2.053	77.369	31.561	9.335	0.033
	2005年	0.194	10.775	137.049	31.875	6.797	0.127
	2011年	0.134	26.946	296.856	29.131	10.424	0.184
其他非金属、矿物制造业	1995年	3.174	5.544	44.735	17.919	24.021	0.526
	2005年	3.063	14.944	87.376	14.418	12.554	2.091
	2011年	4.411	17.128	123.911	14.747	4.594	3.331

续表

		对方分担的碳		中间投入及供本国需求的生产碳		国内消费碳	
		中国	日本	中国	日本	中国	日本
主要机械制造业	1995年	0.051	0.443	7.432	0.391	8.352	0.011
	2005年	0.090	3.981	11.819	0.619	11.481	0.048
	2011年	0.213	7.011	18.302	0.421	18.851	0.089
电气、光学设备制造业	1995年	0.090	2.954	8.215	1.967	1.952	0.370
	2005年	0.734	5.891	17.167	3.386	15.639	3.386
	2011年	2.763	11.469	34.091	9.204	22.790	9.204
交通设备制造业	1995年	0.007	0.729	9.449	1.080	4.260	0.005
	2005年	0.031	2.070	19.475	1.520	14.979	0.022
	2011年	0.044	4.389	33.776	0.743	21.196	0.037
其他制造及回收业	1995年	0.024	0.980	3.080	0.200	1.414	0.002
	2005年	0.454	1.352	3.503	0.816	0.131	0.077
	2011年	0.405	3.069	2.251	0.038	0.391	0.007

注：对方承担的碳包括为满足国外需求的生产碳及国外直接消费的碳。
资料来源：本书综合整理。

（二）中日中低 VSS 行业生产责任、国内及国外消费责任对比

首先，在对方分担的碳排放责任方面，日本分担的碳排放高于中国。分担责任最大的两个行业是化工、塑料及橡胶业和纺织品、皮革及制鞋业，2011年的碳排放责任分别是1995年的7.43倍及2.34倍。碳排放分担部分的国外直接消费碳要高于满足国外消费的生产碳，特别是化工、塑料及橡胶业到2011年日本已经累计消耗了43.136百万吨二氧化碳，这和碳强度较高、贸易量增多有关；纺织品、皮革及制鞋业累计消耗53.794百万吨二氧化碳，这个行业的碳排放主要由研究期的前半段贡献，随着垂直专业化深入，中国在这方面的加工开始减少，而日本也向成本更低的菲律宾、越南等国家转移这些行业，因此碳排放今后会逐年下降。中国分担的日本共同责任，化工、塑料及橡胶业，交通运输及其他辅助设备制造业有降低趋势，这两个行业贸易量大，减少的主要原因是日本的碳强度较低。其他行业分担责任都是升高，但升高的速度较慢、碳排放基数较少，增加并不明显。

其次，中间投入及供本国需求生产碳部分，与高中垂直 VSS 行业类

似，中国分担责任远高于日本，大部分行业碳排放都是日本的10倍以上，体现出中国低碳技术与日本的差距。虽然中低垂直VSS的行业包括大部分资源型、劳动型的轻工业，不属于高能耗行业，但日本在农业、纺织等方面碳耗更低。而交通运输及其他辅助设备制造业，化工、塑料及橡胶业的国内生产碳升高相对较快。中国的基础设施在不断完善，消费群体在不断增加，这两个行业碳排放会继续升高。技术转移及研发必不可少，但短期难以形成规模，可以考虑加大最终产品的进口，提高进口中间品的层次，增加产品的附加值，避免过度的碳排放。

最后，国内消费碳部分，中国仍然表现出高于日本的现象，且消费部分的碳排放小于生产部分的碳排放，说明中国中低VSS行业的生产与消费也不平衡。不平衡差距较大的行业集中在化工业，纸浆、纸、印刷及出版业，焦炭、精炼石油及核燃料业，木材加工制造业等粗加工、劳动和资本密集型行业中（见表6-8）。

表6-8　共同责任下中日两国中低VSS行业的碳排放责任对比

单位：百万吨二氧化碳

		对方分担的碳		中间投入及供本国需求的生产碳		国内消费碳	
		中国	日本	中国	日本	中国	日本
农、林、牧、渔业	1995年	0.001	0.918	30.209	2.157	29.885	2.250
	2005年	0.005	2.750	29.830	2.881	26.621	2.354
	2011年	0.008	5.204	50.424	2.531	34.341	1.593
采掘业	1995年	0.030	3.098	7.432	0.542	3.995	0.1446
	2005年	0.079	1.752	6.157	4.903	3.606	1.020
	2011年	0.153	2.470	11.123	4.641	4.931	0.579
食品、饮料及烟草业	1995年	0.004	2.129	10.123	1.772	11.891	5.158
	2005年	0.279	2.782	23.464	1.661	28.664	3.603
	2011年	0.051	4.527	36.225	2.216	40.128	2.582
纺织品、皮革及制鞋业	1995年	0.072	4.286	14.034	1.165	11.700	0.673
	2005年	0.089	5.416	35.088	0.711	7.411	0.311
	2011年	0.717	10.026	64.869	6.309	8.641	0.933
木材加工制造业	1995年	0.002	0.413	2.433	0.667	0.983	0.312
	2005年	0.005	0.580	3.136	0.821	0.932	0.087
	2011年	0.005	2.027	6.395	0.649	1.889	0.011

续表

		对方分担的碳		中间投入及供本国需求的生产碳		国内消费碳	
		中国	日本	中国	日本	中国	日本
纸浆、纸、印刷及出版业	1995年	0.012	0.319	13.613	3.895	2.633	0.197
	2005年	0.039	1.335	14.113	3.575	1.010	0.379
	2011年	0.051	3.521	21.056	3.706	2.326	0.401
焦炭、精炼石油及核燃料业	1995年	0.070	0.429	12.097	2.742	2.041	4.643
	2005年	0.300	2.552	17.666	5.737	2.171	2.466
	2011年	0.344	4.739	29.371	6.288	3.164	2.239
化工、塑料及橡胶业	1995年	0.276	2.746	76.476	13.556	15.023	0.133
	2005年	1.978	8.186	99.277	11.283	5.264	0.504
	2011年	0.111	20.407	181.314	11.432	6.845	1.432
交通运输及其他辅助设备制造业	1995年	0.031	0.197	10.716	10.916	11.326	19.648
	2005年	0.037	1.791	27.638	16.951	22.248	14.982
	2011年	0.026	3.127	38.013	15.040	36.340	13.309

资料来源：本书综合来源。

总的来看，(1) 中国"共同责任"原则下分担的碳是日本的3.29倍，其中，两国中间投入及满足国内需求的生产碳＞国内消费碳＞对方国分担的碳（满足国外需求生产碳＋国外消费）；中国的生产碳及消费碳＞日本的生产碳及消费碳；中国为日本分担的碳＜日本为中国分担的碳。(2) 两国高中VSS下的行业碳排放＞中低VSS下的行业碳排放。电气、光学设备是近年来双边贸易持续增长的行业之一，进出口额分别增加了7.48倍及10.41倍，这个行业的垂直专业化程度较高，但大多属于进口加工再出口，在这个行业上，中国的完全碳耗系数是日本的16.46倍，导致了"隐含碳"以年均5.65%的速度增加，日本有必要为这部分碳排放承担责任。主要金属及压延业，其他非金属、矿物制造业虽然中国的消费有所下降，但是碳强度依然较高，中国必须在这些行业提高技术水平、提高能源利用效率，加大节能减排力度。(3) 中国中低VSS下的部分劳动、资本密集行业的碳排放在短期内依旧会持续升高，在技术提升的同时应加大对最终产品的进口，提高中间品的附加值。

第五节 小结

本书核算了1995—2011年中日两国"生产者"责任、"消费者"责任、"共同责任"原则下碳排放总量及高中VSS、中低VSS行业的碳排放量,并运用基尼系数的"相对剥夺"原则对三种责任下的公平性进行分析。在此基础上构建了"共同责任"原则的细分模型,比较了两国中间投入生产碳、为满足国内需求的生产碳、为满足国外需求的生产碳、本国最终消费碳及国外消费碳的动态变化。研究结果如下。

(1) 1995—2011年,三种责任分担的碳排放量,中国均高于日本。1995年中国"生产者"责任下的碳排放、"消费者"责任下的碳排放以及"共同责任"下的碳排放分别是日本的4.77倍、2.61倍、3.48倍,而且这种趋势逐年增加。截至2011年,中国的三种责任分别是日本的9.59倍、5.67倍、7.07倍。其次,中国以"生产者"责任下的碳排放量最多,日本以"消费者"责任下的碳排放量最多。不同责任影响最大的高中VSS行业主要分布在主要金属及压延业,其他非金属、矿物制造业,主要机械制造业,电气、光学设备制造业及交通设备制造业;中低VSS下的行业主要分布在化工、塑料及橡胶业,焦炭、精炼石油及核燃料业,农、林、牧、渔业及木材加工制造业的碳排放总量虽然较大,但随着贸易量递减,碳排放也会相应减少。

(2) 贸易调整后的中日两国相对剥夺系数均有下降,更能体现出碳排放责任的公平性。其中,日本对中国的相对剥夺系数,以"生产者"责任原则下的相对剥夺系数最高,平均为0.792;以"消费者"责任原则下的相对剥夺系数最小,平均为0.660,"消费者"责任下的碳排放责任最大;中国对日本的"相对剥夺"与日本刚好相反,以"生产者"责任原则下的剥夺系数最小,碳排放责任最大。

(3) 把"共同责任"模型进行细分发现,中国"共同责任"原则下的碳排放是日本的3.29倍,中国的生产责任、国内消费责任、国外消费责任分别是日本的5.68倍、2.87倍、17.29倍。其中,两国中间投入及满足国内需求的生产碳>国内消费碳>对方国分担的碳(满足国外需求生产碳+国外消费);中国的生产碳及消费碳>日本的生产碳及消费碳;中国为日本分担的碳<日本为中国分担的碳。在对方国分担的责任占本国

"共同责任"分担的比例中，日本从1995年的4.90%增长到2011年的7.84%，其中累计493.130百万吨二氧化碳是通过贸易转移，而910.530百万吨二氧化碳则是通过中国加工生产日本的需求而产生。相反，中国分担日本的部分从1995年的0.66%增长到2011年的2.07%，其中24.555百万吨二氧化碳通过贸易直接消费，26.415百万吨二氧化碳是日本为满足中国需求的生产投入。把责任分配到行业，日本分担中国的碳排放责任较大的高中VSS行业依次是主要机械制造业，主要金属及压延业，交通设备制造业，电气、光学设备制造业，其他制造及回收业，其他非金属、矿物制造业，2011年的碳责任分别是1995年的15.83倍、13.13倍、6.02倍、3.88倍、3.13倍、3.09倍；责任较大的中低VSS行业是化工、塑料及橡胶业，纺织品、皮革及制鞋业，焦炭、精炼石油及核燃料业，2011年的碳责任分别是1995年的7.43倍、2.34倍及11.05倍。中国分担日本共同责任的碳排放中，高中VSS行业除了主要金属及压延业有降低趋势，其他重工业碳分担责任都是升高，对于电气、光学设备制造业分担责任更是提高了30.7倍；责任较大的中低VSS行业是纺织品、皮革及制鞋业，焦炭、精炼石油及核燃料业，采掘业，2011年的碳责任分别是1995年的9.95倍、4.91倍及5.10倍。

总的来说，本章以垂直专业化的投入产出方法为基础，分析了1995—2011年中日两国三种责任原则下的碳排放及细分的"共同"责任下的碳排放。但基于WIOD的世界表仅编制到2011年，较难实证研究后续两国间的碳排放责任分担。而中日垂直专业化分工的深入会导致双边贸易规模及结构的变化，由此带来对CO_2排放的影响，因此应预测中国未来垂直专业化的变动情况，构建垂直专业化对CO_2排放的影响模型，找出垂直专业化与CO_2间存在的关系，在此基础上再进行CO_2排放的责任分担，这也是今后本研究努力的方向。

第七章

结论、政策建议与展望

由人类生产、生活中排放的 CO_2 造成气候变暖已成为不争的事实,关于贸易"隐含碳"的排放问题也成了学术界的热点。本书选取双边贸易量较大的中日两国作为研究对象,研究了其双边贸易的动态变化,双边贸易的碳排放、造成碳排放的原因、污染转移情况及两国应该各自分担的碳排放责任等方面。根据本书的研究结果,提出了相应的政策建议。但限于各种客观原因,本书也存在不足,需要进一步研究。

第一节 主要结论

第一,中日建交后,中日贸易量急剧增大,表现为日本顺差,中国逆差;中国加入 WTO 以后出现了逆转,表现为中国顺差,日本逆差,且有逐年增加的趋势。截至 2014 年,中国成为日本第二大出口国和第一大进口国。从进出口额占本国总贸易额比例、贸易国排位及贸易结合度(TCD)三个方面综合来看,中日双边贸易相互依赖关系紧密,从非均衡依赖→均衡依赖→非均衡依赖(中国依赖日本→双方均衡依赖→日本依赖中国)过渡。从双边进出口产品的结构可以看出,中国对日本的进出口已由初级和劳动密集型为主向资本密集型转换。

20 世纪 70 年代至今,中国与日本在要素禀赋、比较优势上的差距不断缩小,曾经引领经济发展的"雁行模式"也开始衰落,垂直分工加速了跨国公司及国际外包的发展,东亚网络式发展盛行,中国和日本成了东亚贸易的核心。通过 G-L 指数、布吕哈特边际产业内贸易指数及汤姆·麦克杜威指数得出,中日已从产业间贸易向产业内贸易过渡,其中初级产品属于产业间贸易;劳动密集型产品属于产业间与产业内贸易并存;资本密集型产品属于垂直型的产业内贸易。在产品内贸易中,中国向日本进口的中间产品比例不断增大,主要体现在制造业上,且中国向日本进口的中低、中高技术产品额远高于日本向中国的进口,这意味着中间产品的进口需求并不一定与进口国的消费水平相当。虽然中国的制造业已经进入产品内贸易阶段,但是双边在高、精、尖产品上仍然具有不平衡性,中国的加工贸易依旧占比较大,对日本的半导体、汽车零部件、通信设备、光电池、IC 等产品的替代性较小,有的甚至无法替代。

第二,对比了改进的投入产出法和垂直专业化与投入产出相结合的方法,得出垂直专业化与投入产出相结合的方法可以更好地分析加工贸易产生碳排放的结构性变化,即出口贸易中的国产内涵碳排放与进口内涵碳排放间的平衡关系。本书采用第二种方法,测算出中日间贸易"隐含碳"含量,特别对中国从日本进口的中间产品部分,测算更为精确。

结果表明:(1) 中日双边贸易中,中国属于"隐含碳"的净输出国,90% 以上的出口"隐含碳"是由中国直接生产而出口。其中高中垂直专业化行业的进出口"隐含碳"量显著高于中低垂直专业化的行业,且高中垂直专业化的行业基本呈现出口"隐含碳"远高于进口"隐含碳"的现象,变化趋势逐年升高。(2) 从出口增加值占比及 VSS 不断提高,说明中国向日本进口产品的中间投入在不断提高,价值含量主要镶嵌在高中垂直专业化行业及中低垂直专业化行业中。(3) 中国从日本进口的碳可以分为三个部分:进口再生产过程产生的碳、加工再出口产生的碳及进口直接消费的碳,三个部分分别占总进口碳的 56.75%、23.94% 和 19.31%。而日本直接消费从中国进口"隐含碳"占中国总出口"隐含碳"的比重一直在 92% 以上,中国出口产品增加值的比重平均仅为 37%,说明中国在碳排放责任分担与利润间存在不平衡现象。(4) 中国高中垂直专业化下的行业贸易"隐含碳"量大于中低垂直专业化下的行业排放,平均占到中国对日本进出口贸易总"隐含碳"的 62.11%。中国加工生产及再出口的行业集中在主要金属压延(行业 9),其他制造及回收业(行业 14),交通设备制造业(行业 13),其他非金属、矿物制造业(行业 10),电气、光学设备制造业(行业 12),化工、塑料及橡胶业(行业 8)等行业。此类行业的碳排放系数相对较高,而加工生产及再出口部分都是在中国的技术水平下产生,成了"隐含碳"贡献最大的行业。相反,中国进口直接消费的碳排放集中在主要金属及压延业(行业 9),主要机械制造业(行业 11),交通设备制造业（行业13）。虽然这部分也属于高碳行业，但采用的是日本的低碳技术生产，故这些行业的碳排放相对较小。(5) 进料加工逐渐改变着中日间贸易"隐含碳"的结构性排放，增加了制造中间品的碳排放和国内的碳排放，但是这种进料加工集中于部分资本密集型和初级制品行业当中。对于电气、光学设备制造业等技术密集型产业，仍然以来料加工为主。另外，在进口再出口部分，本研究发现，中国不断出现进口产品替代现象，这种替代主要发生在初级加工、日用品及部分资本密集型产业中。

第三，采用结构分析法（SDA），将中国出口到日本的"隐含碳"排放影响因素分解为碳强度效应、投入产出中间技术效应、规模效应和结构效应，得出能源使用效率及中间技术效应减少了"隐含碳"的排放，贡献率分别为 −170.12% 及 −6.37%；规模效应及结构效应促进了"隐含碳"排放，贡献率分别为158.06% 及 39.54%。四个因素对碳排放的影响程度为：规模效应 > 碳强度效应 > 结构效应 > 技术效应。其中，对碳排放量的增减影响最直接的是碳强度效应及规模效应，最具有弹性调节能力的是结构效应，中间技术效应可以抑制碳排放的产生，但是效果相对较差。电气、光学设备制造业，电力、天然气及水供应业，化工、塑料及橡胶业，其他非金属、矿物制造业，交通设备制造业的效应占总效应的75%，是节能减排的重点行业。

第四，利用"污染产业"转移理论，得出日本并未把"污染型"产业转移至中国，中国并没有成为"污染者天堂"。但是，这种从产业层面上进行的污染转移仅能表现出污染的单向流动，掩盖了双边贸易中污染的双向流动，掩盖了垂直专业化下，污染从生产工序上的流动。因此，从产品内贸易的角度出发，中国转移至日本的产品包含了资源密集型、劳动—资本密集型、技术—资本密集型产品；而日本转移至中国的产品主要集中在劳动—资本密集型、技术—资本密集型产品上。其中，中国主要靠中间产品向日本转移碳排放，而日本转移至中国的最终产品及中间产品碳排放均很大，体现了两国在垂直化分工中所处的位置不同导致了碳排放的异化现象。

第五，一直以来，碳排放责任分担的原则、测算方法及公平性等问题都是气候谈判争论的焦点。本书对比了"生产者"责任原则、"消费者"责任原则及"共同责任"原则下中日两国的碳排放量，发现三种责任原则下的碳排放量，中国均高于日本。其中，中国以"生产者"责任原则下的碳排放最多，日本以"消费者"责任原则下的碳排放最多，这也是发达国家与发展中国家国际气候谈判僵持不下的原因之一。为了探讨三种原则的公平性，本书采用了基尼系数的"相对剥夺"理论，分析得出日本对中国的相对剥夺系数，以"生产者"责任原则下的相对剥夺系数最高，平均为0.792；以"消费者"责任原则下的相对剥夺系数最小，平均为0.660，因此是以"消费者"原则下的碳排放责任最大；中国对日本的"相对剥夺"与日本刚好相反，以"生产者"责任原则下的相对剥夺系数最小，碳排放责任最大，说明选取"共同责任"原则的话，中日双方都可以达到碳排放责任分担的相对公平。

因此，选择"共同责任"原则作为两国碳排放的标准，在垂直专业化的理论基础上，把"共同责任"细化为国内中间投入的生产碳（Q_1）、满足国内消费的生产碳（Q_2）、满足国外消费的生产碳（Q_3）、国内最终消费碳（Q_4）及国外最终消费碳（Q_5）五个部分，其中一个国家应该自己分担的碳排放责任为$Q_1+Q_2+Q_4$，对方国需要分担的碳排放责任为Q_3+Q_5。在这样的设定标准下，中国"共同责任"原则下的碳排放是日本的3.29倍，中国的生产责任、国内消费责任、国外消费责任分别是日本的5.68倍、2.87倍、17.29倍。其中，两国中间投入及满足国内需求的生产碳＞国内消费碳＞对方国分担的碳（满足国外需求生产碳＋国外消费）；中国的生产碳及消费碳＞日本的生产碳及消费碳；中国为日本分担的碳＜日本为中国分担的碳。在对方国分担的责任占本国"共同分担"责任的比例中，日本从1995年的4.90%增长到2011年的7.84%，其中累计493.130百万吨二氧化碳是通过贸易转移，而910.530百万吨二氧化碳则是通过中国加工生产日本的需求而产生。相反，中国分担日本的部分从1995年的0.66%增长到2011年的2.07%，其中24.555百万吨二氧化碳通过贸易直接消费，26.415百万吨二氧化碳是日本为满足中国需求的生产投入。把责任分配到行业，日本分担中国的碳排放责任较大的高中VSS行业是主要机械制造业，主要金属及压延业，交通设备制造业，电气、光学设备制造业，其他制造及回收业，其他非金属、矿物制造业；中国分担的日本碳排放责任较大的行业除了主要金属及压延业的碳含量有所减少外，其余高中VSS的碳排放责任都有升高。

第二节　政策建议

一　积极参与国际垂直专业化

东亚地区产业链的迅速发展促进了碳链的形成与发展，为了使中国在面临中日贸易的新格局时,各环节的碳排放有所减少,可以从以下几个方面作出努力。

一是促进制造业的绿色、低碳转型,提升其在产业链中的位次。与日本相比,中国的制造业大多处于产业链的中低位次,且大多属于高碳型行业,需要从低位跳跃到中高位的低污染、高附加值的位置上去。这是一个必经过程,也是一个较为困难的过程。要控制重化工业的碳排放量,加大研发力度,提升本土制造业的创新能力,在新一轮的技术革命与产业革命中抢占先机。在"十三五"规划中,明确提出了能源领域的国际合作。借助国家的政策支持,积极寻求与日本在能源产业、交通产业、建筑业等领域的合作,有选择地引进日本的"低碳技术",并在此基础上形成自己的优势品牌,逐渐摆脱对日本某些核心技术的过度依赖。同时,特别注意对"清洁型"产业的结构升级。

二是企业层面加快生产流程的升级,提高生产效率。借鉴 Gereffi 企业升级的四条路径:同一产品从简单到复杂的转换,产品设计、生产、营销能力的提升,从低附加值到高附加值的转变,从以劳动密集型转为技术、资本密集型为主。在企业生产提效的过程中,注意低碳、环保的积极效应,只有生产效率、低碳环保均有提升的企业才能得到可持续的发展。另外,积极与日本的三菱重工、日立制造等优秀企业建立合作伙伴关系,引进人才,对员工进行培训,从人力资本上提升企业的整体质量。

三是积极承接日本的服务性工序。与制造业相比,服务工序具有资源和能源消耗少、污染排放低的特点,且附加值高。因此,中国应加强技术水平的提升,在垂直专业化中实现从低成本生产基地向低成本创新基地的转变。从发展空间看,中国承接日本传统加工贸易的制造工序一般分布在沿海地区,而中部地区较为落后。未来东部沿海的制造工序可以适当朝着西部转移,以腾出空间承接日本的服务型、技术型生产工序。

四是实施环境成本内在化,促进垂直专业化的清洁升级。日本的污染从生产工序上已经转移至中国,而中国的部分地方政府为了政绩,在环境规制中展开了恶性竞争,使得环境成本没有内部化。因此,应提高地方政府在环境方面的准入门槛,加大执法力度,认真权衡进入中国产业的污染水平及分工位次,确保环境成本可以在垂直专业化过程中内部化。

二　调整贸易结构

从本书的实证研究结果中看出，贸易结构对中国"隐含碳"的影响较大，具有较大的调节性，而对产业结构的调整可以间接影响贸易结构的调整。因此，考虑产业结构调整时，应注意以下几个方面。

第一，整体考虑产业结构调整与碳排放间的关系，实现结构升级与经济增长的双重目标。增加对经济发展潜力大、碳排放小、附加值高的产业投入，可以实现经济与低碳的共同发展。同时，提高各行业自由进出度，促进生产要素在整条产业链中的自由流通。

第二，加大对重化工业内部结构优化。重化工业大多属于高碳行业，短期内脱碳比较困难，因此要保持节能减排政策与结构调整政策的协调性、稳健性与连续性，避免政策波动引起碳排放的反向脱钩（周五七，2015）。

第三，中国出口结构的调整。中日贸易中，交通设备制造，电气、光学设备制造，机械制造等行业出口不断增加，加大了CO_2的排放。对于中国来说，政府应从源头上控制高污染、高排放、低附加值产品的出口，在此过程中可以采取出口退税等政策，逐渐增加低碳、环境友好型产品在出口产品中的比重。适当进口部分资源、能源、高碳型行业的产品，减少这些产品在国内生产而产生的过多碳排放。

三　推动技术创新

本书研究过程中发现，中国的碳强度水平有了一定的下降，但低碳水平与日本相比仍然差距较大。低碳技术水平的提高不仅可以提升中国产品质量，提升中国自主品牌的知名度，还可以通过技术外溢效应，使得整条产业链得到提升。新能源开发技术、能源替代技术、节能减排技术等都是今后努力的方向。

另外，积极发展CDM项目。中国的边际减排成本较低，在节能环保方面的市场前景广阔，其市场规模可达3000亿美元（浦野纮平，2007）。而日本的低碳水平处于世界前列，碳排放的边际减排成本很高，达到234美元/吨碳，若与发展中国家进行合作，则边际减排成本可以减少到65美元/吨碳（庄贵阳，2002）。因此，在"十三五"规划期内，可以加大与日本低碳领域的合作，注意吸收日本的先进技术，并与之推广、再创新，走新时期中国绿色、低碳的技术发展之路。

第三节 不足之处与展望

本书不足之处主要体现在以下两个大的方面。

1. 数据的误差性与不可获取性

第一,中日贸易统计口径不同。两国对于进口采用的都是以原产国(地区)为准;出口方面,日本是以运输抵达目的地为准,中国则以最终目的国(地区)为准(江瑞平,2004;魏琦,2005)。也就是说,日本从经香港进口的商品纳入向中国的进口,而经香港的出口却纳入对中国香港的出口,这样势必会造成中国的出口统计小于日本的进口统计,中国的进口统计却大于日本的出口统计。中国香港一直是中日最大的进出口伙伴,1992年曾占到中国内地出口的44.16%,2013年又超过美国成为第一大出口地区,占比为17.41%。而日本出口到中国香港的60%转口到了中国内地(丁一兵,2013),无形中加大了日本对中国的贸易逆差。再加上两国的出口值按照离岸价格(FOB)计算,进口值按照到岸价格计算(CIF),CIF理论上比FOB高3%—4%,提高了贸易的误差。此外,中日间运输时滞、香港转口的毛利(郭又新,2003),中国对来料加工出口价格的低估,进口统计中不包括日本企业对日本汽车的进口等均加大了两国统计差异上的悬殊(魏琦,2005)。因此,贸易数据的误差性会导致后续贸易"隐含碳"测算的精准度。

第二,碳排放系数的获取存在误差。本书采用了两种方法获得碳排放系数,1995—2009年行业的CO_2数据来自世界投入产出数据库环境账户中的"CO_2 Emissions Table"。2009—2011年的数据没有得到更新,因此按照IPCC《国家温室气体清单指南》(2006)给出的公式进行计算,但是中日两国"按行业分能源消费量"所规定的能源种类的计量标准不同,造成最终两国的碳排放系数存在误差。

第三,行业合并的误差。WIOD数据库的投入产出把行业划分为35个,OECD数据库的贸易数据把行业划分为45个(ISIC编码制),为了统一行业,对照了《中国贸易外经统计年鉴》(HS编码制,分为22类98章),并考虑了中日两国碳排放较高的行业类型,把本研究的行业归并为18个。因为各数据库贸易分类的编码制不一,导致归并行业的过程中,仍然会出现一些人为的误差。

2. 研究方法上的不足

第一，投入产出方法中的单区域或多区域投入产出模型都因为行业聚合数量的多少影响到结论的准确性。另外，WIOD 中的世界投入产出表仅到 2011 年，基于地区间投入产出表的编制极其复杂、耗时较多，限于个人精力有限，未编制 2011 年后的投入产出表，时间上具有滞后性。

第二，垂直专业化与投入产出相结合的方法比较新颖，但到目前为止，对垂直专业化测算的方法有限，较为成熟的是以 Hummels（2001）提出的 HIV 法运用比较多。现实情景下的中日贸易（特别中间品部分）非常复杂，仅在多区域投入产出模型的基础上加入 HIV 方法，离现实还有一段"距离"。

今后的研究可以朝着两个方面入手。

第一，垂直专业化与投入产出相结合的方法具有一定的复杂性，但模型设计的潜力较大、局部分析的效果更好。未来可以构建进一步深入的数理模型，分析垂直专业化是如何影响到贸易"隐含碳"排放的结构效应、规模效应、技术效应。

第二，相对于"生产者"和"消费者"，"共同分担"责任原则更加公平，但在"共同分担"责任原则的大框架下，基于累计碳排放、当年碳排放、人均碳排放、GDP 碳排放分担的结果也存在很大差异，应根据中日两国实情及可行性，进一步对模型进行设计。另外，在共同分担框架下，贸易起到很大的调节作用。对于中国来说，东、中、西部与日本的贸易往来规模及结构也存在很大差异，从空间尺度上进行"共同分担"责任的细化，对于中国各省份走低碳经济的发展模式更加公正也更加科学。

附　　录

行业合并对照表

行业	日本统计年鉴	中国外经年鉴	OECD	WIOT	本书归并
农、林、牧、渔业	0（001/007/009/011/013/015/017）2（203/205/217）	1（1/3）2（6—10，12—14）3（1—15）	1（01—03）	1	1
采掘业	2（213/215）	5（25—26）	2（01—04）	2	2
食品、饮料及烟草业	0（003/005/019）1（101/103）4（401/403/405）	1（2/4/5）2（11）3（15）4（16—24）	3（01）	3	3
纺织品、皮革及制鞋业	2（211/201）6（601/607）8（805/807/809）	11（50—63）8（41—43）12（64—67）	3（02）	4—5	4
木材加工制造业	2（207）6（605）	9（44—46）20（94）	3（03）	6	5
纸浆、纸、印刷及出版业	2（209）6（606）	10（47—49）	3（04）	7	6
焦炭、精炼石油及核燃料业	3（303）5（503）	5（27）	4（01）	8	7
化工、塑料及橡胶业	5（501/503/505/507/509/511/513/515）6（603）	6（28—38）7（39—40）	5（01—03）	9—10	8
主要金属及压延业	2（215）6（611/613）	14（71）15（72—83）	6，7（03）	12	9
其他非金属、矿物制造业	6（609/615）	13（68—70）14（71）	5（04）7（01—02）	11	10
主要机械制造业	7（701）	16（84—85）	8（01）	13	11

续表

行业	日本统计年鉴	中国外经年鉴	OECD	WIOT	本书归并
电气、光学设备制造业	7（703）8（811/813）	18（90—92）	9（01—04）	14	12
交通设备制造业	7（705）	17（86—89）	10（01）11（01—05）	15	13
其他制造及回收业	8（801/803/813）	19（93）20（94—96）21（97）	12	16	14
电力、天然气、水供应业	3（305）	22	12	17	15
交通运输及其他辅助设备制造业	—	22	12	23—26	16
建筑业	—	22	12	18	17
服务业	—	22	12	27—35	18

注：中国外经统计年鉴分22类，98章；日本统计年鉴分为9大类；OECD按照ISIC3和ISIC4分为12个大类；WIOT分为了35个大类。

资料来源：本书综合整理。

参考文献

[1] Arouri, M. E. H., Caporale, G. M., Rault, C., et al., "Environmental Regulation and Competitiveness: Evidence from Romania", *Ecological Economics*, 2012, Vol. 81, No. 5, pp. 130 – 139.

[2] Anderson, K., "Agricultural Trade Liberlizatio and the Environment: A Global Perspective", *The World Economy*, 1992, Vol. 15, No. 1, pp. 153 – 171.

[3] Akbostanci, E., Serap, T., "The Relationship between Income and Environment in Turkey: Is there an Environmental Kuznets Curve?" *Energy Policy*, 2009, Vol. 37, No. 3, pp. 861 – 867.

[4] Antràs, P., "Firms, Contracts, and Trade Structure", *The Quarterly Journal of Economics*, 2003, Vol. 118, No. 4, pp. 1375 – 1418.

[5] Ackerman, F., Ishikawa M., Suga M., "The Carbon Content of Japan—US Trade", *Energy Policy*, 2007, Vol. 35, No. 9, pp. 4455 – 4462.

[6] Aldy, J. E., "An Environmental Kuznets Curve Analysis of U. S State-Level Carbon Dioxide Emissions", *Journal of Environmental & Development*, 2005, Vol. 14, No. 1, pp. 48 – 72.

[7] Andrew, R., Forgie, V., "A Three-perspective View of Greenhouse Gas Emission Responsibility in New Zealand", *Ecological Economics*, 2008, Vol. 68, pp. 194 – 204.

[8] Ahmad, N., Wyckoff, A. W., Carbon Dioxide Emissions Embodied in International Trade of Goods, http://www.oecd - ilibrary.org/science - and - technology/carbon - dioxide - emissions - embodied - in - international - trade - of - goods_ 421482436815, 2009 - 04 - 15/2015—3 - 21.

[9] Atkinson, G., Hamilton, K., Ruta, G., et al., "Trade in 'Virtual Carbon' Empirical Results and Implications for Policy", *Global Environmental Change*, 2011, Vol. 21, No. 2, pp. 563 – 574.

[10] Araujo, M. S. M., Campos, C. P., Rosa, L. P., "GHG Historical Contribution by Sectors, Sustainable Development and Equity", *Renewable & Sustainable Energy Reviews*, 2007, Vol. 11, No. 5, pp. 988 – 997.

[11] Arndt, S. W., *Preference Areas and Intra-Product Specialization*, California: APF Press, 2001, pp. 237 – 249.

[12] Arndt, S. W., "Globalization and the Open Economy", *North American Journal of Economics & Finance*, 1997, Vol. 8, No. 1, pp. 71 – 79.

[13] Antweiler, W., Trefler, D., "Increasing Returns and All That: A View from Trade", *American Economic Review*, 2002, Vol. 92, No. 1, pp. 93 – 119.

[14] Beers, C. V., Jeroen, C. J. M., Van, D. B., "An Empirical Multi-Country Analysis of the Impact of Environmental Regulations on Foreign Trade Flows", *Kyklos*, 1997, Vol. 50, No. 1, pp. 29 – 46.

[15] Busse, M., "Trade 'Environmental Regulation' and the World Trade Organization: New Empirical Evidence", *Journal of World Trade*, 2004, Vol. 2, pp. 285 – 306.

[16] Burniaux, J. M., Martin, J. P., Nicotetti, G., et al., "GREEN-A Multi Region Dynamic General Equilibrium Model for Quantifying the Costs of Curbing CO_2 Emissions: A Technical Manual", In: OECD Economies Department Working Paper, Pairs: OECD Economics Department Working Papers, 1992.

[17] Baumol, W. J., Oates, W. E., Bawa, V. S., *The Theory of Environmental Policy*, Cambridge: Cambridge University Press, 1988.

[18] Busse, M., Silberberger, M., "Trade in Pollutive Industries and the Stringency of Environmental Regulations", 2013, Vol. 20, No. 4, pp. 320 – 323.

[19] Barrett, S., "Strategic Environmental Policy and International Trade", *Journal of Public Economics*, 1994, Vol. 54, pp. 325 – 338.

[20] Beghin, J., Potier, M., "Effects of Trade Liberalization on the Envi-

ronment in the Manufacturing Sector", *World Economy*, 1997, Vol. 20, pp. 435 - 456.

[21] Bastianoni, S., Pulselli, F. M., Tiezzi, E., "The Problem of Assigning Responsibility for Greenhouse Gas Emissions", *Ecological Economics*, 2004, Vol. 49, No. 3, pp. 253 - 257.

[22] Barrett, J., Peters, G., Weidmann, T., et al., "Consumption-based GHG Emissions Accounting in Climate Policy: A UK Case Study", *Climate Policy*, 2013, Vol. 13, No. 4, pp. 451 - 470.

[23] Bastianoni, S., Caro, D., Borghesi, S., et al., "The Effect of a Consumption-Based Accounting Method in National GHG Inventories: A Trilateral Trade System Application", *Frontiers in Energy Research*, 2014, Vol. 2, No. 4, pp. 1 - 8.

[24] Bastianoni, S., Pulselli, M., Tiezzi, E., "The Problem of Assigning Responsibility for Greenhouse Gas Emissions", *Ecological Economics*, 2004, Vol. 49, No. 3, pp. 253 - 257.

[25] Bai, D. Y., Zhang, D. C., Zhai, Y. L., "Research on the Burden of Embodied Carbon Emissions in Wood Forest Products Shared by Importing and Exporting Countries in the International Trada", *Issue of Forestry Economics*, 2013, Vol. 33, No. 4, pp. 301 - 305.

[26] Benito, M., "Equity in Climate Change: The Great Divide", Oxford: Report of Oxford Institute for Energy Studies, 2002, No. 39.

[27] Brazilian Proposal, Proposed Elements of a Protocol to The United Nations Framework Convention on Climate Change, Prensented by Brazil in Response to the Berlin Mandate, http://unfaccc.int/resource/docs/1997/agbm/misc01a03.pdf, 1997 - 05 - 30/2015 - 9 - 23.

[28] Bhagwati, J., *Reflections on Climate Change and Trade*, Brooking Institution Press, 2009, pp. 176 - 191.

[29] Balassa, B., "Tariff Protection in Industrial Countries: An Evaluation", *Journal of Political Economy*, 1967, Vol. 73, No. 6, pp. 573 - 594.

[30] Chichilnisky, G., "North-South Trade and the Global Environment", *American Economic Review*, 1994, Vol. 84, No. 4, pp. 851 - 874.

[31] Copeland, B. R., Taylor, M. S., "Trade, Growth and the Environment", *Journal of Economic Literature*, 2004, Vol. 42, No. 1, pp. 7 – 71.

[32] Cole, M. A., "Trade, the Pollution Haven Hypothesis and the Environmental Kuznets Curve: Examining the Linkages", *Ecological Economics*, 2004, Vol. 48, No. 1, pp. 71 – 81.

[33] Chakraborty, D., Mukherjee, S., "How do Trade and Investment Flows Affect Environmental Sustainability? Evidence from Panel Data", *Environmental Development*, 2013, Vol. 6, pp. 34 – 47.

[34] Cole, M. A., Elliott, R. J. R., Okubo, T., "International Environmental Outsourcing", *Review of World Economics*, 2014, Vol. 150, No. 4, pp. 639 – 664.

[35] Cole, M. A., "Trade, the Pollution Haven Hypothesis and the Environmental Kuznets Curve", *Ecological Economics*, 2004, Vol. 48, No. 1, pp. 71 – 81.

[36] Cole, M. A., "Limits to Growth, Sustainable Development and Environmental Kuznets Curve: An Examination of the Environmental Kuznets Curves: An Examination of the Environmental Impact on Economic Development", *Sustainable Development*, 1999, Vol. 7, No. 2, pp. 87 – 97.

[37] Cooper, R. N., "The Case for Charges on Greenhouse Gas Emissions", Cambridge: Department of Economics Harvard University, 2008, pp. 8 – 10.

[38] Climate Action Tracker, INDCs Lower Projected Warming to 2.7°C: Significant Progress but still above 2°C [EB/OL], http://climateactiontracker.org/news/224/INDCs – lower – projected – warming – to – 2.7C – significant – progress – but – still – above – 2C – html. 2015 – 10 – 01/ 2016/02 – 15.

[39] Domazlicky, B. R., Weber, W. L., "Does Environmental Protection Lead to Slower Productivity Growth in the Chemical Industry?" *Environmental and Resource Economics*, 2004, Vol. 28, pp. 301 – 324.

[40] Daly, H. E., "The Perils of Free Trade", *Scientific American*, 1993,

Vol. 269, No. 5, pp. 50 – 57.

[41] Dixit, A. K., Grossman, G. M., "Trade and Protection with Multi-stage Production", *The Review of Economic Studies*, 1982, Vol. 49, No. 4, pp. 583 – 594.

[42] Deardorff, A., "Fragmentation in Simple Trade Models", *North American Journal of Economics and Finance*, 2001, Vol. 111, No. 1, pp. 52 – 102.

[43] Dean, J. M., Fung, K. C., Wang, Z., "Measuring Vertical Specialization: The Case of China", *Review of International Economics*, 2011, Vol. 19, No. 4, pp. 609 – 625.

[44] Dean, J. M., Lovely, M. E., Trade Growth, Production Fragmentation and China's Environment, Chicago: NBER Working Paper, 2010, pp. 429 – 469.

[45] Dean, J. M., Lovely, M. E., Wang, H., "Are Foreign Investors Attracted to Weak Environmental Regulations? Evaluating the Evidence from China", *Journal of Development Economics*, 2009, Vol. 90, pp. 1 – 13.

[46] Davis, S. J., Ken, C., "Consumption-based Accounting of CO_2 Emissions", *Proceedings of the National Academy of Sciences*, 2010, Vol. 107, No. 12, pp. 5687 – 5692.

[47] Dean, J., Fung, K. C., Wang, Z., "Measuring the Vertical Specialization in Chinese Trade", US International Trade Commission Office of Economic Working Paper, 2008, No. 6.

[48] Dasgupta, S., Mody, A., Roy, S., et al., "Environmental Regulation and Development: A Cross – Country Empirical Analysis", *Oxford Development Studies*, 2001, Vol. 29, pp. 173 – 185.

[49] Eskeand, G. S., Harrison, A. E., "Moving to Greener Pastures? Multinationals and the Pollution Haven Hypothesis", *Journal of Development Economics*, 2003, Vol. 70, No. 1, pp. 1 – 23.

[50] Esty, D. C., Geradin, D., "Market Access, Competitiveness, and Harmonization: Environmental Protection in Regional Trade Agreements", *The Harvard Environmental Law Review*, 1997, Vol. 21,

No. 2, pp. 265 – 336.

[51] Eder, P., Narodoslawsky, M., "What Environmental Pressures are a Region's Industries Responsible for? A Method of Analysis with Descriptive Indices and Input-output Models", *Ecological Economics*, 1999, Vol. 29, No. 3, pp. 359 – 374.

[52] Fullerton, D., Karney, D., Baylis, K., "Negative Leakage", *Journal of the Association of Environmental and Resource Ecnomists*, 2014, Vol. 1, pp. 51 – 73.

[53] Feenstra, R. C., Hanson, G. H., "Foreign Investment, Outsourcing and Relative Wages: Evidence from Mexico's Maquiladoras", *Journal of International Economics*, 1997, Vol. 42, No. 3 – 4, pp. 371 – 393.

[54] Ferng, J. J., "Allocating the Responsibility of CO_2 Over-emissions from the Perspectives of Benefit Principle and Ecological Deficit", *Ecological Economics*, 2003, Vol. 46, No. 1, pp. 121 – 141.

[55] Fu, J., Rouna, A., Wang, M., et al., "Analysis of China's Production and Consumption-based CO_2 Emission Inventories", *Journal of Resources and Ecology*, 2013, Vol. 4, No. 4, pp. 293 – 303.

[56] Grossman, G. M., Krueger, A. B., "Environmental Impact of a North American Free Trade Agreement", *Social Science Electronic Publishing*, 1992, Vol. 8, No. 2, pp. 223 – 250.

[57] Grossman, G. M., Krueger, A. B., "Economic Growth and the Environment", *Social Science Electronic Publishing*, 1994, Vol. 110, No. 2, pp. 353 – 377.

[58] Grossman, G. M., Helpman, E., "Outsourcing in a Global Economy", *Review of Economic Studies*, 2005, Vol. 72, No. 1, pp. 135 – 159.

[59] Grossman, G. M., Szeidl, A., "Complementarities between Outsourcing and Foreign Sourcing", *America Economic Review*, 2005, Vol. 95, No. 2, pp. 19 – 24.

[60] Gopeland, B. R., Taylor, M. S., "Trade, Growth and the Environment", *Journal of Economic Literature*, 2004, Vol. 42, No. 1, pp. 7 – 71.

[61] Gagatay, S., "Degree of Environmental Stringency and Impacts on Trade Patterns", *Journal of Economic Studies*, 2005, Vol. 33, No. 1, pp. 30 - 51.

[62] Gerlagh, R., "Too Much Oil", *CESifo Economic Studies*, 2011, Vol. 57, No. 1, pp. 79 - 102.

[63] Glen, P. P., Hertwich, E. G., "Pollution Embodied in Trade: The Norwegian Case", *Global Environmental Change*, 2006, Vol. 16, pp. 379 - 387.

[64] Glen, P. P., Hertwich, E. G., "Post-Kyoto Greenhouse Gas Inventories: Production versus Consumption", *Climate Change*, 2008, Vol. 86, No. 1, pp. 51 - 66.

[65] Glen, P. P., "From Production-based to Consumption-based National Emission Inventories", *Ecological Economics*, 2008, Vol. 65, No. 1, pp. 13 - 23.

[66] Geng, L., Fu, J., Song, Y., et al., "Provincial Differences of Consumption-based Carbon Emissions in Northeastern China", *Resources Science*, 2012, Vol. 34, No. 8, pp. 1445 - 1451.

[67] Gallego, B., Lenzen, M., "A Consistent Input-output Formulation of Shared Producer and Consumer Responsibility", *Economic Systems Research*, 2005, Vol. 17, No. 4, pp. 365 - 391.

[68] Gao, J., "Reconciling Human Development and Climate Protection: Perspectives from Developing Countries on Post - 2012 International Climate Change Policy", USA: Harvard Kennedy School, 2008, pp. 8 - 25.

[69] Hillman, A. L., Iii, C. W. B., "Energy the Heckscher-Ohlin Theorem and U. S. International Trade", *American Economic Review*, 1978, Vol. 3, pp. 96 - 106.

[70] Hammond, G., "Time to Give Due Weight to the Carbon Footprint Issue", *Nature*, 2007, Vol. 445, No. 7125, pp. 256 - 261.

[71] Hummels, D., Ishii, J., Yi, K. M., "The Nature and Growth of Vertical Specialization World Trade", *Journal of International Economics*, 2001, Vol. 54, No. 1, pp. 75 - 96.

[72] Homma, T., Akimoto, K., Tomoda, T., "Evaluation of Sectoral and Regional CO_2 Emissions: Production-based and Consumption Accounting Measurements", https://www.gtap.agecon.purdue.edu/resources/download/3896.pdf, 2008 - 06 - 04/2015 - 05 - 23.

[73] Hoornweg, D., Sugar, L., Gomez, C. L. T., "Cities and Greenhouse Gas Emissions: Moving Forward", *Environment and Urbanization*, 2011, Vol. 23, No. 1, pp. 207 - 227.

[74] Harris, P. G., *World Ethics and Climate Change*, Edinburgh: Edinburgh University Press, 2010, p. 156.

[75] Heil, M. T., Wodon, Q. T., "Inequality in CO_2 Emissions between Poor and Rich Countries", *The Journal of Environmental and Development*, 1997, Vol. 6, No. 4, pp. 426 - 452.

[76] International Organization for Standardization, "ISO14067: Carbon Footprint of Products", http://www.iso.org/iso/home/store/catalogue_tc/catalogue_detail.htmcsnumber=59521, 2014 - 10 - 01/2015 - 03 - 03.

[77] Ishii, J., Yi, K. M., "The Growth of World Trade", *Research Paper*, 1997, Vol. 111, No. 1, pp. 52 - 102.

[78] IPCC, "Guidelines for National Greenhouse Gas Inventories", London: Intergovernmental Panel on Climate Change, 1996, pp. 1 - 3.

[79] IEA, "CO_2 Emissions from Fuel Combustion 2014", http://www.oecd-ilibrary.org/enengry/co2-emissions-fromfuel-combustion-2014_co2_fuel-2014-en; jsessionid=1eu8wi1l1htin.x-oecd-live-03.2015-1105/2015-11-07.

[80] Jones, N., "Climate Assessments: 25 Years of the IPCC", *Nature*, 2013, Vol. 501, pp. 298 - 299.

[81] Jones, N., "Rising Tide", *Nature*, 2013, Vol. 501, pp. 300 - 302.

[82] Jug, J., Mirza, D., "Environmental Regulations in Gravity Equations: Evidence from Europe", *The World Economy*, 2005, Vol. 28, No. 11, pp. 1591 - 1615.

[83] Jenkins, R., Jenkins, R., "Environmental Regulation and International Competitiveness: A Review of Literature and some European Evidence", UNU-INTECH Discussion Paper Series, 1998, Vol. 4,

pp. 561 – 562.

[84] Jones, R. W., Kierzkowski, H., "The Role of Services in Production and International Trade: A Theoretical Framework", *Ajr American Journal of Roentgenology*, 1988, Vol. 165, No. 6, pp. 1485 – 1491.

[85] Jones, R., Kierzkowski, H., Chen, L., "What does Evidence Tell Us about Fragmentation and Outsourcing?" *International Review of Economics & Finance*, 2005, Vol. 14, No. 3, pp. 305 – 316.

[86] Krugman, P. R., "Increasing Returns, Monopolistic Competition and International Trade", *Journal of International Economics*, 1979, Vol. 9, pp. 469 – 479.

[87] Kakali, M., Forssell, O., "An Empirical Investigation of Air Pollution from Fossil Fuel Combustion and its Impact on Health in India During 1973 – 1974 to 1996 – 1997", *Ecological Economics*, 2005, Vol. 55, No. 2, pp. 235 – 250.

[88] Kander, A., Jiborn, M., Moran, D. D., et al., "National Greenhouse-gas Accounting for Effective Climate Policy on International Trade", *Nature Climate Change*, 2015, Vol. 5, pp. 431 – 435.

[89] Kratena, K. H., Meyer. I., "Energy Consumption and CO_2 Emissions in Austria: The Role of Energy Efficiency and Fuel Substitution", WIFO Monatsberichte, 2007, Vol. 80, No. 11, pp. 893 – 907.

[90] Krugman, P., *Development, Geography, and Economic Theory*, London: The MTT Press, 1995.

[91] Kakwani, N., "The Relative Deprivation Curve and Its Applications", *Journal of Business & Economic Statistics*, 1984, Vol. 2, No. 4, pp. 384 – 394.

[92] Kenny, T., Gray, N. F., "Comparative Performance of Six Carbon Footprint Models for Use in Ireland", *Environmental Impact Assessment Review*, 2009, Vol. 29, No. 1, pp. 1 – 6.

[93] Long, N. V., Siebert. H., "A Model of the Socialist Firm in Transition to a Market Economy", *Journal of Economies*, 1992, Vol. 56, No. 1, pp. 1 – 21.

[94] Lanjouw, J. O., Mody, A., "Innovation and the International Diffu-

sion of Environmentally Responsive Technology", *Research Policy*, 1996, Vol. 25, No. 4, pp. 549 – 571.

[95] Lenzen, M., "Primary Energy and Greenhouse Gases Embodies in Australian Final Consumption: An Input-output Analysis", *Energy Policy*, 1998, Vol. 26, No. 6, pp. 495 – 506.

[96] Levinson, A., Ederington, J. M. J., "Footlose and Pollution-free", *The Review of Economics and Statistics*, 2005, Vol. 87, pp. 92 – 99.

[97] Lewis, I. V., "Trade Liberalization and Pollution: An Input-Output Study of Carbon Dioxide Emissions in Mexico", *Economic Systems Research*, 1995, Vol. 7, No. 3, pp. 309 – 329.

[98] Lenzen, M., Pade, L. L., Munksgaard, J., "CO_2 Multipliers in Multi-region Input-output Models", *Economic Systems Research*, 2004, Vol. 16, No. 4, pp. 391 – 412.

[99] Li, You., Hewitt, C. N., "The Effect of Trade between China and the UK on National and Global Carbon Dioxide Emissions", *Energy Policy*, 2008, Vol. 36, No. 6, pp. 1907 – 1914.

[100] Liu, X. B., Ishikawa, M., Wang, C., et al., "Analyses of CO_2 Emissions Embodied in Japan-China Trade", *Energy Policy*, 2010, Vol. 38, pp. 1510 – 1518.

[101] Liu, L. C., Liang, Q. M., Wamg, Q., "Accounting for China's Regional Carbon Emissions in 2002 and 2007: Production-based versus Consumption-based Principles", *Journal of Cleaner Production*, 2015, Vol. 103, No. 15, pp. 384 – 392.

[102] Lininger, C., "Consumption-Based Approaches in International Climate Policy", Switzerland: Springer International Publishing, 2015, pp. 91 – 113.

[103] Lenzen, M., Murray, J., Sack, F., et al., "Shared Producer and Consumer Responsibility—Theory and Practice", *Ecological Economics*, 2007, Vol. 61, No. 1, pp. 27 – 42.

[104] Li, You., Hewitt, C. N., "The Effect of Trade between China and the UK on National and Global Carbon Dioxide Emissions", *Energy Policy*, 2008, Vol. 36, No. 6, pp. 1907 – 1914.

[105] Lenzen, M., Murray, J., "Conceptualising Environmental Responsibility", *Ecological Economics*, 2010, Vol. 70, No. 2, pp. 261 – 270.

[106] Lenzen, M., Murray, J., Sack, F., et al., "Shared Producer and Consumer Responsibility—Theory and Practice", *Ecological Economics*, 2007, Vol. 61, No. 1, pp. 27 – 42.

[107] Li, Jinghua., "A Weighted Average Decomposition Method of SDA Model and its Application in Chinese Tertiary Industry Development", *Systems Engineering*, 2004, Vol. 22, No. 9, pp. 69 – 73.

[108] Maria, C. D., Werf, E. V. D., "Carbon Leakage Revisited: Unilateral Climate Policy with Directed Technical Change", *Environmtal & Resource Economics*, 2008, Vol. 39, No. 2, pp. 55 – 74.

[109] Manderson, E., Kneller, R., "Environmental Regulations, Outward FDI and Heterogeneous Firms: Are Countries Used as Pollution Havens?" *Environmental & Resource Economics*, 2012, Vol. 51, No. 3, pp. 317 – 352.

[110] Machado, G., Schaeffer, R., Worrell, E., "Energy and Carbon Embodied in the International Trade of Brazil: An Input-output Approach", *Ecological Economics*, 2001, Vol. 39, No. 3, pp. 409 – 424.

[111] Munksgaard, J., Pedersen, K. A., "CO_2 Accounts for Open Economies: Producer or Consumer Responsibility?" *Energy Policy*, 2001, Vol. 29, pp. 327 – 334.

[112] Martin, B., "Counting CO_2 Emissions in Globalised World Producer versus Consumer-oriented Methods for CO_2 Accounting", DIE: Deutsches Institut fur Entwicklungspolitik, 2010.

[113] Mózner, Z. V., "A Consumption-based Approach to Carbon Emission Accounting Sectoral Differences and Environmental Benefits", *Journal of Cleaner Production*, 2013, Vol. 42, No. 3, pp. 83 – 95.

[114] Munksgaard, E. J., Pedersen, K. A., "CO_2 Accounts for Open Economies: Producer or Consumer Responsibility", *Energy Policy*, 2001, Vol. 29, No. 4, pp. 327 – 334.

[115] Marques, A., Rodrigues, J., Lenzen, M., et al., "Income-based

Environmental Responsibility", *Ecological Economics*, 2012, Vol. 84, No. 2, pp. 57 – 65.

[116] Metz, B., Davidson, O., Bosch, P., et al., *Climate Change 2007: Mitigation of Climate Change*, Cambridge and New York: Cambridge University Press, 2007, p. 752.

[117] Murray, S., "Fair Weather: Who Should Pay for Climate Change Mitigation?" *The New Zealand Journal of Christian Thought & Practic*, 2007, Vol. 15, No. 4, p. 34.

[118] Mongelli, I., Tassielli, G., Notarnicola, B., "Global Warming Agreements, International Trade and Energy/Carbon Embodiments: An Input-Output Approach to the Italian Case", *Energy Policy*, 2006, Vol. 34, No. 1, pp. 88 – 100.

[119] Nakano, S., Okamura, A., Sakurai, N., et al., "The Measurement of CO_2 Embodiments in International Trade: Evidence from the Harmonized Input-output and Bilateral Trade Database", France: OECD, 2009.

[120] Nordhaus, W. D., "After Kyoto: Alternative Mechanisms to Control Warming", *The American Economic Review*, 2006, Vol. 96, No. 2, pp. 31 – 34.

[121] OECD, *The Economics of Climate Change Mitigation: Policies and Options for Global Action Beyond 2012*, Paris: Organization for Economic Co-operation and Development, 2009.

[122] Obas, J. E., Anthony, J. I., "Decomposition Analysis of CO_2 Emission Intensity between Oil-producing and Non-oil-producing Sub-Saharan African Countries", *Energy Policy*, 2006, Vol. 34, No. 18, pp. 3599 – 3611.

[123] Oliver, S., Simon, K., Andreas, L., Climate Policy and Vertical Specialization in Multi-Stage Production Processes, http://www.webmeets.com/files/papers/EAERE/2013/889/130131_vert_spec_emb_carb.pdf, 2013 – 02 – 01/2015/12/10.

[124] Osternaven, J., Stelder, D., "Net Multipliers Avoid Exaggerating Impacts: With a Bi-regional Illustration for the Dutch Transportation

Sector", *Journal of Regional Science*, 2002, Vol. 42, No. 3, pp. 533 – 543.

[125] Pethig, R., "Pollution, Welfare and Environmental Policy in the Theory of Comparative Advantage", *Journal of Environmental Economics & Management*, 1976, Vol. 2, No. 3, pp. 160 – 169.

[126] Poter, M., Linde, C. V. D., "Toward a New Conception of the Environment-Competitiveness Relationship", *Journal of Economic Perspective*, 1995, Vol. 9, No. 4, pp. 97 – 118.

[127] Poortinga, W., Spence, A., Demski, C., et al., "Individual-motivational Factors in the Acceptability of Demand-side and Supply-side Measures to Reduce Carbon Emissions", *Energy Policy*, 2012, Vol. 48, No. 5, pp. 812 – 819.

[128] Penteado, R., Cavalli, M., Magnano, E., "Application of the IPCC Model to a Brazilian Landfill: First Results", *Energy Policy*, 2012, Vol. 42, No. 5, pp. 551 – 556.

[129] Posner, E. A., Cass, R. S., "Justice and Climate Change", http://web.hks.harvard.edu/publications/workingpapers/, 2010 – 6 – 21/2015 – 12 – 11.

[130] Posner, E. A., *Climate Change Justice*, Chicago Unbound: University of Chicago Law School, 2008, pp. 1565 – 1612.

[131] Quiroga, M., Sterner, T., Persson, M., "Have Countries with Lax Environmental Regulation a Comparative Advantage in Polluting Industries?" http://entwined.se/download/18.488d9cec137bbdebf9480004675/1350485024297/Have + Countries + with + Lax + Environmental + Regulations + a + Comparative + Advantage + in + Polluting + Industries%3F.pdf, 2007 – 04 – 07/2015 – 12 – 05.

[132] Rhee, H. C., Chung, H, S., "Change in CO_2 Emission and its Transmissions between Korea and Japan Using International Input-output Analysis", *Ecological Economic*, 2006, Vol. 58, No. 4, pp. 788 – 800.

[133] Reinaud, J., *Issues behind Competitiveness and Carbon Leakage, Focus on Heavy Industry*, Paris, IEA Information Paper, 2008.

[134] Robert, C. F., Grossman, G. M., Irwin, D. A., *The Political Economy of Trade Policy Papers in Honor of Jagdish Bhagwati*, Roma: MIT Press, 1996, pp. 89 – 127.

[135] Rypdal, K., Winiwarter, W., "Uncertainties in Greenhouse Gas Emission Inventories—Evaluation, Comparability and Implications", *Environmental Science and Policy*, 2001, Vol. 4, pp. 107 – 116.

[136] Rodrigues, J., Domingos, T., "Consumer and Producer Environmental Responsibility: Comparing two Approaches", *Ecological Economics*, 2008, Vol. 66, No. 2 – 3, pp. 533 – 546.

[137] Rodrigues, J., Domingos, T., Giljum, S., et al., "Designing an Indicator of Environmental Responsibility", *Ecological Economics*, 2006, Vol. 59, No. 3, pp. 256 – 266.

[138] Rroops, J. L. R., Atkinson, G., Schlotheim, B. F., "International Trade and the Sustainability Footprint: A Practical Criterion for its Assessment", *Ecological Economics*, 1999, Vol. 28, No. 1, pp. 75 – 97.

[139] Ringius, L., Torvanger, A., Underdal, A., *Burden Differentiation: Fairness Principles and Proposals*, Blindern: The Joint CICERO-ECN Project on Sharing the Burden of Greenhouse Gas Reduction Among Countries, 2000.

[140] Ringius, L., Torvanger, A., Underdal, A., "Burden Sharing and Fairness Principles in International Climate Policy", *International Environmental Agreements*, 2002, Vol. 2, No. 1, pp. 1 – 22.

[141] Siebert, H., "Environmental Quality and the Gains from Trade", *Kykols*, 1977, Vol. 30, No. 4, pp. 657 – 673.

[142] Schou, P., "When Environmental Policy is Superfluous: Growth and Polluting Resources", *The Scandinavian Journal of Econoomics*, 2002, Vol. 104, No. 4, pp. 605 – 620.

[143] Sinn, H. W., "Public Policies against Global Warming: A Supply Side Approach", *International Tax Public Finance*, 2008, Vol. 15, No. 4, pp. 360 – 394.

[144] Stevens, C., "Harmonization, Trade and Environment", *Internation-*

al Environment Affairs, 1993, Vol. 5, No. 1, pp. 42 – 49.

[145] Suri, V., Chapman, D., "Economic Growth, Trade and Environment: Implications for the Environmental Kuznets Curve", *Ecological Economics*, 1998, Vol. 25, No. 2, pp. 195 – 208.

[146] Stern, D. I., Common, M. S., Barber, E. B., "Economic Growth and Environmental Degradation: A Critique of the Environmental Kuznets Curve", *World Development*, 1996, Vol. 24, No. 7, pp. 1151 – 1160.

[147] Smarzynska, B. K., Wei, S. J., "Pollution Havens and Foreign Direct Investment: Dirty Secret or Popular Myth?" *Contributions to Economic Analysis & Policy*, 2004, Vol. 3, No. 2, p. 1244.

[148] Sinn, H. W., "Public Policies Against Global Warming: A Supply Side Approach", *International Tax Finance*, 2008, Vol. 15, pp. 360 – 394.

[149] Smulders, S., Yacov, T., Amos, Z., "Announcing Climate Policy: Can a Green Paradox Arise without Scarcity?" *Journal of Environmental Economic and Management*, 2012, Vol. 64, No. 9, pp. 364 – 376.

[150] Shrestha, R., Timisinafen, R., "Factors Affecting CO_2 Intensities of Power Sector in Asia: A Decomposition Analysis", *Energy Economics*, 1996, Vol. 18, No. 4, pp. 283 – 293.

[151] Sanyal, K. K., Jones, R. W., "The Theory of Trade in Middle Procucts", *American Economic Review*, 1982, Vol. 72, No. 1, pp. 16 – 31.

[152] Su, B., Ang, B. W., "Input-output Analysis of CO_2 Emissions Embodied in Trade: Competitive versus Non-competitive Imports", *Energy Policy*, 2013, Vol. 56, pp. 83 – 87.

[153] Spangenberg, J. H., Lorek, S., "Environmentally Sustainable Household Consumption: From Aggregate Environmental Pressures to Priority Field of Action", *Ecological Economics*, 2002, Vol. 43, No. 2 – 3, pp. 127 – 140.

[154] Shui, B., Harriss, R. C., "The Role of CO_2: Embodiment in US-China Trade", *Energy Policy*, 2006, Vol. 34, No. 18, pp. 4063 – 4068.

[155] Saran, S., "Global Governance and Climate Change", *Global Governance*, 2009, Vol. 15, No. 4, pp. 457 – 460.

[156] Sen, A., *On Economic Inequality*, Oxford: Clarendon Press, 1979.

[157] Tobey, J. A., "The Effects of Domestic Environmental Policies and Patterns of World Trade: An Empirical Test", *Kyklos*, 1990, Vol. 43, No. 43, pp. 191 – 209.

[158] Thomas, H., Prowe, A. E. F., Lima, I. D., "Changes in the North Atlantic Oscillation Influence CO_2 Uptake in the North Atlantic over the Past 2 Decades", *Global Biogeochemical Cycles*, 2008, Vol. 22, No. 4, pp. 1 – 13.

[159] Torvanger, A., Godal, O., *A Survey of Differentiation Methods for National Greenhouse Gas Reduction Targets*, Blindern: CICERO Report, 1999, p. 49.

[160] Tokyo Electric Power Company, "Overview of Facility of Fukushima Dai-ichi Nuclear Power Station", http://www.tepco.co.jp/en/nu/fukushima-np/outline_fl/index-e.html, 2014 – 01 – 31/2015 – 12 – 23.

[161] UNFCCC, "Pairs Agreement", http://unfccc.int/files/meetings/paris_nov_2015/application/pdf/paris_agreement_chinese_.pdf, 2015 – 12 – 05/2016 – 02 – 02.

[162] Uvarova, N. E., Kuzovkin, V. V., Aramonov, S. G., "The Improvement of Greenhouse Gas Inventory as a Tool for Reduction Emission Uncertainties for Operations with Oil in the Russian Federation", *Climatic Change*, 2014, Vol. 124, No. 3, pp. 535 – 544.

[163] Wagner, W., Timmins, C. D., "Agglomeration Effects in Foreign Direct Investment and the Pollution Haven Hypothesis", *Environmental & Resource Economics*, 2009, Vol. 43, No. 2, pp. 231 – 256.

[164] Wackernagel, M., Rees, W. E., Testemale, P. T., "Our Ecological Footprint: Reducing Human Impact on the Earth", *Population & Environment*, 1996, Vol. 1, No. 3, pp. 171 – 174.

[165] Wiedmann, T., Wood, R., Minx, J., et al., *Emissions Embedded in UK Trade-UK-MRIO Model Results and Error Estimates*, Spain: Input-Output & Environment, 2008.

[166] Weber, C. L., Matthews, H. S., "Quantifying the Global and Distributional Aspects of American Household Carbon Footprint", *Ecological Economics*, 2008, Vol. 66, S. 2 - 3, pp. 379 - 391.

[167] Wiedmann, T., "A Review of Recent Multi-region Input-output Models Used for Consumption-based Emission and Resource Accounting", *Ecological Economics*, 2009, Vol. 69, No. 2, pp. 211 - 222.

[168] Wackernagel, M., Rees, W. E., *How Big is Our Ecological Footprint: Using the Concept of Appropriated Carring Capacity for Measuring Sustainability*, Taskforce on Planning Healthy and Sustainable Communities, British: University of British Columbia, 1992.

[169] Wackernagel, M., Rees, W. E., "Our Ecological Footprint: Reducing Human Impact on the Earth", *Population & Environment*, 1996, Vol. 1, No. 3, pp. 171 - 174.

[170] Wei, B. Y., Wang, Y., Yan, H. M., et al., "Advances on Carbon Emissions Embodied in International Trade", *World Regional Studies*, 2010, Vol. 19, No. 2, pp. 138 - 147.

[171] Wang, W. J., Xian, Q. F., Qi, F., "Accounting and Responsibility Analysis on Carbon Emissions Embodied in International Trade", *China Industrial Economics*, 2011, Vol. 10, pp. 56 - 64.

[172] Wilting, H. C., Vringer, K., "Carbon and Land Use Accounting from a Producer's and a Consumer's Perspective—An Empirical Examination Covering the World", *Economic Systems Research*, 2009, Vol. 21, No. 3, pp. 291 - 310.

[173] Wiedmann, T., "A Review of Recent Multi-region Input-output Models used for Consumption-based Emission and Resource Accounting", *Ecological Economics*, 2009, Vol. 69, No. 2, pp. 211 - 222.

[174] Wiedmann, T., Lenzen, M., *Sharing Responsibility along Supply Chains-A New Life-Cycle Approach and Software Tool for Triple-Bottom-Line Accounting*, Ireland: Trinity College Dublin, 2006.

[175] Watanabe, C., "Trends in the Substitution of Production Factors to Technology—Empirical Analysis of the Inducing Impact of the Energy Crisis on Japanese Industrial", *Research Policy*, 1992, Vol. 21,

No. 6, pp. 481 – 505.

[176] WTO, "Home-resource Statistics Database", https://www.wto.org/english/res_e/statis_e/looking4_e.htm#summary, 2015 – 09 – 23.

[177] Xu, X. P., "International Trade and Environmental Policy: How Effective is 'Eco-dumping'", *Economic Modeling*, 2000, Vol. 17, No. 1, pp. 71 – 90.

[178] Xu, M., Li, R., Crittenden, J. C., et al., "CO_2 Emissions Embodied in China's Exports from 2002 – 2008: A Structural Decomposition Analysis", *Energy Policy*, 2011, Vol. 11, pp. 7381 – 7388.

[179] Yi, W. J., Zou, L. L., Guo, J., et al., "How can China Reach its CO_2 Intensity Reduction Targets by 2020? A Regional Allocation based on Equity and Development", *Energy Policy*, 2011, Vol. 39, No. 5, pp. 2407 – 2415.

[180] Zaks, D. P. M., Barford, C. C., Ramankutty, N., et al., "Producer and Consumer Responsibility for Greenhouse Gas Emissions from Agricultural Production—a Perspective from the Brazilian Amazon", *Environmental Research Letters*, 2009, Vol. 4, No. 4, pp. 940 – 941.

[181] Zhou, X., Liu, X., Kojima, S., "Carbon Emissions Embodied in International Trade", Japan: Institute for Global Environmental Strategies (IGES), 2010.

[182] Zhao, Z., Yan, Y., "Consunption-based Carbon Emissions and International Carbon Leakage: An Analysis Based on the WIOD Database", *Social Sciences in China*, 2014, Vol. 35, No. 3, pp. 174 – 186.

[183] 陈丽燕、刘永丹、初天天著：《国际贸易理论与政策》，清华大学出版社2014年版。

[184] 陈牧：《碳排放比较优势视角下环境和贸易关系的研究》，《中国人口·资源与环境》2015年第5期。

[185] 陈海嵩：《日本能源供需现状及能源结构演变分析》，《现代日本经济》2009年第167期。

[186] 陈楠、刘学敏：《"贸易隐含碳"研究进展与评述》，《经济研究参考》2014年第41期。

[187] 丛建辉、刘学敏、赵雪如：《城市碳排放核算的边界界定及其测度方法》，《中国人口·资源与环境》2014 年第 4 期。

[188] 陈锡康、杨翠红等：《投入产出技术》，中国科学院规划教材 2011 年版。

[189] 代迪尔：《产业转移、环境规制与碳排放》，湖南大学，2013 年。

[190] 杜运苏、张为付：《中国出口贸易隐含碳排放增长及其驱动因素研究》，《国际贸易问题》2012 年第 3 期。

[191] 戴翔：《产品内分工、出口增长与环境福利效应》，《国际贸易问题》2010 年第 10 期。

[192] 段霞、沈衍：《中日经济依存关系的不对称性》，《现代国际关系》2012 年第 11 期。

[193] 丁一兵、刘璐：《中日产业内贸易结构特征及影响因素分析》，《商业研究》2013 年第 9 期。

[194] 冯相昭、田春秀、任勇：《高度重视气候变化与国际贸易关系新动向》，《环境保护》2008 年第 22 期。

[195] 郭浩淼：《中国出口产品结构优化路径研究——基于要素禀赋结构演进的理论与实证》，辽宁大学，2013 年。

[196] 季春艺、杨红强：《国际贸易隐含碳排放的研究进展：文献述评》，《国际商务—对外经济贸易大学学报》2011 年第 6 期。

[197] 盖兆军：《日本福岛核泄漏的影响和事件前后能源结构的变化》，《中国人口·资源与环境》2015 年第 5 期。

[198] 关雪凌、肖平：《中日贸易的比较优势与互补性分析》，《现代日本经济》2008 年第 5 期。

[199] 郭又新：《杜鲁门政府的中日贸易管制政策》，《东北师范大学学报》2003 年第 3 期。

[200] ［英］亚当·斯密：《国民财富的性质和原因的研究》，郭大力、王亚南译，商务印书馆 1974 年版。

[201] 何建坤、刘滨、王宇：《全球应对气候变化进程及其对我国的影响》，《科学》2008 年第 6 期。

[202] 何建坤：《中国能源革命与低碳发展的战略选择》，《武汉大学学报》（哲学社会科学版）2015 年第 1 期。

[203] 金振蓉：《我国首次发布〈气候变化国家评估报告〉》（http：//

www. gmw. cn/01gmrb/2006 - 12/27/content_ 527791. htm，2006 - 12 - 27/2016 - 03 - 16）。

[204] 景跃军、杜鹏：《中日低碳技术合作现状及前景探讨》，《现代日本经济》2011 年第 3 期。

[205] 江瑞平：《论新阶段中日贸易五大特征》，《日本学刊》2004 年第 4 期。

[206] 蒋庚华、林丽敏：《中日双边贸易分解：基于世界投入产出数据库的研究》，《现代日本经济》2014 年第 3 期。

[207] 科技部：《第二次气候变化国家评估报告发布》（http：//www. most. gov. cn/kjbgz/201111/t20111118_ 90903. htm，2011 - 11 - 18/2016 - 3 - 16）。

[208] 科技部：《第三次气候变化国家评估报告》（http：//www. cma. gov. cn/2011xwzx/2011xqxxw/2011xqxyw/201412/t20141207_ 269047. html，2014 - 12 - 07/2016 - 3 - 16）。

[209] 刘洪久、胡彦蓉、Robert, R. 等：《基于 LMDI 模型的 CO_2 排放影响因素研究——以江苏省为例》，《工业技术经济》2012 年第 4 期。

[210] 卢锋：《产品内分工》，《经济学》（季刊）2004 年第 1 期。

[211] 李小平：《国际贸易中隐含的 CO_2 测算——基于垂直专业化分工的环境投入产出模型分析》，《财贸经济》2010 年第 5 期。

[212] 刘学敏：《中国的绿色发展，要深绿不要浅绿》（http：//gb. cri. cn/42071/2015/11/02/882s5151225. htm，20155 - 11 - 02/2015 - 11 - 03）。

[213] 卢福财、罗瑞荣：《全球价值链分工对中国经济发展方式转变的影响与对策》，《江西财经大学学报》2010 年第 4 期。

[214] 李小平、卢现祥：《国际贸易、污染产业转移和中国工业 CO_2 排放》，《经济研究》2010 年第 1 期。

[215] 刘靖：《我国加工贸易与环境污染的因果关系检验》，《国际贸易问题》2009 年第 8 期。

[216] 李宏兵、赵春明：《环境规制影响了我国中间出口呀——来自中美行业面板数据的经验分析》，《国际经贸探索》2013 年第 6 期。

[217] 刘强、庄幸、姜克等：《中国出口贸易中的载能量及碳排放量分

析》,《中国工业经济》2008 年第 8 期。

[218] 刘成玉、胡方燕:《消费者责任研究成果评述》,《重庆社会科学》2009 年第 2 期。

[219] 李开盛:《论全球温室气体减排责任的工作分担——基于罗尔斯正义论的视角》,《世界经济与政治》2012 年第 3 期。

[220] 李冬:《震灾与核电事故阴影下日本未来能源政策走向》,《东北亚论坛》2014 年第 2 期。

[221] 梁毕明:《中日能源消费结构变迁对宏观经济波动影响的差异性分析》,《现代日本经济》2015 年第 3 期。

[222] 李晓西、郑艳婷、蔡宁:《能源绿色战略的国际比较与借鉴》,《国家行政学院学报》2012 年第 6 期。

[223] 蓝虹:《日本构建低碳社会战略的政策与技术创新及其启示》,《生态经济》2012 年第 10 期。

[224] 赖流滨、龙云凤、郭小华:《低碳技术创新的国际经验及启示》,《科技管理研究》2011 年第 10 期。

[225] 廉晓梅:《中日贸易关系的发展与存在的问题》,《现代日本经济》2005 年第 5 期。

[226] 刘向丽:《中日长期外贸顺差成因的异同性分析》,《现代日本经济》2009 年第 1 期。

[227] 李小北、武火峰、吴碧芸:《中日贸易现状及发展前景的理论分析》,《四川大学学报》(哲学社会科学版) 2008 年第 2 期。

[228] 李季、赵放:《FDI 与垂直型产业内贸易实证研究—基于中日统计数据的 Granger 因果检验》,《世界经济研究》2011 年第 7 期。

[229] 刘磊、张猛:《日本反向进口与中日产业内贸易》,《首都经济贸易大学学报》2013 年第 2 期。

[230] 刘昌黎:《中日贸易的新发展与问题》,《日本研究》2006 年第 1 期。

[231] 李清如、蒋业恒:《全球价值链视角下的日本出口价值分解》,《日本学刊》2015 年第 3 期。

[232] 李艳梅、付加锋:《中国出口贸易中隐含碳排放增长的结构分解分析》,《中国人口·资源与环境》2010 年第 8 期。

[233] 刘磊、张猛:《日本反向进口与中日产业内贸易》,《首都经济贸易

大学学报》2013 年第 2 期。

[234] 马涛:《垂直分工下中国对外贸易中的内涵 CO_2 及其结构研究》,《世界经济》2012 年第 10 期。

[235] 苗向荣、尚智丛:《基于低碳发展约束下国际能源技术政策对比与评述》,《科技管理研究》2012 年第 15 期。

[236] 牛海霞、罗希晨:《我国加工贸易污染排放实证研究》,《国际贸易问题》2009 年第 2 期。

[237] 彭支伟、刘钧霆:《东亚垂直专业化分工的发展及其影响因素的实证研究》,《世界经济研究》2008 年第 21 期。

[238] 潘家华:《经济要低碳,低碳须经济》,《华中科技大学学报》(社会科学版) 2012 年第 2 期。

[239] 秦大河、陈振林、罗勇等:《气候变化科学的最新认识》,《气候变化研究进展》2007 年第 2 期。

[240] 钱志权、杨来科、林基:《东亚生产网络、产业内贸易与二氧化碳排放——基于中国与东亚经济体间面板数据分析》,《国际贸易问题》2014 年第 4 期。

[241] 曲如晓、焦志文:《商品倾销、生态倾销与社会倾销的比较及应对》,《甘肃社会科学》2006 年第 4 期。

[242] 齐晔、李惠民、徐明:《中国进出口贸易中的隐含碳估算》,《中国人口·资源与环境》2008 年第 3 期。

[243] 秦昌才、刘树林:《基于投入产出分析的中国产业完全碳排放研究》,《统计与信息论坛》2013 年第 9 期。

[244] 邱兆逸:《国际垂直专业化背景下发展中国家的环境创新研究》,《科技与创新》2012 年第 3 期。

[245] 邱兆逸:《国际垂直专业化集聚对中国环境的影响》,《学术论坛》2012 年第 3 期。

[246] 邱薇、张汉林:《碳边界调节措施对中国出口产品影响评估》,《国际经贸探索》2012 年第 2 期。

[247] 邱俊永、钟定胜、俞俏翠等:《基于基尼系数法的全球 CO_2 排放公平性研究》,《中国软科学》2011 年第 4 期。

[248] 孙巍、刘阳:《日本能源管理分析及对我国的启示》,《现代日本经济》2015 年第 2 期。

［249］苏宏伟、王晨旭：《日本制造业能源绩效的影响因素分析》，《现代日本经济》2015年第2期。

［250］石敏俊、周晟吕：《低碳技术发展对中国实现减排目标的作用》，《管理评论》2010年第6期。

［251］孙超骥、郭兴方：《日本低碳经济战略对我国经济发展的启示》，《价格月刊》2011年第9期。

［252］孙文远：《产品内分工刍议》，《国际贸易问题》2006年第6期。

［253］史本叶：《垂直专业化与产品内贸易研究》，吉林大学，2008年。

［254］施锦芳：《日本的低碳经济实践及其对我国的启示》，《经济社会体制比较》2015年第6期。

［255］唐海燕、张会清：《中国崛起与东亚生产网络重构》，《中国工业经济》2008年第12期。

［256］王建国、周建慧：《中国低碳发展战略和政策制定的六维路线图》，《北京大学学报》（哲学社会科学版）2012年第3期。

［257］王茹：《中国低碳经济发展禀赋与国际经验借鉴》，《学术交流》2012年第8期。

［258］王衍行、汪海波、樊柳言：《中国能源政策的演变及趋势》，《理论学刊》2012年第9期。

［259］王宪恩、王羽、夏菁：《日本工业化进程中经济社会与能源环境协调发展演进趋势分析》，《现代日本经济》2014年第6期。

［260］吴志忠：《日本新能源政策与法律及其对我国的借鉴》，《法学杂志》2013年第1期。

［261］王鹏：《中国产业内贸易的实证研究——基于产业层面和国家层面的视角》，复旦大学，2007年。

［262］王菲、李娟：《中国对日本出口贸易中的隐含碳排放及结构分解分析》，《经济经纬》2012年第4期。

［263］王文举、李峰：《国际碳排放核算标准选择的公平性研究》，《中国工业经济》2013年第3期。

［264］魏琦：《中日贸易统计差额的分析及其对中韩贸易的影响》，《生产力研究》2005年第11期。

［265］王虎：《产业内贸易：结构、分类及差异性研究》，上海社会科学院出版社2013年版。

[266] 王文涛:《国际气候变化谈判:路径趋势及中国的战略选择》,《中国人口资源与环境》2013年第9期。

[267] 汪丽、燕春蓉:《国际外包与中国工业CO_2排放——基于24个工业行业面板数据的经验证据》,《山西财经大学学报》2011年第1期。

[268] 吴东洋:《垂直专业化视角下的中国对外贸易环境效应研究》,华东师范大学,2008年。

[269] 王君华、李霞:《中国工业行业经济增长与CO_2排放的脱钩效应》,《经济地理》2015年第5期。

[270] 吴宜灿:《福岛核电站事故的影响与思考》,《中国科学院院刊》2011年第3期。

[271] 王玉婧:《融入环境要素的比较优势理论探讨》,《经济与管理》2010年第3期。

[272] 小岛清、刘景竹:《日本海外直接投资的动态与小岛命题》,《国际经济评论》1989年第9期。

[273] 许广月、宋德勇:《中国碳排放环境库兹涅茨曲线的实证研究——基于省域面板数据》,《中国工业经济》2010年第5期。

[274] 徐盈之、郭进:《开放经济条件下国家碳排放责任比较研究》,《中国人口·资源与环境》2014年第1期。

[275] 新华网:《习近平在气候变化巴黎大会开幕式上的讲话(全文)》(http://news.xinhuanet.com/world/2015-12/01/c_1117309642.htm,2015-12-01/2016-03-16)。

[276] 杨杰:《国际垂直专业化对中国环境效率的影响研究》,《财经论丛》2014年第1期。

[277] 杨杰、卢进勇、宋马林:《国际垂直专业化与中国环境效率的关系研究——基于面板数据模型与分位数回归分析》,《经贸研究》2014年第2期。

[278] 殷宝庆:《环境规制与我国制造业绿色全要素生产率——基于国际垂直专业化视角的实证》,《中国人口·资源与环境》2012年第12期。

[279] 姚萍、李长青:《生态倾销的理论探讨》,《财贸经济》2008年第3期。

参考文献

[280] 袁哲、马晓明：《生命周期法视角下的中国出口美国商品碳排放分析》，《商品时代》2012年第21期。

[281] ［美］约翰·罗尔斯：《正义论》，何怀宏、何包钢、廖申白译，中国社会科学出版社1988年版。

[282] 闫云凤、赵忠秀、王苒：《基于MRIO模型的中国对外贸易隐含碳及排放责任研究》，《世界经济研究》2013年第6期。

[283] 喻春娇、陈咏梅、张洁莹：《中国融入东亚生产网络的贸易利益——基于20个工业部门净附加值的分析》，《财贸经济》2010年第2期。

[284] 张友国：《中国贸易含碳量及其影响因素——基于（进口）非竞争型投入—产出表的析》，《经济学季刊》2010年第9辑第4期。

[285] 赵玉焕、李洁超：《基于技术异质性的中美贸易隐含碳问题研究》，《中国人口·资源与环境》2013年第12期。

[286] 赵玉焕、王淞：《基于技术异质性的中日贸易隐含碳测算及分析》，《北京理工大学学报》（社会科学版）2014年第1期。

[287] 赵玉焕、王邵军：《基于垂直专业化的中国对外贸易隐含碳研究》，《北京理工大学学报》（社会科学版）2015年第3期。

[288] 郑国姣、杨来科：《东亚地区产业垂直专业化、贸易细分与中国的贸易隐含碳》，《产业评论》2015年第2期。

[289] 赵明亮：《中国参与国际垂直专业化分工的经济效应研究》，山东大学，2012年10月。

[290] 张少华、陈浪男：《外包对于我国环境污染影响的实证研究：基于行业面板数据》，《当代经济科学》2009年第1期。

[291] 朱平芳、张证宇、姜国麟：《FDI与环境规制：基于地方分权视角的实证研究》，《经济研究》2011年第6期。

[292] 周新：《国际贸易中的隐含碳排放核算及贸易调整后的国家温室气体排放》，《管理评论》2010年第6期。

[293] 周茂荣、谭秀杰：《国外关于贸易碳排放责任划分问题的研究评述》，《国际贸易问题》2012年第6期。

[294] 赵定涛、杨树：《共同责任视角下贸易碳排放分摊机制》，《中国人口·资源与环境经济》2013年第23911期。

[295] 郑艳、梁帆：《气候公平原则与国际气候制度构建》，《世界经济与

政治》2011年第6期。

[296] 赵芳：《中国能源政策：演进、评析与选择》，《现代经济探讨》2008年第12期。

[297] 中国能源和碳排放研究课题组：《2050中国能源和碳排放报告》，科学出版社2009年版。

[298] 周应恒：《大国崛起下的中日经济关系——依赖互补与战略博弈》，《国际经济评论》2013年第2期。

[299] 周立人：《中日贸易的现状及存在的问题》，《国际商务研究》2008年第1期。

[300] 章丽群：《产业内贸易理论演讲》，《国际商务研究》2011年第3期。

[301] 郑宝银：《中日经贸关系的战略思考》，《国际贸易问题》2006年第2期。

[302] 郑有国：《中日经济关系的转变对东亚一体化进程的影响》，《亚太经济》2014年第5期。

[303] 张华初：《中国就业结构演变的SDA分析》，《中国人口科学》2008年第2期。

[304] 庄贵阳：《清洁发展机制与中日合作前景：中国的视角》，《世界经济》2002年第2期。

[305] 周民良、梁祝：《日本建设低碳社会的着力点及启示》，《中国发展观察》2012年第11期。

[306] ［日］川村雅彦：《第二代环境商务的重点投资机会的发掘》，《ニッセイ基礎研究所報》2009年第56期。

[307] ［日］稻盛和夫：《战后日本经济的发展历程》，《日本学论坛》2005年第14期。

[308] ［日］浦野紘平、［日］松田裕之：《生態環境リスクマネジメント基礎：生態系をなぜ、どうやって守るのか》，東京：Ohmsha 2007年版。

[309] 《日本経済産業省エネルギー白書・2012》（http：//www.enecho.meti.go.jp/topics/hakusho/2012entergyhtml/index.html）。

[310] 日本产业省：《通商白書2005》，大藏省印刷局2006年版。

攻读学位期间取得的学术成果

1. 陈楠、刘学敏：《垂直专业化下中日贸易"隐含碳"实证研究——基于两种方法下的比较分析》，《统计研究》2016年第3期，第80—87页，CSSCI。
2. 陈楠、刘学敏等：《公平视角下的中日两国碳排放责任研究》，《国际贸易问题》2016年第7期，第84—96页，CSSCI。
3. 陈楠、刘学敏：《中日产业转移、贸易"隐含碳"的核算及影响因素分析》，《科技管理研究》2016年第19期，CSSCI。
4. 陈楠、刘学敏：《"贸易隐含碳"研究进展与评述》，《经济研究参考》2014年第41期，第9—16、84页，CSSCI（扩展板）。
5. 丛建辉、朱婧、陈楠等：《中国城市能源消费碳排放核算方法比较及案例分析——基于"排放因子"与"活动水平数据"选取的视角》，《城市问题》2014年第3期，第5—11页，CSSCI。

索　引

C

产业间贸易　12,60－67,69－71,
　　80,175
产业内贸易　12,61－64,66－72,
　　80,91,175,176
垂直专业化　3,4,7,11－13,15,16,
　　18,29－34,51,52,60－66,72,
　　80－82,90－94,107－116,118－
　　125,135－137,139,148－150,
　　155－157,159,161,170,172,
　　174,176－179,182

G

共同但有区别的责任　4,6,44,
　　48,50
规模效应　12,15,27－29,62,63,65,
　　111,125,127－129,131,132,
　　147,148,177,182

J

价值链　61,63,90,115,116

间接碳排放　45
结构效应　12,15,27－29,125,127－
　　129,131,132,147,148,177,182

M

贸易隐含碳　25,33,35－39,83,
　　94,110

T

碳强度效应　12,15,125,127－132,
　　147,148,177
碳转移　29,45,112,136,140,141,
　　143－148,164
投入产出中间技术效应　12,15,
　　125,177

Z

直接碳排放　28,35,86,90,98,104－
　　106,127,150
中间品碳排放　47,112
最终产品碳排放　146,147

致　　谢

　　静安先生说古之绩学之士，必经过三重境界："昨夜西风凋碧树，独上高楼，望尽天涯路。"此第一境也。"衣带渐宽终不悔，为伊消得人憔悴。"此第二境也。"众里寻他千百度，蓦然回首那人却在灯火阑珊处。"此第三境也。凡是博士论文的写作，缀文之前无不臆想"操觚以率尔，含毫且邈然"。甫读文献则无不有望尽天涯路之感，下笔行文也是搜索枯肠，消得憔悴，每每有辍毫栖牍之感；竭蹶前行，刿去繁文，数易成稿，方能于阑珊处品得出几点滋味。博士学业已然结束，自问能至几重境界，怕是未登堂更遑论入室了。并非妄自菲薄，静安先生的三重境界，应是学人们皓首穷经一生所求，正如孟夫子言，志于道，不成章不达。

　　自古做文章最难之处莫过于言别人未言之物，自古做文章最要紧的也是要言别人未言之物，但何其难也。少陵尚且遍览坟典，寻章摘句，才做的几首不落窠臼。我在翻看文献的时候，更有"观于海者难为水，游于圣人之门难为言"之感。前人论述倍详，我辈又从何破新？但前人论述之详，又为探索新问题省却无数笔墨。在此，感谢躬耕于此领域的诸位学人。

　　庄子言得鱼而忘筌，意在重视所得。论文不过是筌而已，鱼自在本心。论文虽多诐辞柄凿，但论文撰写过程中，迤逦颇多，个中磨炼，不一而言，于心境于写作于能力于认识都有极大精进，更是让我窥见学术一斑。在此，感谢本人的学位论文。

　　我求学历经五地，个旧、长沙、昆明、北京、横滨。各地人物风貌、地理方物，都成为我一生美好的回忆。故乡非止出生之处，更是成长之地，因此，对于它们，我都有一种淡淡的乡愁。在此，感谢并深深思念曾经学习过的地方。

刘学敏老师雅量高致、治学严谨。我从环境科学专业考入资源经济与管理专业，基础浅薄，老师无时无刻不给予我关怀。昌黎先生讲"师者传道授业解惑"，老师自然无愧此语；老子讲"授人以鱼不如授人以渔"，老师无不将其渔倾囊相授，但学生斗宵之才，怕是只能学的一二。作为老师，无不希望自己的学生成为芝兰玉树，作为学生也无不希望成为兰桂齐芳来酬报师恩，在以后学习的路上，我将谨记老师的教诲，希望能够早日折枝兰桂。在此，感谢刘老师的悉心指导。

感谢导师长谷部勇一教授。老师在"投入—产出"方面的研究享誉世界，能够忝列门下，不免心怀惴惴。至今怀念老师严谨教学上课的瞬间，低调、儒雅、耐心、清晰，非饱学之士不能如此。

感谢王玉海老师，老师生活的智慧如同汩汩清泉，时涌时新；感谢李强老师，老师的教学认真如同谆谆慈母，宽严相济。感谢仲鑫老师、蔡宏波老师、李仁贵老师、金建君老师的补苴之言，足以缝补论文的褊狭之处。感谢张红老师，你我情同姐妹。感谢居城琢老师，河野俊之老师、西山阳子老师，严谨之甚，莫过于他们。感谢师兄张斌、丛建辉、田建国，师姐朱婧，师弟窦睿音、云丹桑珠、张晨阳，师妹张昱、王晓敏、宋逸群、孙淑静、高艺玮、谢恬恬等，学习之乐，莫若有其相伴。感谢我的舍友刘美萍与丁佼，两人性格不一，执着却同。与其二人的相处，足使我在宿舍有家的感觉。

感谢亲爱的父母，我在读博士前父母尚且椿萱并茂，及至博士毕业，父母已是疴恙不断。求学在外，久稽异地，难免心殊惓惓。

最后，向所有评审本论文的专家教授致以最诚挚的谢意！

取次写就，个中滋味，不可纪极。

陈楠
2016 年 5 月于北京